Katrin Köhl

Frauen unterwegs

Pilgerinnen
von der Antike
bis heute

Katrin Köhl

Frauen unterwegs

Pilgerinnen von der Antike bis heute

1. Auflage 2021
© 2021 Verlag Katholisches Bibelwerk GmbH, Stuttgart
Alle Rechte vorbehalten

Gesamtgestaltung: Finken & Bumiller, Stuttgart
Umschlagmotiv: Christinnen am Mariengrab im Kidrontal (1871)
Gemälde von Jean Jules Lecomte du Nouÿ (1842–1923)
© akg-images.com
Hersteller gemäß ProdSG:
Druck und Bindung:
Finidr s.r.o., Lipová 1965, Český Těšín, Tschechische Republik
Verlag:
Verlag Katholische Bibelwerk GmbH, Deckerstraße 39, 70372 Stuttgart

www.bibelwerkverlag.de
ISBN 978-3-460-30204-4

Inhalt

Einführung 10

1. Aristokratinnen auf Reisen: Pilgerinnen der römischen Spätantike 12

Die Mutter aller Pilgerinnen: Kaiserin Helena 12
  Stallmagd, Konkubine, Kaisermutter: Was wissen wir wirklich über Helena? 12
  Der Beginn der Helena-Legende 13
  Helena findet das wahre Kreuz Christi 15
  Die Legende wird vollendet: Helena als neue Maria 16
  Biblische Erlebniswelt: Wie aus Palästina das Heilige Land wird 17

Konkurrenz im Heiligen Land: Paula, Melania die Ältere und ihre Kreise 20
  Zwei christliche Aristokratinnen in Rom 20
  Das erste Pilgerzentrum: Melanias Klöster auf dem Ölberg 23
  Askese und Flucht aus Rom: Paula und Hieronymus 25
  Konkurrenz zum Ölberg: Paulas Klöster in Betlehem 27

Abenteuer Forschung: Der Reisebericht der Egeria 30
  Religiös, reich, reiselustig: Wer war Egeria? 30
  Aufbruch zur ersten Station: Egerias Reise nach Jerusalem 33

Heilige Menschen, heilige Orte: Egeria unterwegs in
Palästina, Ägypten und Syrien 35
Irdisches und himmlisches Jerusalem: Was sahen die
Pilgerinnen der Spätantike? 37

2. Von Britannien auf den Kontinent: Pilgerinnen und Missionarinnen des frühen Mittelalters 40

Vor der Hochzeit nach Rom: Die heilige Ursula und ihre Gefährtinnen 40

Gebildet und mobil: Lioba, Eangyth und Bugga 43
Bildung und Mission: Liobas Aufbruch von der britischen Insel 43
Pilgerverbot für Frauen? Die Romreisepläne von Eangyth und Bugga 48

Vom Pilgern schreiben, ohne zu reisen: Hugeburc von Heidenheim 51
Reisebericht und Abenteuererzählung: Hugeburcs Hodoepericon 51
Das Heilige Land kommt zu den Franken: Hugeburc als christliche Autorin in der Tradition Egerias 54

3. Kämpferinnen und Heilige: Pilgerinnen im Hochmittelalter 58

„Eine Frau war dieser Mann!" Hildegund von Schönau 58
Als Kind auf Pilgerfahrt: Hildegunds Aufbruch nach Jerusalem 58

Allein, mittellos, weiblich: Hildegund in Jerusalem,
  Tyrus und Italien 61
Abenteuer und Wunder: Hildegunds Weg ins Kloster
  Schönau 63
„Tapfer kämpfte sie schwere Kämpfe": Hildegund
  als Jungfrau und Magd Gottes 65

Pilgerinnen unter Waffen? Frauen auf Kreuzzügen 68
Hebamme, Hofdame, Herrscherin: Welche Frauen
  nahmen an Kreuzzügen teil? 68
Von der Kämpferin zur Wäscherin: Margareta von
  Beverly 70
Eine Königin als Sündenbock: Eleonore von Aquitanien 75
Eine Königin als Retterin: Marguerite von der Provence 80

4. Mystik und Abenteuer: Pilgerinnen im späten Mittelalter 86

Die reisende Visionärin: Birgitta von Schweden 86
Ablass und Askese: Birgittas Pilgerreise nach Santiago
  de Compostela 86
Ordensgründung und Aufbruch: Von Vadstena nach
  Rom 91
Mutterliebe, Mutterschmerz: Birgitta im Heiligen Land 95

Die Gabe der Tränen: Margery Kempe 98
Vierzehn Kinder und ein Gelübde: Margery Kempes
  frühe Jahre 98
Rastlos, fromm und laut: Margery Kempe auf Pilgerfahrt 101
Wahrheit oder Fiktion, Wahn oder Vision: Was bleibt
  von Margery Kempe? 105

„Wie kräftige Männer ...": Frauen in den Pilgerberichten
des Felix Fabri 108
    Sechs kerngesunde Greisinnen und ein Dominikaner-
    pater: Felix Fabris erste Reise ins Heilige Land 108
    Selbst ist die Frau! Die Pilgerin auf Felix Fabris zweiter
    Reise ins Heilige Land 111
    Im Kloster nach Jerusalem: Die geistliche Pilgerfahrt
    der Ulmer Dominikanerinnen 113

5. Zwischen Tradition und Aufbruch: Pilgerinnen von der Barockzeit bis ins 19. Jahrhundert 117

Wallfahrt und Macht: Die Frauen des Hauses Habsburg 117
    Magna Mater Austriae: Die Wallfahrten der
    Habsburgerinnen nach Loreto und Mariazell 117
    Barocke Frömmigkeit und aufgeklärter Absolutismus:
    Kaiserin Maria Theresia 122

**Gläubig zu Fuß und lustig per Schiff: Die Wallfahrt der
Maria Fröhlich zum Heiligen Rock nach Trier** 126
    Touristisches Vergnügen oder Glaubenserlebnis? Maria
    Fröhlichs Reise und die Tradition der katholischen
    Wallfahrt 126
    Zu Fuß mit Segen und Geläut: Marias Weg nach Trier 128
    Andacht, Wunder und Gemeinschaft: Marias Aufenthalt
    in Tier 131

**Aufbruch ins Ungewisse: Pilgernde Forscherinnen
des 19. Jahrhunderts** 136
    Die Pionierin: Ida Pfeiffer in Palästina 136

Zu Fuß auf Entdeckungstour: Maria Schubers Pilgerreise ins Heilige Land 141
Auf Egerias Spuren: Agnes und Margaret Smith 147

6. Alte Wege, neue Formen: Pilgerinnen vom Ende des 19. Jahrhunderts bis heute 153

Ritterlich unterwegs? Frauen und die Idee des „Friedlichen Kreuzzugs" 153

Lady Lomax erobert Jerusalem: Stifterinnen und Pilgerinnen auf den Spuren von Paula und Melania 153

„Mindestens so fromm wie die Männer": Frauen auf Heilig-Land-Wallfahrten am Beginn des 20. Jahrhunderts 156

Vom „Friedlichen Kreuzzug" zur „Pax Christi": Marie-Marthe Dortel-Claudot 161

Versöhnung, Begegnung, Aufbruch: Frauen auf Pilger- und Wallfahrt nach 1945 165

Pilgerin der „Stunde Null"? Änne Perl auf Lourdes-Wallfahrt 165

Neuanfang durch Begegnung: Junge Frauen auf Reisen nach Israel in den 1960er Jahren 171

Der Weg ist das Ziel: Carmen Rohrbach auf dem Jakobsweg 175

Ausblick 182
Anmerkungen 185
Quellen- und Literaturverzeichnis 221

Einführung

„Mit jedem Schritt vorwärts atme ich neues Leben!"[1] Die Österreicherin Maria Schuber hatte es geschafft: Im Jahr 1847 machte sie sich gegen den Willen ihres Bruders, der von ihren Plänen wenig begeistert war, allein auf den Weg von Graz nach Jerusalem. Weite Strecken ihrer Pilgerreise legte sie zu Fuß zurück. Damit wusste sie sich in der Gesellschaft von Pilgernden aller Epochen, die vor ihr den langen Weg bis ins Heilige Land gegangen waren.[2]

Schon in der Frühzeit des Christentums waren Menschen unterwegs zu den heiligen Stätten. Im Mittelalter gehörte das Pilgern gewissermaßen zum Alltag. Ob aufgrund eines Gelübdes, auf der Suche nach Heilung, als Strafe oder Buße – alle machten sich auf den Weg zum Grab des einen oder anderen Heiligen oder auch zu einem der großen Ziele der Christenheit: Jerusalem, Rom oder Santiago de Compostela. Oft werden kleinere Fahrten zu näheren Zielen als Wallfahrten, Fernreisen dagegen als Pilgerfahrten bezeichnet. Diese Trennung wird in der Literatur jedoch nicht überall so klar vollzogen. Nicht selten werden die Begriffe synonym verwendet.[3]

Frauen standen lange Zeit nicht im Fokus der Forschung über das Pilgern. Dokumente wie das im Jahr 796 erlassene Pilgerverbot für Frauen schienen nahezulegen, dass es sie, zumal auf den Fernwegen, als Reisende praktisch nicht gab.

Es waren allerdings gerade Quellen wie das Verbot des weiblichen Pilgerns, die Forscherinnen in neuerer Zeit hellhörig machten.[4] Warum war ein solches Verbot überhaupt nötig? Wenn Männer extra darauf verweisen mussten, dass Frauen zu Hause zu bleiben hatten, deutete dies nicht gerade darauf hin, dass Frauen auf den Pilgerrouten unterwegs waren? Hätte es sie dort nicht gegeben, hätten die Männer wohl nicht das Gefühl gehabt, ein Problem lösen und dafür eine Regel erlassen zu müssen.

Tatsächlich stehen Frauen am Anfang der Pilgerbewegung. Sie waren es, die sich in den ersten Jahrhunderten nach Christus auf den Weg machten und im Heiligen Land Klöster und Pilgerhospize gründeten. Durch die gesamte Spätantike hindurch war Pilgern ganz überwiegend Frauensache! Den Anfang machte dabei Helena, die Mutter Kaiser Konstantins des Großen, die um das Jahr 327 im reifen Alter von 76 Jahren nach Palästina reiste.

1. Aristokratinnen auf Reisen: Pilgerinnen der römischen Spätantike

Die Mutter aller Pilgerinnen: Kaiserin Helena

Stallmagd, Konkubine, Kaisermutter: Was wissen wir wirklich über Helena?

Helena wurde 248 oder 250, vermutlich in der Provinz Bithynien am Bosporus, geboren. Ambrosius von Mailand bezeichnete sie in seiner Grabrede auf Kaiser Theodosius als „Stallmagd" (*stabularia*).[5] Deshalb ging man lange von einer niedrigen Herkunft Helenas aus. Eventuell war ihr Vater Stallmeister und damit römischer Beamter. Helena wäre somit durchaus von hoher Geburt. Andere Legenden sehen sie als Tochter eines Schankwirts oder sogar eines britannischen Fürsten. Ob sie mit dem römischen Offizier Constantius Chlorus in legitimer Ehe oder in langjährigem

Konkubinat lebte, ist umstritten. Zwischen 272 und 280 wurde der Sohn der beiden, Konstantin, geboren. Constantius bekannte sich zu seinem Sohn und kümmerte sich um dessen Erziehung, trennte sich jedoch 289 von Helena, um die Tochter des Kaisers Maximilianus zu heiraten. Auf diese Weise konnte er 293 *Caesar* (Unterkaiser) im Westen des Reiches werden. Wo und wie sich Helenas Leben in dieser Zeit abspielte, wissen wir nicht. Sicher ist, dass ihr Sohn Konstantin sie 310, als er *Augustus* (Kaiser) des Westens wurde, an seinen Hof nach Trier holte. Ob Helena in die Ermordung von Konstantins Gattin Fausta im Jahr 326 verwickelt war, ist ebenfalls ungeklärt. Spätestens seit Faustas Tod jedenfalls war Helena die weibliche Hauptrepräsentantin des Kaiserhauses. Konstantin hatte inzwischen alle seine Rivalen besiegt. Er regierte als Alleinherrscher und verlegte 324 den Herrschaftssitz in den Osten, nach Byzanz. Seine neue Residenz nannte er selbstbewusst Konstantinopel und baute sie in bewusstem Gegensatz zum heidnischen Rom als christliche Reichshauptstadt aus. Anders als sein Vater Constantius, der die Christen lediglich geduldet hatte, förderte Konstantin das Christentum.[6] Auch seine Mutter Helena war Christin. Ihre Reise nach Palästina wurde, vor allem durch die Legendenbildung nach ihrem Tod, zum Urereignis der christlichen Pilgerschaft.[7]

Der Beginn der Helena-Legende

Ihren Ausgang nahm die Legende um die Reise der Kaiserin in der *Vita Constantini*, der Biografie Konstantins, die der Bischof von Caesarea, Eusebius, kurz nach Konstantins Tod im Jahr 337 zu schreiben begann. 324 hatte Konstantin den Osten des römischen Reiches durch einen Sieg gegen seinen

Mitregenten Licinius erobert. Jetzt ging er daran, die östlichen Gebiete zu befrieden und die Chrstianisierungspolitik, die er bereits im Westen begonnen hatte, im Osten fortzuführen. In diesem Zusammenhang hatte die Reise seiner Mutter nach Palästina zentrale Bedeutung. Zum einen repräsentierte Helena das Kaiserhaus und betrieb Imagepflege: Gefangene und Verbannte wurden amnestiert, örtliche Militäreinheiten, die Konstantin im Kampf gegen Licinius unterstützt hatten, erhielten Auszeichnungen und Geschenke. Außerdem verteilte Helena Zuwendungen an Arme und Kranke. Hier verbanden sich die Repräsentation und Werbung für das Kaiserhaus mit dem zweiten Ziel ihrer Reise, der Förderung der christlichen Gemeinden. Helenas caritatives Engagement, der Besuch christlicher Gebetsstätten und Gottesdienste und der Bau von Kirchen sollten die neue Religion im Osten stärken und sichtbarer machen.

Eusebius, der sich der politischen Bedeutung von Helenas Aufenthalt in Palästina durchaus bewusst war,[8] erzählte ihre Reise allerdings als persönliche Pilgerfahrt einer in ihrer Gottesfürchtigkeit vorbildlichen Frau und Herrscherin: „So konnte man oft sehen, wie die bewundernswerte Frau in ehrwürdiger und einfacher Kleidung sich mitten unter dem Volk zeigte und ihre Gottesverehrung durch lauter gottgefällige Werke an den Tag legte."[9] Helena wird hier mit Eigenschaften ausgestattet, die in der Folge zu den Topoi christlicher Pilgerschaft gehören: die religiöse Motivation der Reise, einfache Kleidung, die ihre christliche Demut beweist, und gute Werke als Ausdruck ihrer Verehrung Gottes. Außerdem habe sie, betont Eusebius, an zwei bedeutenden Orten Kirchen gestiftet und ausschmücken lassen: an der Stätte von Jesu Geburt, der Geburtsgrotte in Betlehem, und am Ort der Himmelfahrt Christi, also auf dem Ölberg in

Jerusalem. Helena steht damit am Anfang einer Tradition pilgernder Stifterinnen. Frauen des byzantinischen Kaiserhauses, vor allem unter Kaiser Theodosius, aber auch reiche Christinnen aus Rom, bezogen sich später auf diese Tradition und führten sie fort.

Helena findet das wahre Kreuz Christi

Am Ende des vierten Jahrhunderts war das Christentum bereits soweit etabliert, dass Gelasius von Caesarea daran ging, eine Kirchengeschichte zu schreiben.[10] Auch in ihr spielt Helena eine wichtige Rolle. Rund fünfzig Jahre nach Eusebius baute Gelasius in seiner Helena-Erzählung ein Element aus, das bei Eusebius nur vage angedeutet war: die Auffindung des Kreuzes, an dem Christus einst gestorben war. Anlass der Palästinareise war in dieser Version der Geschichte eine göttliche Eingebung. Gott selbst schickte Helena auf die Spur Christi und beauftragte sie, nach dem Kreuz zu suchen, das unter einem Venustempel verborgen liege. Die Kaisermutter ließ den Tempel zerstören, veranlasste Grabungen, und fand tatsächlich drei Kreuze. Daraufhin betete der örtliche Bischof Macarius zu Gott, um herauszufinden, welches der drei das Kreuz Christi sei. Auf sein Geheiß wurden alle drei nacheinander einer todkranken Frau aufgelegt. Eines von ihnen heilte die Frau, damit war das wahre Kreuz gefunden!

An der Stelle der Kreuzesauffindung ließ Helena eine Kirche errichten. Sie sandte einen Teil des Kreuzes mit den ebenfalls aufgefundenen Kreuzesnägeln an ihren Sohn. Für den in Jerusalem verbleibenden Rest ließ sie einen silbernen Schrein anfertigen und richtete dann als Zeichen ihrer Demut ein Festmahl für heilige Jungfrauen aus.

Bei Gelasius steht weniger Helenas Reise im Vordergrund als vielmehr der göttliche Auftrag, den sie dabei erfüllt. Helena ist für den Kirchenhistoriker vor allem ein Werkzeug Gottes, der durch sie seine Offenbarung kundtut. Auch dieser Topos – die Frau, die nicht selbständig handelt, sondern lediglich als Medium göttlicher Weisung fungiert – wird uns später, vor allem im Mittelalter, noch häufiger begegnen. Verstärkt wird die Passivität Helenas in dieser Version durch die Einführung des Bischofs Macarius. Erst durch sein Gebet und die daraufhin veranlasste Heilung der kranken Frau offenbart sich das wahre Kreuz. Für den entscheidenden Akt braucht es also einen geweihten Vertreter der Amtskirche.

Die Legende wird vollendet: Helena als neue Maria

Ungefähr zur selben Zeit wie Gelasius, im Jahr 395, schrieb Ambrosius, Bischof von Mailand, seine Totenrede auf Kaiser Theodosius. Die Helena-Legende hat auch in ihr einen zentralen Platz. Ambrosius ging es vor allem darum, die Nachfolger des Theodosius auf den christlichen Glauben zu verpflichten. Er hob in seiner Erzählung daher die Allmacht und das direkte Wunderwirken Gottes hervor. Von dem bei Gelasius so wichtigen Bischof lesen wir bei Ambrosius nichts. Statt dessen schmückt er zunächst Helenas Lebensgeschichte aus, indem er ihre niedere Herkunft betont. Hier findet sich zum ersten Mal die Behauptung, sie sei eine „Stallmagd" gewesen.[11] Gott, so Ambrosius, habe Helena ungeachtet ihrer niedrigen Stellung zu seinem Werkzeug gemacht.

Die Parallele zu Maria, der Mutter Jesu, ist unverkennbar. Maria steht als Gottesgebärerin am Beginn der christlichen

Heilsgeschichte. Mit Helenas Reise nach Palästina, so stellt es Ambrosius dar, greift Gott nun erneut direkt in das Geschehen der Welt ein. Der Bischof von Mailand baut in seine Rede eine Passage ein, in der Helena selbst, vom Heiligen Geist inspiriert, sagt: „Jene [gemeint ist Maria] trug wie ein Heiligtum den Herrn im Schoß, ich will sein Kreuz ausfindig machen. Jene tat den Menschgewordenen kund, ich den Auferstandenen. Jene war die Mittlerin, dass Gott sichtbar unter den Menschen wohnte, ich will zur Heilung unserer Sünden das Banner Gottes aus dem Schutte heben."[12] So geschieht es dann auch. Gott selbst lenkt Helenas Schritte zu der Stelle, an der das eine wahre Kreuz vergraben liegt: „Und da schon Christus in Maria eine Frau heimgesucht hatte, suchte der Geist in Helena eine solche heim: er trat ihr kund, was eine Frau nicht wissen konnte, und führte sie den Weg, den ein Sterblicher nicht erkennen konnte."[13]

Durch die Gleichsetzung mit Maria wurde Helena endgültig zur Legendenfigur. Im Lauf des 4. Jahrhunderts wurde aus der historischen Kaiserin eine Heilige, die zukünftigen christlichen Pilgerinnen als Vorbild dienen sollte. Doch nicht nur die Darstellung Helenas und ihrer Reise veränderten sich im Zuge der Legendenbildung. Auch das Land, in das sie reiste, wurde, wie Helena selbst, erst in dieser Zeit allmählich zum Heiligen Land.

Biblische Erlebniswelt: Wie aus Palästina das Heilige Land wird

Dass Konstantin und Helena an wichtigen biblischen Stätten Kirchen errichten ließen, trug dazu bei, diese Orte für Pilgernde attraktiv zu machen.[14] Dennoch haben die beiden die Idee des Heiligen Landes nicht erfunden. Bereits in vorkonstantinischer Zeit gab es Motive und Vorstellungen, „an die der Kaiser und seine Mutter beim Ausbau Jerusalems und Bethlehems als heiligen Orten des Christentums anknüpfen konnten."[15]

Im Zentrum stand dabei die Bedeutung Jerusalems. Es war zum einen der Herkunftsort des Evangeliums. Gleichzeitig stand Jerusalem für die Verbindung des realen Lebens in der Jetzt-Zeit mit der verheißenen Erlösung am Ende aller Zeiten. In Jerusalem berührten sich die aktuell-irdische und die zukünftig-himmlische Wirklichkeit.[16]

Konstantins Interesse an Jerusalem war in erster Linie kirchenpolitisch: Die Grabeskirche sollte als starkes Symbol für die Einheit der christlichen Kirche wirken. Es waren die Frauen der kaiserlichen Familie, allen voran Konstantins Mutter Helena und später die Repräsentantinnen der theodosianischen Dynastie, die weitere Orte in Palästina ausbauten. Eusebius schreibt über Helenas Stiftungstätigkeit: „Mit herrlichen Kleinodien schmückte sie die Bethäuser, und selbst die Tempel in den kleinsten Städten übersah sie dabei nicht."[17] Das deutet darauf hin, dass Helena an lokale Traditionen anknüpfte. Sakrale Stätten, die die ortsansässige Christenheit bereits für Gebet und Gottesdienste nutzte, wurden von ihr zu größeren Heiligtümern ausgebaut. Ebenso verfuhren ihre Nachfolgerinnen zur Zeit Theodosius' I., aber z.B. auch Aelia Eudokia, die Frau Theodosius' II., sowie Aelia Pulcheria, seine Schwester.

Durch die Bau- und Stiftungstätigkeit der Frauen erfuhr die Idee vom Heiligen Land zwei entscheidende Veränderungen: Zum einen wurden nun nicht mehr die Stadt Jerusalem oder die biblische Landschaft in ihrer Gesamtheit verehrt. Vielmehr galten einzelne Orte als heilig und verehrungswürdig. Zum anderen stand Jerusalem nicht mehr nur für die Kontinuität von Jetzt-Zeit und Zukunftsverheißung, sondern auch für die Verbindung der aktuellen Heiligkeit eines Ortes mit seiner Geschichte als biblischer Wirkungsstätte.

Es war vor allem dieses Motiv, das im Lauf des 4. Jahrhunderts immer stärker wurde und Palästina zu einem attraktiven Pilgerziel werden ließ: Die kaiserlichen Stifterinnen hatten mit ihren Kirchenbauten eine Art touristischer Infrastruktur geschaffen, die es Pilgernden ermöglichte, auf den Spuren Jesu zu wandeln: „Nach und nach wurden in die jüdische Erinnerungslandschaft immer mehr Orte eingezeichnet, die sich mit der irdischen Geschichte Jesu verbanden. Das Heilige Land der jüdischen Tradition wurde zum Land der Fußstapfen Christi."[18]

Vor allem wohlhabende römische Frauen folgten in spätantiker Zeit dem Beispiel Helenas, brachen zu den heiligen Stätten auf und stifteten vor Ort selbst Kirchen und Klöster. Für die römischen Pilgerinnen und Pilger des 4. Jahrhunderts entstand so in Palästina „eine religiöse Erlebniswelt".[19] Oder anders ausgedrückt: „Das Evangelium [wurde] begehbar".[20]

Zwei Stifterinnen und Pilgerinnen aus Rom haben besondere Berühmtheit erlangt: Paula und Melania die Ältere. Mit der Geschichte der beiden sind zwei der wichtigsten Orte im Heiligen Land untrennbar verbunden: Betlehem als Geburtsort Jesu und der Ölberg als Stätte seiner Himmelfahrt.

Konkurrenz im Heiligen Land: Paula, Melania die Ältere und ihre Kreise

Zwei christliche Aristokratinnen in Rom

Paula und Melania die Ältere, die beide in der zweiten Hälfte des 4. Jahrhunderts lebten, gehörten zu einer kleinen, aber einflussreichen Schicht äußerst wohlhabender und gebildeter Frauen im spätantiken Rom. Melania wurde 342 geboren und stammte, ebenso wie die fünf Jahre jüngere Paula, aus Spanien. Im Leben der beiden Frauen gibt es eine Reihe von Gemeinsamkeiten: Paula war fünfzehn, Melania sechzehn Jahre alt, als sie heirateten. Ihre Männer entstammten ebenfalls der römischen Aristokratie. Beide Frauen gebaren mehrere Kinder und wurden früh Witwe. Im weiteren Verlauf ihres Lebens wandten sie sich einer christlich-asketischen Lebensweise zu. Die Häuser der beiden wurden zu Treffpunkten namhafter Kleriker und Theologen ihrer Zeit.

Dass Paula und Melania selbst entschieden, wie sie leben wollten, und in ihren Häusern gewissermaßen intellektuell-christliche Salons führten, war nicht untypisch für römische Aristokratinnen. In der Spätantike waren Frauen der römischen Oberschicht in der Öffentlichkeit präsent und besaßen, da sie über eigenes Vermögen verfügen konnten, eine gewisse Selbständigkeit. Sie führten Geschäfte, nahmen an kulturellen Veranstaltungen teil, konnten sich selbst vor Gericht vertreten lassen und sowohl geschäftlich als auch zum Vergnügen reisen.[21] Zwar wurde immer wieder versucht, den Spielraum von Frauen durch Regeln und

Gesetze einzuschränken. De facto aber blieben gerade die reichen Aristokratinnen durch die gesamte Spätantike hindurch öffentlich präsent und kulturell einflussreich.

Der Widerspruch zwischen konservativer Doktrin und gelebter Praxis bestand auch im christlichen Rom. Je länger das biblische Geschehen zurücklag, desto mehr wurde das unmittelbare Erleben und Verkünden des Evangeliums abgelöst vom Ringen um die richtige Bewahrung und Überlieferung der Heiligen Schrift. In den urchristlichen Gemeinden waren Frauen und Männer als Märtyrer oder charismatisch Predigende noch gleichermaßen geachtet. Wohlhabende Frauen hatten ihre Häuser für Gemeindeversammlungen geöffnet und auch selbst Gemeinden geleitet.[22] Im Lauf des zweiten Jahrhunderts schritt dann die Entwicklung einer hierarchisch geprägten Ämterkirche voran. Indem sich die Betonung auf die rechte Bewahrung und Überlieferung verschob, stieg die Lehrautorität von Bischöfen. Die Bedeutung charismatischer Prediger und Gemeindeleiter nahm dagegen ab. Im Fall von Männern fiel dies nicht so sehr ins Gewicht, da es sich tendenziell um dieselbe Gruppe handelte. Die Frauen dagegen verloren den Einfluss und die gleichberechtigte Stellung, die sie in den urchristlichen Gemeinden innegehabt hatten. Im Zuge der immer deutlicher vollzogenen Trennung in Amtsinhaber und Laien war der Platz der Frauen nach kirchlicher Lehre bald ausschließlich im Laienbereich. Ihnen blieb als Betätigungsfeld die caritative Arbeit. Die theologische Lehre wurde ausschließlich Sache der Männer.[23]

Doch nicht nur im zivilen, auch im christlichen Rom sah die Realität häufig anders aus als die Theorie. Zwar verbannte man Frauen aus dem kirchlichen Lehramt. Gleichzeitig jedoch umgaben sich Geistliche und Kirchenväter gern mit den äußerst gebildeten Frauen der römischen Oberschicht, pflegten Gedankenaustausch mit ihnen und widmeten ihnen ihre Schriften. Das kirchliche Frauenbild war zunehmend negativ, und doch hatten römischen Aristokratinnen eine nicht zu unterschätzende Bedeutung für die sich etablierende christliche Kirche und ihre prominenten Vertreter.

Auch Paula und Melania praktizierten den christlichen Glauben und förderten die noch junge Religion aktiv. Dabei verfügten beide Frauen nicht nur über beträchtliche finanzielle Mittel, sondern außerdem über eine sehr hohe Bildung. Von Paula ist bekannt, dass sie neben Griechisch auch Hebräisch lernte. Es ist davon auszugehen, dass auch andere christliche Aristokratinnen, wie Melania die Ältere und ihre gleichnamige Enkelin, Melania die Jüngere, beide Sprachen beherrschten. Sowohl Paula als auch Melania die Ältere standen in Verbindung mit einflussreichen Theologen ihrer Zeit. Paula wurde zur engen Begleiterin von Hieronymus. Melania hatte vor allem mit Rufinus von Aquileia und ihrem Vetter Paulinus von Nola Kontakt. Paradoxerweise verdanken wir dem Streit zwischen diesen Männern die Biographien der beiden Frauen: Sowohl Hieronymus als auch Paulinus von Nola verfassten jeweils für „ihre" Dame eine Art Heiligenbiographie, in der nicht nur das Leben von Paula bzw. Melania erzählt, sondern vor allem die jeweilige Heilige als besonders vorbildlich dargestellt wird. Als Quellen sind diese Lebensbeschreibungen daher, ähnlich wie die Legenden um die Kaiserin Helena, mit Vorsicht zu genießen. Ging es den Männern doch in erster Linie darum, wer von ihnen beiden die bessere Heilige vorzuweisen hatte![24]

Das erste Pilgerzentrum: Melanias Klöster auf dem Ölberg

Melania die Ältere war erst 22 Jahre alt, als ihr Mann starb. Außerdem hatte sie zu der Zeit bereits zwei ihrer drei Kinder verloren. An diesem Punkt ihres Lebens entschied sich Melania zu einem radikalen Schritt: Sie gab ihren verbliebenen, noch jungen Sohn Publicola in Pflege, verschenkte Teile ihres reichen Besitzes und begab sich im Jahr 372 auf Pilgerfahrt. Zunächst reiste sie nach Alexandria und dann weiter nach Ägypten, wo sie in der Wüste von Nitria lebende Mönche besuchte. Ihnen schloss sich Melania an, als sie während der Verfolgung unter Kaiser Valens ins Exil nach Palästina zogen, und versorgte sie. Dabei soll sie sich als männlicher Sklave verkleidet haben. So kam Melania nach Jerusalem, wo sie gemeinsam mit Rufinus von Aquileia ein Doppelkloster gründete. Sie selbst stand dem Frauenkonvent vor, Rufinus leitete das Männerkloster. Rufinus war ein Jugendfreund des Hieronymus. Die beiden Männern hatten in Aquileia einem Kreis von Asketen angehört. Später zerstritten sie sich über theologische Fragen und wurden schließlich im letzten Jahrzehnt des 4. Jahrhunderts zu erbitterten Feinden im Streit um die Lehren des Origenes.[25]

Die theologischen Fragen scheinen allerdings nicht der einzige Streitpunkt zwischen den einstigen Freunden Hieronymus und Rufinus gewesen zu sein. Vielmehr standen sie, was die Ausrichtung der von Melania und Paula gegründeten Klöster in Palästina betraf, auf unterschiedlichen Seiten.

Melanias Klöster auf dem Ölberg wurden schon bald nach ihrer Gründung zu einer Anlaufstelle für Pilgerinnen und Pilger aus dem Umfeld des theodosianischen Kaiserhofes.

Theodosius I. war 379 zum *Augustus* erhoben worden und präsentierte sich seinen Untertanen als Nachfolger Konstantins des Großen. Wie dieser war er zu Beginn seiner Zeit in Byzanz „ein fremder Kaiser im Osten".[26] Theodosius kam aus dem Westen, wie Melania und Paula wurde er in Spanien geboren. Er umgab sich mit Beratern aus seiner Heimat und stand auch theologisch unter dem Einfluss spanischer Geistlicher.[27] Seine Lebens- und Glaubenswelt war der von Melania daher recht nah. Wie schon sein Vorbild Konstantin war Theodosius selbst nie im Heiligen Land, sondern überließ es den Frauen der Familie, das Kaiserhaus und den christlichen Glauben dort zu repräsentieren.

Neben Angehörigen der kaiserlichen Familie sind mit Poimenia und Silvia, der Schwägerin von Rufinus von Aquileia, zwei Frauen aus dem weiteren höfischen Umfeld als Gäste von Melania bekannt. Palladius, ein griechischer Historiker, der Melania persönlich kannte und ebenfalls bei ihr logierte, berichtet in seiner *Historia Lausiaca*, er selbst und Melania hätten Silvia auf deren Reise von Jerusalem nach Ägypten begleitet. Das deutet darauf hin, dass Silvia als erste Adresse im Heiligen Land das Ölbergkloster ansteuerte. Ihre Begleitung nach Ägypten durch die Vorsteherin des Klosters zeigt außerdem, dass man Silvia als hochgestellte Persönlichkeit auch in Palästina standesgemäß behandelte.

Wie alle anderen namentlich bekannten Pilgerinnen der theodosianischen Zeit stammte auch Silvia aus Spanien. Offensichtlich gab es hier im 4. Jahrhundert ein besonderes Interesse der Christen und vor allem der Christinnen an Palästina: „Das Beispiel von Silvia zeigt, dass im Westen regelrechte Netzwerke um Orientpilger geknüpft wurden."[28] So hatte Silvia z.B. mehreren daheimgebliebenen Bekannten versprochen, ihnen von der Reise Reliquien mitzubringen. Das Pilgerwesen kam mehr und mehr in Schwung, und Melanias Ölbergklöster schienen dafür die geeignete Anlaufstelle zu sein. Vor allem, weil westliche Pilger aus den höchsten Gesellschaftsschichten davon ausgehen konnten, dort einen gewissen Komfort vorzufinden und standesgemäß versorgt zu werden.

Einer, dem dies gar nicht gefiel und der dementsprechend mit Kritik nicht sparte, war Hieronymus, der einstige Freund und spätere Gegner des Rufinus.[29] Er hatte sich gemeinsam mit Paula in Betlehem niedergelassen, wo die beiden ebenfalls Klöster gründeten.

Askese und Flucht aus Rom: Paula und Hieronymus

Paula verlor ihren Mann Toxotius im Alter von 33 oder 34 Jahren. Sie entschied sich gegen eine erneute Heirat und wählte stattdessen den im christlichen Umfeld sehr angesehenen Stand der Witwe. Im Jahr 382 beherbergte sie anlässlich einer Synode Bischöfe in ihrem Haus und machte dabei Bekanntschaft mit Hieronymus. Mit Ausnahme von Papst Damasus und dem Senator Pammachius war es Hieronymus bis dahin nicht gelungen, einflussreiche Männer in Rom für seine Ideen zu begeistern. Die meisten Senatoren hingen noch dem alten römischen Glauben an. Die Damen des Hochadels dagegen waren für das Christentum aufgeschlossen und öffneten christlichen Theologen ihre Häuser. So auch Paula. Gemeinsam mit ihren Töchtern Eustochium und Blaesilla wurde sie zur Anhängerin von Hieronymus' radikalasketischer Lehre.[30]

Die asketische Lebensform genoss im frühen Christentum einen hohen Stellenwert. Das hat nicht zuletzt mit der Unsicherheit zu tun, die die römische Gesellschaft in der Schlussphase des Reiches, insbesondere seit dem Beginn der Völkerwanderung, prägte. Wirtschaftliche und soziale Umwälzungen paarten sich mit äußeren Bedrohungen. Untergangs- und Endzeitszenarien machten allgemein die Runde. Die Christen verbanden diese Situation mit der ohnehin für die nahe Zukunft erwarteten Rückkehr des Messias. Melania schrieb aus Palästina an ihre Verwandten in Rom: „Kinder, vor vierhundert Jahren ist geschrieben worden: ‚Die letzte Stunde ist gekommen' (1, Joh. 2, 18). Weshalb habt ihr Gefallen daran, an der Eitelkeit des Lebens zu verweilen, als würden die Tage des Antichrist nicht kommen; dann werdet ihr euern Reichtum und die Güter der Vorfahren nicht genießen können."[31] Christliche Aristokratinnen wie Melania oder später ihre Enkelin Melania die Jüngere, die als reichste Frau Roms galt, verschenkten und stifteten in dieser apokalyptischen Erwartungshaltung große Teile ihres Besitzes.[32]

Die Vorbereitung auf das Ende der Welt bedeutete für die Anhänger christlicher Askese jedoch nicht nur den Verzicht auf materielle Güter, sondern darüber hinaus eine Absage an alles Leibliche. Vor allem für die Frauen wurde dies zur ständigen Mahnung, lastete doch auf ihnen nach kirchlicher Doktrin die Schuld Evas, die durch ihre Verführbarkeit die Sünde in die Welt gebracht habe. Der Weg zur Erlösung bestand für die Frauen in der Nachfolge Marias. Ein keusches, von weltlichen Belangen abgewandtes Leben, am besten als Gott geweihte Jungfrau oder Witwe, schien die einzige Möglichkeit, als Frau der ewigen Verdammnis zu entkommen. Genau genommen ging es darum, durch Entsagung möglichst viel des eigenen Frauseins abzulegen. Gerade Hieronymus predigte seinen Anhängerinnen, dass es ihnen durch strengste Askese und Jungfräulichkeit möglich sei, fast zu Männern zu werden.[33]

Paulas jüngste Tochter Blaesilla stand so sehr im Bann der asketischen Lehre des Hieronymus, dass sie sich innerhalb kurzer Zeit zu Tode hungerte. Auch Paula und Blaesillas Schwester Eustochium waren glühende Anhängerinnen des Hieronymus und hielten selbst nach Blaesillas Tod noch zu ihm. Anders die römische Senatsaristokratie und große Teile der christlichen Gemeinschaft in Rom. Sie sahen in Hieronymus einen Radikalen und gaben ihm die Schuld an Blaesillas Tod. Wohl auch deshalb verließ Hieronymus 385 Rom und brach ins Heilige Land auf. Paula und Eustochium schlossen sich ihm an.

Konkurrenz zum Ölberg: Paulas Klöster in Betlehem

Wie Melania verfügte Paula über großen Besitz und verwendete ihn, um in Palästina Klöster und ein Pilgerhospiz zu bauen. Als sie mit Eustochium und Hieronymus 385/86 im Heiligen Land ankam, lebte Melania bereits seit rund zehn Jahren dort und hatte die Aufbauphase ihrer Klöster auf dem Ölberg hinter sich. Die Anlage hatte sich als Zentrum des römischen Pilgerwesens etabliert und erlebte nun eine regelrechte Blütezeit. Jerusalem schied also als Standort für ein weiteres Kloster aus. Paula ließ sich daher mit Eustochium und Hieronymus in Betlehem nieder. Zuvor unternahm sie eine längere Rundreise durch Palästina und Ägypten, um die heiligen Stätten der Bibel zu besuchen.

Als Paula schließlich in Betlehem ankam, begab sie sich zuerst zur Geburtsgrotte. Dort, so schildert es Hieronymus, hatte sie eine göttliche Vision: „In meiner Gegenwart beteuerte Paula, sie sähe mit den Augen des Glaubens das in Windeln gewickelte Kind, den in der Krippe weinenden Herrn [...]"[34] Auch alle anderen Personen der Weihnachtsgeschichte seien in Paulas Vision unmittelbar präsent gewesen: Maria und Josef, die Weisen, die Hirten, ja sogar den Stern habe sie am Himmel leuchten sehen. Überwältigt vor Freude, so Hieronymus, brach Paula in Tränen aus und rief: „Sei gegrüßt Bethlehem, Haus des Brotes, wo jenes Brot geboren wurde, das vom Himmel herabgestiegen ist!"[35]

Die Schilderung des Hieronymus findet sich in einem Brief, den der Kirchenvater nach Paulas Tod im Jahr 404 an Eustochium geschrieben hat. Dieser Brief war zugleich für eine breitere Öffentlichkeit bestimmt. Es ging darum, Paula als Heilige und Vorbild für Pilgernde zu etablieren und Betlehem als besonders verehrungswürdigen Ort herauszuheben.[36] Der Grund dafür war eher profan: Hieronymus und Eustochium brauchten dringend Geld für die von Paula gegründeten Betlehemer Klöster und das angeschlossene Pilgerhospiz. Trotz ihres enormen Vermögens hatte Paula durch ihre großzügige Stiftungstätigkeit mit den Jahren einen Schuldenberg angehäuft, der nun zum Problem wurde.

Während Melanias Ölbergklöster in Jerusalem prosperierten und Scharen von Pilgern anzogen, stand Paulas Anlage in Betlehem offensichtlich in deren Schatten. Hieronymus hatte schon zu Paulas Lebzeiten versucht, in Rom Gelder einzuwerben und Unterstützer zu gewinnen. Dabei wetterte er, wo er nur konnte, gegen Jerusalem. Dort, so Hieronymus, sei es unmöglich, ein wahrhaft asketisches Leben zu führen, denn die Stadt sei bevölkert von „Behörden, Heerestruppen, Prostituierten, Schauspielern, Gauklern und allem, was man auch in anderen Städten vorfindet."[37] Betlehem bezeichnete er dagegen als „erhabensten Ort des Erdkreises".[38] Auch wenn Paula es in seinen Augen mit ihrer Freigebigkeit etwas übertrieben hatte, so stellte Hieronymus ihr Armutsideal doch gegenüber dem seiner Meinung nach viel zu üppigen Lebensstil der Ölbergklöster als weit überlegen dar. Ohne konkrete Namen zu nennen, deutete er an, die Gruppe in Jerusalem sei neidisch auf Paulas Heiligkeit.[39]

Melanias Unterstützer warfen ihrerseits Hieronymus Neid vor. War er doch in seiner Werbung für Paula in Betlehem nicht annähernd so erfolgreich wie Rufinus, Palladius und Paulinus von Nola, die für Melania trommelten. Palladius sprach in seiner *Historia Lausiaca* durchaus mit Bewunderung von Paula. Zugleich aber bedauerte er sie. Paula hätte, so seine Einschätzung, wegen ihrer Begabung „höher fliegen können als alle anderen", sei aber von Hieronymus „in seiner Eifersucht" behindert worden.[40]

Da Palladius am theodosianischen Hof gelesen wurde, kam das Bild des neidischen Hieronymus in den höchsten Kreisen des Reiches an. Das unmittelbare Ziel, größere Unterstützung für die Betlehemer Klöster zu gewinnen, hatte Hieronymus damit verfehlt. Seine Literarisierung Paulas als Heilige und Pilgerin entfaltete allerdings im weiteren Verlauf der Geschichte eine enorme Wirkung. Was von Paula blieb, war die von Hieronymus geschaffene Ikone. Ihr Intellekt, die umfassende Bildung, ihr sicherlich nicht unbeträchtlicher Anteil an Hieronymus' Bibelübersetzung – all das rückte in den Hintergrund, wo es nicht völlig in Vergessenheit geriet. Umso heller strahlte Paulas Gotteserlebnis in der Betlehemer Geburtsgrotte. So überdauerte das Bild einer frommen Frau, die, von göttlichen Visionen körperlich überwältigt, in Tränen ausbricht und auf diese Weise die Heiligkeit des Ortes unmittelbar erfährt. Dieses Bild der emotional-spirituellen Frau erhielt vor allem im Mittelalter, sowohl als männliche Zuschreibung wie auch als Eigenbeschreibung von Frauen, große Bedeutung.

Dass Frauen auch auf ganz andere Weise pilgernd unterwegs sein konnten, zeigt das Beispiel der reisefreudigen Egeria, deren Aufzeichnungen für die Forschung bis heute von großem Wert sind.

Abenteuer Forschung: Der Reisebericht der Egeria

Religiös, reich, reiselustig: Wer war Egeria?

Im Gegensatz zu Paula, Melania und anderen spätantiken Pilgerinnen, über deren Aktivitäten wir ausschließlich durch die Schriften männlicher Begleiter und Weggefährten informiert sind, hat Egeria über ihre Reisen einen eigenen Bericht verfasst.[41] Es ist der erste erhaltene weibliche Pilgerbericht. Dieses *Itinerarium*, wie Egerias Bericht genannt wird, ist ein wahrer Schatz. Es erzählt uns deutlich mehr als traditionelle römische Itinerarien, die in der Regel lediglich Wegbeschreibungen mit Angaben zu Entfernungen und

Straßenverbindungen waren. In christlicher Zeit wurden sie zu Reiseführern für Pilger erweitert, indem man Hinweise auf christliche Sehenswürdigkeiten einfügte. Das berühmte *Itinerarium Burdiganlense*, der Bericht eines Pilgers oder einer Pilgerin aus Bordeaux vom Anfang des 4. Jahrhunderts,[42] ist dafür ein gutes Beispiel.

Egeria dagegen schrieb Briefe an daheimgebliebene Frauen und erzählte ihnen ausführlich von ihren Erlebnissen. Entstanden ist so eine Art Brieftagebuch, das für spätere Generationen zur reichen Quelle von Informationen über das Heilige Land, die dort lebenden Menschen und ihre religiösen Gebräuche wurde. Bis heute speist sich unser Wissen über die Liturgie der frühen Christen in Palästina zu großen Teilen aus Egerias Bericht.

Egeria war gebildet, sie konnte lesen und schreiben. Anders als die gelehrten Geistlichen schrieb sie jedoch in einem volkssprachlich gefärbten Spätlatein. Zu dieser Zeit befand sich die Sprache in einem tiefgreifenden Wandel, im Zuge dessen sich schließlich die romanischen Sprachen herausbildeten. Ihr Bericht ist daher auch für die sprachwissenschaftliche Forschung von großer Bedeutung.[43] Wie die meisten ihrer spätantiken Pilgerkolleginnen stammte sie aus Spanien. Da Egeria an einer Stelle den Fluss Rhône mit dem Euphrat vergleicht,[44] wurde teilweise auch eine Herkunft aus dem südwestlichen Gallien (Aquitanien) angenommen.

In ihren Briefen spricht sie die Daheimgebliebenen als „Verehrte Damen Schwestern" an. Daraus schloss man zunächst, dass Egeria Nonne gewesen sei. Aufgrund der Wertschätzung, die sie erfuhr, und weil es Quellenhinweise auf eine Äbtissin mit demselben Namen gab, nahm man an, sie habe ein Kloster in Südfrankreich oder Nordspanien geleitet. Demnach wären ihre Pilgerbriefe an die daheimgebliebenen Schützlinge ihres eigenen Klosters gerichtet. Allerdings war das Klosterwesen im 4. Jahrhundert erst im Aufbau begriffen. Und die Anrede „Schwestern" bezog sich zur der Zeit keineswegs nur auf Nonnen. Sie war auch in nicht klösterlichen christlichen Zirkeln und unter Frauen wie Paula und Melania, die ihr Leben Gott weihten, gebräuchlich. Egeria kann also auch einfach einem Kreis frommer Frauen der Oberschicht angehört und sich in ihren Briefen an die Damen dieses Kreises gewandt haben.

Sicher ist jedenfalls, dass Egeria vermögend war. Neben den erforderlichen finanziellen Mitteln verfügte sie außerdem über die nötigen Sprach- und Ortskenntnisse sowie über Beziehungen, die für ihre ausgedehnten Reisen nützlich, wenn nicht unerlässlich waren. Wir erfahren aus ihrem Bericht, dass sie, wo immer sie ankam, von der örtlichen Geistlichkeit, oft vom Ortsbischof persönlich, freundlich empfangen wurde.[45] Der Bischof von Arabia, obwohl schon älter, reiste ihr sogar entgegen.[46] In gefährlichen Gegenden außerhalb des römischen Straßennetzes stellte man ihr Geleitschutz durch Soldaten zur Seite.[47] Eine solch zuvorkommende Behandlung war nicht für jeden zu haben. Egeria muss eine recht hochgestellte Persönlichkeit gewesen sein, um in diesen Genuss zu kommen.

Ihre Reise von Konstantinopel ins Heilige Land lässt sich auf das Jahr 381 datieren. Zuvor muss Egeria aus Spanien angereist sein. Da sie also ungefähr zur selben Zeit wie der ebenfalls von Spanien aufbrechende Kaiser Theodosius unterwegs war, ist es nicht unwahrscheinlich, dass sie in dessen Hofstaat mitreiste. Vermutlich gehörte Egeria daher zu einem frommen Kreis von Frauen um Kaiserin Aelia Flacilla und die Nichte des Kaisers, Serena.[48]

Aufbruch zur ersten Station: Egerias Reise nach Jerusalem

Von Konstantinopel begab sich Egeria zunächst nach Jerusalem.[49] Sie reiste über Land: Stationen waren Bithynien, Galatien, Kappadokien, Tarsus und Antiochia. In ihrem Bericht verwendet sie dabei meist die Wir-Form, sie war also in einer Gruppe unterwegs. Auf Pilgerreise ging zu dieser Zeit und auch noch in späteren Jahrhunderten ohnehin niemand allein. Egeria hatte als hochgestellte Persönlichkeit auf jeden Fall eine ausreichende Eskorte. Außerdem besaß sie wohl ein kaiserliches Geleitschreiben, das es ihr ermöglichte, auf weiten Strecken den *cursus publicus*, also die kaiserliche Post, zu benutzen. Mit der *reda*, einem Postreisewagen, konnte man auf gut befestigten Strecken des öffentlichen Straßennetzes, den *viae publicae*, bis zu 50 Kilometer am Tag zurücklegen. Unterwegs übernachteten Egeria und ihre Begleiter in Herbergen auf den Postrouten, den *mansiones*. In gefährlicheren Gegenden, in denen die Gruppe Geleitschutz von Soldaten erhielt, nächtigte sie in den Lagern der römischen Armee.

Immer wieder machte Egeria unterwegs etwas länger Station. Blieb sie einige Tage an einem Ort, so war sie in der Regel bei Kirchenvertretern, oft beim Bischof, zu Gast. Im frühen Christentum spielte Gastfreundschaft als Ausdruck tätiger Nächstenliebe generell eine große Rolle. Gerade für Pilgernde war sie essentiell. Mit der Zeit entstanden entlang der Pilgerrouten immer mehr Hospize, speziell auch für Frauen, in denen Pilgernde übernachten konnten.

In Jerusalem angekommen, richtete sich Egeria auf einen längeren Aufenthalt ein. Wahrscheinlich logierte sie, ebenso wie die anderen Damen aus dem Umfeld des Kaiserhofes, bei Melania auf dem Ölberg. Von hier schickte sie Briefe an die Daheimgebliebenen: „Damit ihr, meine Verehrtesten, wisst, welcher Gottesdienst täglich während der einzelnen Tage an den heiligen Stätten gefeiert wird, fühle ich mich verpflichtet, euch davon zu berichten, weil ich weiß, dass ihr es gerne erfahren möchtet".[50] Es fällt auf, dass Egeria hier das Präsens verwendet. Ihre Reisen durch Palästina, Ägypten und Syrien werden dagegen in der Vergangenheitsform erzählt. Obwohl diese Reisekapitel in der heute überlieferten Form des *Itinerarium* am Anfang stehen und die Liturgiebeschreibung den zweiten Teil des Buches bildet, ist davon auszugehen, dass Egeria die Briefe über Liturgie und Gottesdienste zuerst, also während ihrer Zeit in Jerusalem, geschrieben hat. Die Reisekapitel entstanden später, nach ihrer Rückkehr nach Konstantinopel.[51]

Das Interesse an der Jerusalemer Liturgie war eine wichtige Motivation für Egerias Reise. Besonders beeindruckte sie, „dass die Hymnen, Antiphonen und sogar die Lesungen und Gebete, die der Bischof spricht, immer einen solchen Inhalt haben, dass sie für den Tag, der gefeiert wird, und für den Ort, an dem sie begangen werden, immer passend und angemessen sind."[52] Ihre Anhängerinnen zu Hause erhielten daher von ihr ausführliche Schilderungen der Gottesdienste, Gebete und Feiern zu verschiedenen Tageszeiten, an bestimmten Feiertagen und an unterschiedlichen sakralen Orten. Egeria machte mehrere längere Reisen, kehrte aber zwischendurch immer wieder nach Jerusalem zurück, um dort die verschiedenen Teile der Liturgie rund um das Kirchenjahr mitzufeiern. Auch an anderen Orten, die sie besuchte, interessierte sie sich für das religiöse Leben der dortigen Christen und nahm aktiv daran teil.

Heilige Menschen, heilige Orte: Egeria unterwegs in Palästina, Ägypten und Syrien

Bei ihren Reisen zu den *loca sancta*, den heiligen Orten, wie sie sie nannte, bewegte sich Egeria nicht nur auf den Spuren Jesu, sondern betrachtete die gesamte Bibel als ihren Bezugspunkt. In der Forschung wurde oft betont, Egeria sei mit der Bibel als Reiseführer unterwegs gewesen: „Ein Bibelexemplar wird beständig mitgeführt, vermutlich – wegen der Größe – auf einem Esel für sich."[53] In der Tat war eine Bibel zur Zeit Egerias kein handliches Büchlein, das man wie einen Reiseführer in die Tasche stecken konnte. Die aufwändig gestalteten Handschriften, so genannte Codizes, wurden in Kirchen und Klöstern sorgsam verwahrt. Die Vorstellung, dass Egeria solch einen Wälzer auf einem eigenen Lasttier mitgetragen haben könnte, um unterwegs darin zu blättern, ist daher auch auf Skepsis gestoßen: „Ist der codextragende Esel womöglich eine Fiktion?"[54] In Wahrheit kannte Egeria die Bibel, wie viele Gebildete ihre Zeit, höchstwahrscheinlich einfach auswendig.

Die ersten erhaltenen Worte ihres Reiseberichts können daher durchaus als programmatisch begriffen werden: „... zeigte man uns gemäß den Schriften".[55] Egeria reiste an Orte, die ihr aus der Bibel bekannt waren, und ihre Begeisterung war umso größer, je mehr die dort lebenden Menschen ihr zeigten und erklärten. Sie sei, so schreibt sie, „ziemlich neugierig".[56] Es ist das Einzige, was wir direkt über sie erfahren. Nicht ihre Person sollte offensichtlich im Mittelpunkt ihrer Darstellung stehen, sondern die heiligen Stätten, die sie besuchte, und die Menschen, denen sie begegnete.

Meist waren es Bischöfe, Priester oder als Einsiedler lebende Mönche, mit denen Egeria unterwegs ins Gespräch kam und die sie, ebenso wie die biblischen Orte, als heilig bezeichnete. Manche von ihnen waren Asketen, aber anders als Hieronymus und Paula betrachtete Egeria ein asketisches Leben nicht unbedingt als notwendige Voraussetzung für Heiligkeit. Wichtiger war ihr, dass ihre Gastgeber sich mit den biblischen Texten auskannten und gern erzählten. Bei ihrer Ankunft in Haran beispielsweise traf sie in der Kirche des Ortes den Bischof an, „einen wahren Heiligen und Gottesmann [...], der so freundlich war, uns dort alle Orte zu zeigen, wie wir es wünschten."[57] Mit ihm wanderte Egeria durch die gesamte Umgebung, ließ sich die Stelle zeigen, an der angeblich das Haus Abrahams gestanden hatte, und feierte in der örtlichen Gemeinde ein Märtyrerfest mit. Außerdem stellte sie Fragen: Wo war der Brunnen, an dem Rebekka die Kamele von Abrahams Diener getränkt hatte?[58] An welchem Ort in Chaldäa hatte Terach mit seiner Familie gewohnt?[59] Zu ihrer großen Freude beantwortete der Bischof geduldig all ihre Fragen und war außerdem „so freundlich, mir noch vieles Weitere zu berichten, so wie auch die übrigen heiligen Bischöfe und heiligen Mönche bereit waren, es zu tun."[60]

Egeria lauschte nicht nur mit großem Interesse den Erzählungen ihrer jeweiligen Gastgeber. Sie beobachtete auch selbst. So faszinierte sie beispielsweise das Phänomen Sinai: „Es ist tatsächlich überaus wunderbar, und, wie ich glaube, nicht ohne die Gnade Gottes möglich, dass man den mittleren [Berg], der eigentlich als Sinai bezeichnet wird [...], obwohl er höher als alle anderen ist, trotzdem nicht eher sehen kann, als bis du an seinen Fuß kommst und bevor du ihn besteigst. Wenn du nach erfülltem Verlangen wieder von ihm herabgestiegen bist, dann siehst du ihn auch von der gegenüberliegenden Seite aus, was vor dem Aufstieg nicht möglich ist. Das hatte ich schon aus den Berichten der Brüder erfahren, bevor wir zum Gottesberg kamen; nachdem ich nun selbst dort gewesen bin, weiß ich sicher, dass es so ist."[61] Neben ihrer religiösen Motivation fällt hier besonders Egerias wissenschaftlicher Blick auf. Sie wollte es ganz genau wissen: Von wo sieht man wann was? Dabei gab sie sich nicht mit dem zufrieden, was die Mönche, bei denen sie logierte, ihr schon berichtet hatten, sondern verifizierte deren Aussagen durch eigene Anschauung.

Egerias Forschungsdrang paarte sich mit einer gewissen Rastlosigkeit. Sie durchwanderte den gesamten Orient und nahm unterwegs immer neue Ziele in ihren Reiseplan auf: „Als schon einige Zeit vergangen und drei Jahre verstrichen waren, seit ich nach Jerusalem gekommen war und alle heiligen Stätten gesehen hatte, zu denen ich mich wegen des Gebets begeben hatte, und ich deshalb schon daran dachte, in die Heimat zurückzukehren, da wollte ich im Namen Gottes und auf seine Weisung hin, noch ins syrische Mesopotamien gehen [...]"[62] Mehrfach verschob sie ihre Heimreise und blieb so für lange Zeit eine spirituell Suchende und Forschende im Heiligen Land.

Irdisches und himmlisches Jerusalem: Was sahen die Pilgerinnen der Spätantike?

Egeria war davon überzeugt, auf Gottes Geheiß unterwegs zu sein. Die Orte, die sie besuchte, betrachtete sie mit wissenschaftlicher Neugier und zugleich mit dem Blick der Gläubigen. Zuweilen „sah" sie dabei Dinge, die sich aus heutiger Forschungsperspektive als falsch oder unmöglich erweisen.[63] Dies erinnert an Paulas Schau „mit den Augen des Glaubens", die Hieronymus so plastisch geschildert hat. Was uns heute wie ein Widerspruch vorkommen mag – wissenschaftliches Interesse an dem, wie es wirklich ist, und von biblischen Erzählungen inspiriertes gläubig-visionäres Schauen – schloss sich für die Pilgerinnen des ausgehenden 4. Jahrhunderts keineswegs aus. Im Gegenteil: Das Heilige Land wurde in theodosianischer Zeit nicht nur als real existente, sondern gleichzeitig auch als biblisch erzählte Landschaft begehbar. Die Pilgernden verfügten über ein „synoptisches Vermögen",[64] also „die Fähigkeit der Zusammenschau von irdischer und himmlischer Realität des Heiligen Landes".[65] Für Pilgerinnen wie Paula und Egeria waren diese beiden Realitäten gleich wirklich, sie bildeten quasi eine Einheit.

Diese Art, die Welt zu betrachten, weist bereits auf kommende Jahrhunderte voraus. Im Mittelalter war die religiöse Durchdringung aller Lebensbereiche, die Gleichzeitigkeit von irdischer und transzendenter Welt, eine Selbstverständlichkeit. Theologischer Diskurs und mystisches Schauen schlossen sich nicht aus. Das Bild der spirituellen Visionärin, das Hieronymus in spätantiker Zeit von Paula gezeichnet hatte, strahlte daher weit ins Mittelalter aus. Auch Egerias *Itinerarium* war im Mittelalter bekannt und inspirierte weitere Pilger, ebensolche Berichte zu verfassen, namentlich den Angelsachsen Willibald, der im 8. Jahrhundert im Gefolge des heiligen Bonifatius nach Franken kam und dort das Kloster Eichstätt gründete. Seine Vita wurde im ebenfalls neu gegründeten Kloster Heidenheim von der Nonne Hugeburc geschrieben, die darin auch einen Reisebericht über Willibalds Pilgerfahrt einfügte. Unsere Kenntnis über Egerias *Itinerarium* beruht auf einer Abschrift aus dem 11. Jahrhundert, die offenbar im Lauf späterer Jahrhunderte in Vergessenheit geriet. Erst 1884 wurde die Handschrift in Arezzo wiederentdeckt und Egeria damit zum Vorbild forschungsreisender Pilgerinnen des 19. Jahrhunderts.[66] Die englischen Schwestern Agnes und Margaret Smith, die als „Westminster Sisters" in die Geschichte eingegangen sind und selbst auf ihren Pilger- und Forschungsreisen in den Orient bedeutende Codizes entdeckten, bezogen sich in ihren Berichten ausdrücklich auf sie.[67]

Für die orientreisenden Frauen des 19. Jahrhunderts wurde Egeria vor allem als selbständig reisende Beobachterin und Wissenschaftlerin bedeutend. Mittelalterliche Leserinnen und Leser ihres *Itinerariums* bezogen sich dagegen vor allem auf die von ihr beschriebene biblische Welt heiliger Orte, die Egeria durch ihre Augenzeugenschaft lebendig werden ließ. Das Konzept der Heiligkeit eines Ortes und einer dort lebenden und wirkenden heiligen Person wurde im Lauf des Mittelalters immer mehr erweitert und führte schließlich zu einem regen Pilger- und Wallfahrtswesen. Nicht nur Jerusalem und Palästina, auch Rom und später Santiago de Compostela wurden zu bedeutenden Pilgerstätten der Christenheit.

2. Von Britannien auf den Kontinent: Pilgerinnen und Missionarinnen des frühen Mittelalters

Vor der Hochzeit auf Pilgerfahrt: Die heilige Ursula und ihre Gefährtinnen

Während Egeria, Paula, Melania und andere Pilgerinnen der Spätantike durch Quellen belegt sind, findet sich eine Heilige, die zur selben Zeit angeblich mit enormer Entourage unterwegs gewesen sein soll, erst im Legendenschatz des Mittelalters. Ursula, die Tochter des ebenfalls legendären Königs Dionotus von Cornwall, soll im Jahr 383 gemeinsam mit 11.000 weiteren Jungfrauen zu einer Pilgerfahrt nach Rom aufgebrochen sein. Ursulas Geschichte spielt zu einer Zeit, in der die römische Herrschaft in Britannien ihrem Ende entgegenging. Seit 43 nach Christus gehörte England als Provinz Britannia zum römischen Reich. Die Eroberung Irlands und Schottlands gelang den Römern dagegen nicht. Von dort gab es im 4. Jahrhundert immer wieder Überfälle der Picten und Scoten, mit denen sich die römische Armee unter ihrem Oberbefehlshaber Flavius Magnus Maximus konfrontiert sah. Maximus herrschte als Offizier und *Comes Britanniarum* über die Provinz Britannien und griff 383 nach der Kaisermacht, unterstützt von seinen Truppen, die sich in den Gefechten auf der Insel vom fernen weströmischen Kaiser Gratian im Stich gelassen fühlten.

Soweit ist die Geschichte historisch belegt. Was dann geschah, erfahren wir aus Legenden und oft deutlich später verfassten mittelalterlichen Quellen.[68] Maximus soll, als er Kaiser wurde, Dionotus zum König von Cornwall gemacht haben. Dionotus' Name taucht erstmals in Zusammenhang mit der Legende um den Gründer der Bretagne, Conan Meriadoc, auf. Conan wurde angeblich ebenfalls von Maximus zum König ernannt und mit der Gründung eines neuen Britannien im Norden Galliens beauftragt. An dieser Stelle kommt Ursula, die Tochter des Königs von Cornwall, ins Spiel. Conan soll Dionotus gebeten haben, ihm für sein neues Königreich Frauen aus Britannien zu senden. Er selbst wollte Dionotus' Tochter heiraten. Ursula hatte aber offensichtlich ihren eigenen Kopf. Statt ohne Widerspruch Königin der Bretagne zu werden, stellte sie Bedingungen: Als erstes sollte ihr zukünftiger Ehemann sich christlich taufen lassen. Außerdem wollte sie vor der Heirat mit Gefährtinnen nach Rom pilgern. Hier nun betreten wir endgültig den Boden der Legende: Sollte Ursula tatsächlich mit 11.000 Frauen auf Pilgerreise gegangen sein? Waren dies die Frauen, die Dionotus Conan als Ehefrauen für seine Mannen in die Bretagne sandte? Oder handelt es sich bei der Zahlenangabe schlicht um einen Lesefehler? In frühen Quellen war von nur elf Jungfrauen die Rede. Die Abkürzung XI.M.V., die eigentlich für „11 martyres virgines" (elf jungfräuliche Märtyrerinnen) stand, könnte später fälschlicherweise als „11 milia virgines" (elftausend Jungfrauen) gelesen worden sein.⁶⁹

Die Gruppe um Ursula kam der Legende nach zumindest in Rom an. Dort wurde die junge Reisende von Papst Siricius empfangen, der sie außerdem zusammen mit zahlreichen Bischöfen auf ihrem Rückweg begleitete. Die Pilgergruppe kam jedoch nur bis Köln, das von den Hunnen belagert wurde. Deren Prinz und Anführer soll sich auf der Stelle in die schöne Ursula verliebt haben. Während die gesamte Pilgergesellschaft von den Hunnen niedergemetzelt wurde, machte der Prinz Ursula ein Angebot: Wenn sie bereit wäre, ihn zu heiraten, würde er sie verschonen. Ursula, der das Martyrium zuvor bereits im Traum angekündigt worden war, lehnte ab und wurde daraufhin durch einen Pfeilschuss getötet.

Die Legende der heiligen Ursula, die im Lauf der Jahrhunderte immer weiter ausgeschmückt wurde, entstand im frühen Mittelalter. Zu dieser Zeit brachen tatsächlich zahlreiche Männer und Frauen von der britischen Insel auf, nicht nur, um auf Pilgerfahrt zu gehen, sondern vor allem, um im Frankenreich Mission zu betreiben.⁷⁰ Die Ursula-Legende weist eine Reihe von Elementen auf, die für die Entwicklung des christlichen Pilger- und Missionswesens im Mittelalter charakteristisch sind: Wichtig ist zunächst das Ziel von Ursulas Reise, Rom, das sich im frühen Mittelalter neben Jerusalem als zweites großes Pilgerziel der Christenheit etablierte. Ebenso von Bedeutung ist Ursulas Martyrium in Köln. Die Knochen von Märtyrerinnen und Märtyrern wurden als heilige Reliquien verehrt. Sie spielten bei der Durchsetzung der christlichen Religion unter den Franken eine wichtige Rolle. So wurde die Pilgerin Ursula als Heilige und Märtyrerin bald selbst zu einem beliebten Ziel mittelalterlicher Pilgerinnen und Pilger. Last but not least lohnt der Blick auf den Ausgangspunkt von Ursulas Reise, das südliche England. Von dort stammten die wichtigsten Protagonisten der fränkischen Mission. Sowohl Bonifatius, der als „Apostel der Deutschen" gilt, als auch Lioba, die gern „Lehrerin der Deutschen" genannt wird, reisten von Südengland auf den Kontinent.[71]

Gebildet und mobil: Lioba, Eangyth und Bugga

Bildung und Mission: Liobas Aufbruch von der britischen Insel

Die später heilig gesprochene Lioba wurde zu Beginn des 8. Jahrhunderts in Wessex geboren. Ihr Vater war ein angelsächsischer Adeliger, ihre Mutter Ebba war mit Winfried, der als Missionar den Namen Bonifatius erhielt, verwandt. Mit sieben Jahren wurde Lioba der Benediktinerabtei von Wimborne in der heutigen Grafschaft Dorset übergeben. Zu ihrer Ausbildung im Kloster gehörte das Studium der *artes liberales*, der sieben freien Künste, außerdem Literatur, Theologie und Kirchenrecht.[72]

Kindheit und Jugend Liobas fallen in die Zeit der (Re-)Christianisierung der britischen Insel. Nach dem Abzug der Römer aus Britannien und der Einwanderung sowie der Eroberungen durch Angeln, Sachsen, Friesen, Jüten, Dänen und Norweger bestand die Bevölkerung der Insel, für die sich insgesamt die Bezeichnung „Angelsachsen" durchgesetzt hatte, aus einer nach wie vor römisch geprägten Oberschicht und Angehörigen der verschiedenen eingewanderten Stämme. Nicht nur Papst Gregor in Rom hatte es sich zur Aufgabe gemacht, die Angelsachsen zu christianisieren. Auch aus Irland kamen christliche Missionarinnen und Missionare nach Britannien. Damit kam es zunächst zu einer Konkurrenzsituation zwischen der römisch-katholischen und der iro-schottischen Kirche, die für die Stellung und auch die Bewegungs- und Reisefreiheit der Frauen von erheblicher Bedeutung war.

Da Irland nie Teil des römischen Reiches war, bildete sich hier eine eigene Form des Christentums heraus. Durch die römisch-britannische Prägung des Hauptmissionars und Nationalheiligen der Iren, Patrick, war sie zwar durchaus von römischer Gelehrsamkeit und Bildung geprägt, gleichzeitig aber auch von der keltischen Kultur und ihrer in Clans organisierten Gesellschaft. So entstand eine eigene iro-schottische Kirche auf dem Gebiet von Irland, der Isle of Man und Schottland, die sich von der lateinisch-römischen Kirche unterschied. Als wichtigster Unterschied und auch Streitpunkt galt der abweichende Termin für das Osterfest. Mindestens ebenso bedeutend war jedoch das ausgeprägte Klosterwesen der Iren und der große Wert, der in Männer- wie in Frauenklöstern auf umfassende Bildung gelegt wurde. Sie umfasste nicht nur das intensive Bibelstudium, sondern generell Lesen, Schreiben und Musik. Klöster und Priester wurden in Irland durch Spenden der Clans finanziert, außerdem waren die Priester der weltlichen Justiz unterstellt, mussten Steuern zahlen und Militärdienst leisten. Auch gab es keine Diözesen, also keine Gebietszuständigkeit und damit Ortsgebundenheit einzelner Bischöfe. Das Prinzip einer statischen, durchgängig hierarchisch organisierten und vom weltlichen Gemeinwesen unabhängigen Ämterkirche erlangte hier daher weniger Gewicht als im römischen Christentum. Deshalb konnte die Idee der *peregrinatio perpetua*, der ewigen Heimatlosigkeit und Wanderschaft, in Irland stärkeres Gewicht entfalten. Charakteristisch für die irische Kirche war außerdem die Form des Doppelklosters, in dem Männer und Frauen gemeinsam lebten und das stets von einer Äbtissin geleitet wurde. In der iro-schottischen christlichen Kirche des frühen Mittelalters war damit die Bedeutung von Frauen ungleich größer als im römisch-katholischen Christentum: Frauen traten als Missionarinnen, Lehrerinnen und Äbtissinnen auf und leiteten Synoden. Die von der britischen Insel ausgehende Mission der Franken und Sachsen auf dem Kontinent wurde auch von Frauen getragen, die sich wie ihre männlichen Kollegen dem Grundsatz der *peregrinatio perpetua* verschrieben hatten, ihre Heimat verließen und sich zunächst als ewig Pilgernde verstanden.[73]

Lioba verließ England im Jahr 735. Sie folgte dem Ruf ihres Verwandten Bonifatius, der die Äbtissin des Klosters Wimborne persönlich darum gebeten hatte, Lioba als Missionarin zu entsenden. Der 673 geborene Bonifatius war ebenso wie Lioba bereits als Kind in ein Benediktinerkloster gegeben worden und hatte dort eine umfassende Ausbildung genossen. 718 begab er sich auf Pilgerfahrt nach Rom, wo er von Papst Gregor II. mit der Mission der Germanen betraut wurde. Fortan reiste Bonifatius durchs Frankenreich, um Klöster zu gründen und eine Art kirchlicher Infrastruktur zu errichten. Interessant ist dabei der Vergleich zwischen der Gründung des Männerklosters in Fulda und dem des

Frauenkonvents in Bischofsheim (heute Tauberbischofsheim), dessen Vorsteherin Lioba wurde.

In den Berichten über Bonifatius' Klostergründungen ist immer wieder vom *eremus* die Rede. Der lateinische Begriff *eremus* bedeutet Wüste, Ödnis, (noch) nicht urbar gemachtes Land. Von ihm ist auch das Wort Eremit abgeleitet. Der hagiographische Topos des *eremus* spielt an auf die biblischen Erzählungen vom Rückzug aus der Welt in die Wüste als Ort der spirituellen Suche und der Gottesbegegnung.[74] Zugleich existierte im 8. Jahrhundert bereits eine Tradition mönchischen Einsiedlertums, auf die man sich bei Klostergründungen beziehen konnte. Der ideale Ort für ein Kloster lag demnach fernab des weltlichen Geschehens. Wie die frühchristlichen Eremiten sollten sich Mönche in die Abgeschiedenheit zurückziehen, um sich, in strenger Askese und festen Regeln unterworfen, ganz dem spirituellen Leben zu widmen. So stellt denn auch Bonifatius den Ort seiner Klostergündung in Fulda als „Waldgebiet [...] in einer Einöde von ungeheurer Weltverlassenheit" dar.[75] In Wirklichkeit lag Fulda an einer alten Römerstraße, auch eine merowingische Burg hatte dort bereits existiert. Die Darstellung des Ortes als Einöde ist also, wie dies bereits im Itinerarium der Egeria der Fall war, keine exakte geografische Beschreibung, sondern folgt der hagiographischen Form der Erzählung. Zu ihr gehört auch die Urbarmachung der Wüste durch gottesfürchtige Männer. So schreibt der heilige Liudger[76] um 800 über den ersten Fuldaer Abt Sturm, er habe „so viel vollbracht in der Wüste", die zuvor „unerschlossen und verlassen" gewesen sei. Dank seiner gebe es dort aber nun überall Kirchen und Klöster.[77]

Die Erzählung vom *eremus*, dem wüsten Land, das von frommen Männern in eine blühende christliche Glaubenslandschaft verwandelt wird, prägte das Bild vom *peregrinus*, der seine Heimat verlässt, um fortan als ewiger Pilger das Evangelium in die Welt zu tragen.[78] Gleichzeitig wird hier bereits ein Reisenarrativ erkennbar, das die Geschichte des Reisens und Pilgerns, vor allem von Frauen, nachhaltig und für lange Zeit prägen sollte: Danach waren es ausschließlich Männer, die hinausgingen, die Wildnis zähmten und die Einsamkeit aktiv wandernd suchten, um Gott zu finden. In den Berichten über die Gründung von Frauenklöstern dagegen fehlt der Begriff des *eremus*.

Das bereits vor Fulda im Jahr 735 gegründete Kloster Bischofsheim wird bezeichnenderweise erst hundert Jahre später, in der *Vita Liobae* des Rudolf von Fulda, erstmals urkundlich erwähnt. In diesem Fall wurde das Kloster explizit in der Nähe einer Stadt angesiedelt. Die Bezwingung der Wildnis spielte keine Rolle. Während das Bild des männlichen Missionars mit Wanderschaft und Reisen verbunden wurde und die Ansiedlung eines Klosters bedeutete, gewissermaßen neues, unberührtes Land zu erobern, setzte die Aufgabe der Missionarinnen erst nach der erfolgreichen Eroberung ein.[79] Von Lioba und anderen wurde zwar erwartet, ohne Zögern aufzubrechen, die Heimat zu verlassen und sich auf den Weg zu machen. Einmal angekommen, sollten sie jedoch idealerweise an dem Ort, der für sie schon vorbereitet und eingerichtet war, bleiben. Die Nähe zur Zivilisation spiegelt außerdem die Erwartung, dass die Mitglieder des Frauenkonvents sich an der caritativen Fürsorge für die außerhalb des Klosters lebenden Menschen beteiligten. Hier zeigt sich der entgegengesetzte Pol des männlichen Reisenarrativs: Der Frau wurde die Rolle der Bewahrerin zugedacht. Mit ihr wurden Kontinuität und Ortsverbundenheit assoziiert. Bewegung, Reisen, gar Eroberung, galten als nicht angemessen für Frauen.

Pilgerverbot für Frauen? Die Romreisepläne von Eangyth und Bugga

Bonifatius war in der Frage des weiblichen Reisens zwiegespalten. In einem Brief an den Erzbischof von Canterbury äußerte er sich 747 eindeutig negativ über Frauen auf Pilgerfahrt: Es wäre gut, so Bonifatius, „wenn die Synode und Eure Fürsten den Weibern und den verschleierten Frauen [gemeint sind Nonnen] dieses Reisen und den starken Verkehr auf dem Hin- und Rückweg zur Stadt Rom untersagen würden, weil sie zum großen Teil zugrunde gehen und nur wenige rein bleiben. Es gibt nämlich nur wenige Städte in der Lombardei, in Francien oder in Gallien, in der es nicht eine Ehebrecherin oder Hure gibt aus dem Stamm der Angeln. Das ist [...] eine Schande für Eure ganze Kirche."[80]

Das Ansinnen des Bonifatius hatte bald Erfolg: Im Jahr 796 wurde auf der Synode von Friaul ein allgemeines Pilgerverbot für Frauen beschlossen. Dass Bonifatius es überhaupt für nötig hielt, Pilgerinnen in einem Brief zu erwähnen, und sich dann noch über ihre große Zahl beklagte, zeigt allerdings, dass pilgernde Frauen im frühen Mittelalter keineswegs selten gewesen sein können. Im Gegenteil: Eine nennenswerte Anzahl muss sich auf die Reise begeben haben. Etliche ließen sich unterwegs nieder. Sicherlich machte die eine oder andere von ihnen ein lukratives Geschäft mit den Scharen von männlichen Pilgern. Dass es aber auf dem gesamten Weg nach Rom von Witwen und ehemaligen Nonnen, die nun als Kurtisanen lebten, nur so wimmele, kann getrost als haltlose Übertreibung angesehen werden.

Das Pilgerverbot von 796 war in diesem Zusammenhang eher Symbolpolitik. Restlos durchsetzen konnte die Kirche es nicht. Frauen begaben sich weiterhin auf Pilgerreise. Auch in Bonifatius' Umfeld gab es mehrere Frauen, die den Wunsch hatten, nach Rom zu pilgern. Als offizieller Vertreter des Klerus gab sich Bonifatius in der Frage reisender Frauen rigoros und doktrinär. Privat äußerte er sich dagegen deutlich differenzierter und auch positiver, wenn er von Frauen, mit denen er in Kontakt stand, um Rat gefragt wurde. So schrieb ihm beispielsweise die Äbtissin Eangyth im Jahr 720 von ihrem schon lange bestehenden „Verlangen, wie so viele unserer Angehörigen, Verwandten und Fremden, die einstige Herrin der Welt Rom aufzusuchen und dort Vergebung für unsere Sünden zu erlangen."[81] In ihrem Brief wies Eangyth selbst darauf hin, „dass es viele gibt, die diesen Wunsch tadeln" und erwähnte auch Synodalbeschlüsse, die „vorschreiben, dass jeder an dem Ort, an den er gesetzt ist und wo er sein Gelübde abgelegt hat, bleiben [...] soll".[82] Dennoch wandte sie sich an Bonifatius mit der Bitte um Rat. Zwar ist sein Antwortschreiben nicht erhalten. Wäre Bonifatius allerdings in seiner Ablehnung des weiblichen Pilgerns durchgängig so rigoros gewesen wie in seinem Brief an Bischof Cuthbert, so hätte Eangyth ihn gar nicht erst nach seiner Meinung fragen müssen, zumal die beiden sich gut kannten. Eangyth ging also offensichtlich davon aus, dass Bonifatius Pilgerreisen von Frauen nicht grundsätzlich und nicht immer ablehnte. Bezeichnend ist auch, dass sie ihn um eine Empfehlung bat, nicht um die Erlaubnis, auf Pilgerfahrt gehen zu dürfen. Die Entscheidung lag also am

Ende bei ihr. Eangyths Nachfolgerin als Äbtissin, Bugga, schrieb später ebenfalls an Bonifatius mit derselben Bitte um Rat in der Pilgerfrage. In diesem Fall ist uns Buggas Schreiben nicht erhalten, dafür die Antwort von Bonifatius: „Ich wage es nicht, dir von mir aus die Pilgerfahrt zu verbieten, aber auch nicht, sie dir unbedenklich anzuraten", schrieb er.[83] Bugga hatte zu der Zeit die Würde der Äbtissin schon wieder abgelegt, um, wie sie Bonifatius schrieb, Zeit zur Betrachtung Gottes zu finden, die ihr als Leiterin eines ganzen Klosterbetriebs gefehlt habe. Wenn sie schon im Kloster die nötige Muße und Ruhe vermisst habe, antwortete ihr Bonifatius, wie solle das dann erst im weltlichen Trubel gelingen? „Da scheint es mir doch besser, Du würdest [...] auf einer Pilgerfahrt die Freiheit der Betrachtung zu gewinnen suchen".[84] Er riet ihr, zu warten, bis es in Rom „mit den Unruhen, Angriffen und Bedrohungen durch die Sarrazenen etwas ruhiger geworden" sei. Außerdem sei es sinnvoll, dass eine Bekannte ihr ein Einladungsschreiben schicke. In der Zwischenzeit könne Bugga die Reise ja schon einmal vorbereiten.

Im persönlichen Kontakt mit Frauen, denen er vertraute, war Bonifatius also keineswegs der schroffe Gegner weiblichen Reisens, als der er sich offiziell gab. Lioba allerdings, die einst seinem Ruf gefolgt war, blieb, einmal angekommen, zeitlebens in Tauberbischofsheim. Hier nahm sie als Äbtissin ihren Platz ein und bildete weitere Frauen aus, die dann ihrerseits neu gegründete Frauenklöster leiteten. Sie setzte also die aus der iro-schottischen Kirche stammende Tradition der klösterlichen Frauenbildung fort. Was das Gebot der *stabilitas loci* anging, also der Stabilität des Ortes, die in der vom Papst favorisierten Benedikt-Regel eine so wichtige Rolle spielte, hielt sie dagegen zu Rom. Die Maxime der *peregrinatio perpetua*, also der ewigen Wander- und Pilgerschaft, nach der viele irische Mönche und Missionare lebten, teilte Lioba nicht.

Viele der Frauen, die sich von Englands Küsten auf den Weg machten, folgten Liobas Beispiel. Besondere Berühmtheit erlangte Hugeburc von Heidenheim, die ebenfalls mit Bonifatius verwandt war.

Vom Pilgern schreiben, ohne zu reisen: Hugeburc von Heidenheim

Reisebericht und Abenteuererzählung: Hugeburcs *Hodoepericon*

Hugeburc stammte wie viele ihrer Missionskolleginnen und -kollegen aus dem südenglischen Wessex. Sie wurde zwischen 730 und 740 geboren und kam im Gefolge der heiligen Walburga, einer Nichte des Bonifatius, nach Heidenheim. Walburgas Bruder Wunibald hatte hier seit 752 ein Männerkloster geleitet. Nach seinem Tod erbte Walburga das Kloster und wandelte es in ein Doppelkloster um. Eine der Nonnen, die in diesem Zuge ins Kloster Heidenheim einzogen, war Hugeburc, eine weitläufige Verwandte Walburgas und ihrer beiden Brüder Wunibald und Willibald. Ob Hugeburc bereits vor 752 auf dem Kontinent tätig war, also eventuell ebenso wie Lioba von Bonifatius für den Missionsdienst geworben wurde, ist nicht bekannt. Sicher ist, dass sie hochgebildet war. Hugeburc verfasste eine Doppelvita der beiden Brüder Walburgas.

Der eine Teil, die *Vita Wynnebaldi*, schildert Wunibalds Leben sowie die Wunder, die sich an seinem Grab ereigneten. Als Quellen nennt Hugeburc Walburga und weitere Verwandte Wunibalds, Freunde, Schüler, Diener und schließlich sich selbst als Augenzeugin der Wunder. Der andere Teil ihrer Doppelvita, die *Vita Willibaldi*, trug ursprünglich den Titel *Hodoepericon*, das heißt: Reisebericht. Hugeburc erzählt darin Willibalds Pilgerfahrt, die den späteren Gründer des Klosters Eichstätt durch weite Teile der damals bekannten Welt führte: Von Südengland durch ganz Frankreich bis nach Rom, von dort über Sizilien nach Jerusalem, zu den heiligen Stätten Palästinas, nach Konstantinopel und Nicäa. Im Gegensatz zur Vita seines Bruders Wunibald ist in Willibalds Fall er selbst die Quelle von Hugeburcs Erzählung. Am 23. Juni 778, so hält Hugeburc fest, habe sie im Kloster Heidenheim von Willibald die Erzählung seiner Reise gehört, die sie nun getreulich niederschreibe. Sich selbst beschreibt sie bescheiden als „Unwürdige, aus dem Stammbaum jener Männer [gemeint sind Wunibald und Willibald] irgend abseits entsprossen, vielleicht nur aus dem äußersten Zweiglein des Astwerks".[85]

Eine eigene Pilgerreise hätte Hugeburc wohl ebensowenig wie Lioba in Betracht gezogen. Ihre Erzählung der Reisen Willibalds ist jedoch, wie A. Rottloff betont, einer „der anschaulichsten Reiseberichte des 8. Jahrhunderts."[86] Interessant ist, dass sich in Hugeburcs Schilderung zwei Stile unterscheiden lassen, zum einen ein nüchtern berichtender, zum anderen ein erzählender Stil mit Ausschmückungen und Ergänzungen.[87] Vermutlich hat Willibald auf seiner Reise eine Art Tagebuch in der Art eines klassischen Itinerariums geführt, also Orte, Wegstrecken, Entfernungen und Unterkünfte festgehalten.[88] Dieses Itinerarium übernahm

Hugeburc später in ihr *Hodoepericon*. Hugeburcs Werk bietet jedoch weit mehr als die Fakten und Stationen von Willibalds Reise. Lebhaft und detailreich schildert sie bereits den Aufbruch von der englischen Küste: Im Abfahrtshafen Hamwich „bestiegen die Seefahrer mit den Matrosen [...] beim Wehen eines Nordwests, bei starker See, unter dem Knattern des Takelwerks und dem Schreien der Matrosen die Jacht."[89] Hugeburc nimmt ihre Leserinnen und Leser mit auf die Reise, lässt sie die Schifffahrt erleben, den rauen Wind spüren, die Rufe der Matrosen auf Deck hören. Ebenso farbenfroh erzählt sie später von Abenteuern, die Willibald und seine Gefährten zu bestehen hatten. So wurden sie in der Stadt Emesa, als sie darum baten, nach Jerusalem weiterziehen zu dürfen, als vermeintliche Spione ins Gefängnis geworfen. Ein Kaufmann der Stadt, der ihnen von Gott gesandt wurde, versorgte sie dort, brachte ihnen zu essen, führte sie mittwochs und samstags ins Bad, sonntags in die Kirche und wieder zurück in den Kerker. Schließlich kamen die Männer durch einen Spanier mit Beziehungen zum Kalifenhof wieder frei. Mit sichtlicher Freude erklärt Hugeburc, wie es Willibald gelang, mit einem Trick kostbaren Balsam, versteckt in einem Kürbis, aus Jerusalem herauszuschmuggeln, ein Vergehen, auf das die Todesstrafe stand!

Neben den heiligen Stätten, die Willibald aufsuchte, schildert Hugeburc auch Orte von naturwissenschaftlichem Interesse. So besuchte Willibald die Insel Vulcano im Tyrrhenischen Meer vor der Nordküste Siziliens, um die „Hölle Theoderichs"[90] zu erkunden, gemeint ist die *Fossa*, der Vulkan der Insel: „Und alsbald wollte Willibald, der neugierig schauen wollte, wie die Hölle inwendig wäre, den Gipfel des Berges besteigen, wo sich die Hölle drunter befand, und er vermochte es nicht, weil die Asche aus dem grausigen

Schlunde hinaufreichte bis zum Rande und massenhaft dort lag."[91] Hugeburc beschreibt, nach Willibalds Erzählung, das Aussehen der Asche „gleich wie Schnee"[92] und schließt das Erlebnis, indem sie ihre Leserinnen und Leser den Ausbruch des Vulkans wie am eigenen Leib miterleben lässt: „Aber dennoch sah er das grausige und schauerlich-schreckliche Feuer aus dem Krater aussteigen und herausbrechen gleich rollendem Donner. So schaute er die mächtige Lohe und den Rauchesqualm, wie er hoch oben schreckenverbreitend emporstieg."[93] Für A. Rottloff zeigt die anschauliche Erzählweise Hugeburcs „wie gerne sie, die es gerade einmal von Britannien [...] ins Doppelkloster von Heidenheim geschafft hatte, auch selbst die Heiligen Orte im Osten besucht hätte."[94]

Das Heilige Land kommt zu den Franken: Hugeburc als christliche Autorin in der Tradition Egerias

Neben dem lebhaft erzählenden Charakter von Hugeburcs Werk ist auch sein hagiographischer und exegetischer Kontext von Bedeutung.[95] Wie das Itinerarium der Egeria keine reine Beschreibung von Reiseerlebnissen und -eindrücken ist, so hat auch Hugeburcs Pilgerbericht einen religiösen Subtext. Durch ihre Beschreibung von Willibalds Reise lernten die eben erst missionierten Franken die biblischen Orte kennen. Und wie bei Egeria liegt auch bei Willibald und Hugeburc der Fokus nicht in erster Linie auf geografischer Exaktheit.[96]

Wichtig ist Hugeburc zunächst die Augenzeugenschaft Willibalds. Leibhaftig sei er an den heiligen Orten gewesen, betont sie, habe mit den eigenen Füßen dort gestanden und die Stätten mit eigenen Augen gesehen.[97] Im Mittelteil des *Hodoepericon* reihen sich biblische Schauplätze aneinander wie Perlen auf einer Schnur.[98] Ein prominentes Beispiel ist der Ölberg, der im Lukasevangelium als Stätte der Himmelfahrt Christi genannt wird. Im 8. Jahrhundert hatte der Ölberg in Jerusalem bereits eine Tradition als Ort christlicher Verehrung und Anbetung. Melanias Klöster wurden nicht zufällig an dieser Stelle errichtet. In der Folge pilgerten die Frauen aus der theodosianischen Dynastie dorthin. Auch Egeria wohnte im dortigen Kloster und würdigte den Ölberg als heiligen Ort. In dieser Tradition besuchte nun Willibald Jerusalem und konnte daraufhin im Frankenreich Zeugnis von der Himmelfahrtsstätte ablegen, an der er selbst gewesen war.

Nicht nur die Betonung, die Orte selbst gesehen zu haben, verbindet Willibald und Hugeburc mit Egeria, sondern auch die Begründung für die Heiligkeit eines Ortes. Heilig ist eine bestimmte Stätte dadurch, dass heilige Menschen dort ihren Glauben praktizieren. Anders als Egeria betont Hugeburc allerdings vor allem Kirchenbauten als Beweise für die Glaubenspraxis vor Ort. So konnte Willibald den Ölberg als heilige Stätte bezeugen, weil er mit eigenen Augen die Kirche gesehen hatte, die dort errichtet und seitdem kontinuierlich genutzt worden war.[99]

Hugeburc stand mit ihrem *Hodoepericon* also zum einen in der Tradition Egerias. Durch ihre spezielle Darstellung von Willibalds Reisen zu den biblischen Orten importierte sie gewissermaßen das „synoptische Vermögen" der frühen Christen in ihre eigene Zeit und in den Kontext der Frankenmission. Die synoptische Wahrnehmung von irdischer und himmlischer Realität als untrennbare Einheit wurde zu einem der Grundsteine des mittelalterlichen Christentums. Im Zuge der endgültigen Etablierung einer auf Rom ausgerichteten christlichen Amtskirche kam nun noch ein entscheidendes Element hinzu: die große Betonung von Kirchen und Klosteranlagen als sichtbaren Glaubensbeweisen. Dies korrespondierte mit der von Bonifatius betriebenen „Urbarmachung" der als wild angesehenen fränkischen Lande durch den Bau christlicher Glaubensstätten.

Obwohl Hugeburcs schriftstellerisches Werk also durchaus von kirchengeschichtlicher Bedeutung ist, war sie selbst lange Zeit unbekannt. Bis ins 20. Jahrhundert nannte man die Verfasserin des *Hodoepericon*, von der man im Übrigen annahm, sie habe lediglich ein Diktat Willibalds aufgeschrieben, nur „die Heidenheimer Nonne".[100] Erst 1931 entschlüsselte B. Bischoff[101] die rätselhaften Zeilen, die Hugeburc zwischen die beiden von ihr verfassten Viten von Wunibald und Willibald eingeschoben hatte: „Secdg.quar. quin.npri.sprix.quar.nter.dpri.nquar.mter.nsecun.hquin. gsecdbquinrc.quarr.dinando.hsecdc.scrterbsecd.bprim."[102]

Anstelle der fünf Vokale verwendete Hugeburc die abgekürzten Silben der lateinischen Ordinalzahlen *primus* bis *quintus*. In Reinschrift ergab sich folgender Satz:

„Ego una saxonica nomine Hugeburc ordinando hec scribebam."

„Ich, eine Angelsächsin mit Namen Hugeburc, habe dies der Ordnung nach geschrieben."

Hugeburc war damit ganz Kind ihrer Zeit: Hoch gebildet, gelehrt, kreativ und selbstbewusst im eigenen Schreiben, trat sie nach außen bescheiden auf, nannte sich eine Unwürdige und trat zurück hinter die beiden heiligen Männer, deren Viten sie verfasste. Namentlich war sie – zumindest scheinbar – nicht zu erkennen. Während die Namen männlicher Verfasser von Heiligenviten in der Regel bekannt waren, blieb Hugeburcs Identität im Verborgenen, zu entziffern nur für diejenigen, die aktiv danach suchten.

Auch die Identität einer der bekanntesten Pilgerinnen des hohen Mittelalters, Hildegund von Schönau, blieb lange im Verborgenen. Ihre Zeitgenossen wussten zu ihren Lebzeiten nicht einmal, dass sie eine Frau war. Dies hatte einen einfachen Grund: Häufig lernten Frauen auf Reisen nur allzu schnell, dass man als Mann deutlich sicherer ans Ziel kam. Pilgern war auf den Straßen des Mittelalters nicht unbedingt eine Vergnügungsreise. Davon abgehalten, sich auf den Weg zu machen, hat dies die Frauen nicht. Vielmehr machte es sie erfinderisch!

3. Kämpferinnen und Heilige: Pilgerinnen im Hochmittelalter

„Eine Frau war dieser Mann": Hildegund von Schönau

Als Kind auf Pilgerfahrt: Hildegunds Aufbruch nach Jerusalem

Als die Mönche des Klosters Schönau im Jahr 1188 ihren gerade verstorbenen Novizen Josef zur Totenwäsche entkleideten, dürften sie ziemlich schockiert gewesen sein über das, was unter der Mönchskutte zutage trat: „Eine Frau war dieser Mann"![103] Die Geschichte des jungen Mönchs, der in Wahrheit ein Mädchen war, verbreitete sich schnell und blieb, als Teil einer Sammlung von Wundergeschichten, durch das gesamte Mittelalter äußerst beliebt.

Doch wie wurde aus dem Mädchen Hildegund der Mönch Josef? Und warum wurde Hildegunds Leben, das in fünf verschiedenen Fassungen überliefert ist, durchweg als positive Geschichte erzählt? Erschien es nicht anmaßend, wenn eine Frau den ihr angestammten Platz verließ und eine Männerrolle einnahm? Mit ihrer Verkleidung hatte Hildegund immerhin ihre Mitbrüder hinters Licht geführt. Selbst auf dem Totenbett, im letzten Gespräch mit dem Abt, gab sie ihre wahre Identität nicht preis.

Hildegund wurde 1170 in Helpenstein, heute ein Stadtteil von Neuss, geboren. Nach dem Tod ihrer Mutter flehte der Vater, Harper von Helpenstein, zu Gott, dieser möge ihm die Tochter nicht auch noch nehmen.[104] Er gelobte, so erzählt es Engelhard von Langheim, nach Jerusalem zu pilgern, wenn sein Kind am Leben blieb. Die im Kloster Schönau entstandene Lebensgeschichte Hildegunds[105] nennt noch einen anderen Grund für die Pilgerreise. In ihr wird erzählt, der Anlass sei die lange Kinderlosigkeit des Ehepaares gewesen. Zum Dank dafür, dass Gott ihm doch noch Nachwuchs geschenkt hatte, sei Hildegunds Vater mit ihr nach Jerusalem aufgebrochen.

Beide Erzählungen stellen für das Mittelalter typische Situationen dar. Ob Krankheit, Kinderlosigkeit, oder drohende Gefahr: die Menschen erflehten Gottes Hilfe und verpflichteten sich im Gegenzug dazu, eine Pilgerfahrt zu unternehmen. Auch als Buße oder von der Kirche verhängte Strafe wurde gepilgert. Die irische Kirche verhängte im frühen Mittelalter aufgrund ihres strengen Bußrechts Wallfahrten von mehreren Jahren oder sogar das Pilgern auf Lebenszeit![106]

In seinem Geschichtswerk *Historiarum Libri Quinque* schreibt der Benediktinermönch Rodulfus Glaber[107] über das Jahr 1033: „Zur selben Zeit begann eine so unzählbare Menge aus der ganzen Welt zum Grab des Heilands in Jerusalem zusammenzuströmen, wie es kein Mensch früher hatte hoffen können. Zuerst der Stand des niederen Volkes, dann der mittlere, und dann auch die größten Könige und Grafen, Markgrafen und hohe Geistliche, und zuletzt [...] viele adelige Frauen, die zusammen mit ärmeren Frauen dahin aufbrachen."[108]

Auf den Pilgerwegen des Mittelalters fand sich also die gesamte Bandbreite der Bevölkerung: Arme und Reiche, Weltliche und Geistliche, Männer und Frauen. Dass im Jahr 1123 ein Beschluss des ersten Laterankonzils Jerusalempilgern die Vergebung all ihrer Sünden in Aussicht stellte, verstärkte die Attraktivität des Pilgerns noch einmal. Schätzungen zufolge „waren im Hoch- und Spätmittelalter fast alle Menschen mindestens einmal im Leben pilgernd unterwegs."[109] Hildegund, von der Engelhard von Langheim schreibt, sie sei als „ganz kleines Kind"[110] nach Jerusalem gekommen, war dabei keine Ausnahme. N. Ohler verweist auf die hohe Zahl pilgernder Kinder im Mittelalter und betont, wie wohlwollend und mit welcher Anteilnahme in Chroniken und Mirakelsammlungen über sie berichtet wird.[111] Im Jahr 1455 kam es sogar zu einer großen, zwei Jahre dauernden Kinderwallfahrt zum Mont Saint Michel in Frankreich. Eine Chronik berichtet, die Kinder seien „gegen den Willen der Eltern weggezogen, ganz ohne Zehrgeld; doch sie fanden gesund wieder heim".[112]

Gepilgert wurde, je nach den persönlichen, vor allem finanziellen, Möglichkeiten, zu Gräbern und Gedenkstätten lokal oder überregional verehrter Heiliger, wie z.B. der heiligen Ursula in Köln, oder zu einem der großen Pilgerziele der Christenheit: Jerusalem, Rom oder Santiago de Compostela. Die Bedeutsamkeit eines Heiligtums richtete sich ganz wesentlich nach den dort geschehenen Wundern. Wenn Menschen sich auf den beschwerlichen Weg machten, sollte sich dieser auch lohnen, vor allem, wenn es um die Heilung von Krankheiten ging. So konnte es sein, dass ein bestimmter Heiliger eine Zeit lang beliebt war, weil an seinem Grab zahlreiche Wunder geschehen waren, ihm dann aber irgendwann ein anderer Heiliger gewissermaßen den Rang ablief, da die Menschen sich von ihm mehr versprachen.

Die großen Pilgerziele waren über Jahrhunderte hinweg gleichbleibend attraktiv. Eine Reise nach Jerusalem beispielsweise konnte und wollte jedoch nicht jeder und jede unternehmen. Zu groß waren die Kosten, der Aufwand und die Gefahren, die mit einer solchen Fahrt verbunden waren.

Hildegunds Vater war ein Ministeriale des Erzbischofs von Köln und verfügte daher zumindest über die Mittel für eine längere Reise. Die Risiken waren zahlreich, doch Harper von Helpenstein war entschlossen, sein Gelübde zu erfüllen und brach mit seiner Tochter ins Heilige Land auf.

Allein, mittellos, weiblich: Hildegund in Jerusalem, Tyrus und Italien

Dass die Menschen des Mittelalters um die Gefahren einer Pilgerreise wussten, zeigen die Vorbereitungen, die getroffen wurden, bevor jemand für längere Zeit aufbrach: Alle weltlichen Angelegenheiten wurden geregelt, Hab und Gut verkauft oder unter Verwaltung gestellt, Kinder wurden verheiratet, das Testament gemacht. Wer den Weg antrat, wusste: Die Chance, nicht zurückzukehren, war hoch. Neben natürlichen Gefahren wie Wetterunbilden, Krankheit oder Unfällen waren die Reisenden auch allerlei kriminellen Profiteuren des Pilgerbetriebs ausgesetzt. Dies konnten gewöhnliche Wegelagerer und Diebesbanden sein, aber z.B. auch Wirte oder Seeleute. Nicht selten kam es vor, dass Reisende in ihrer Herberge oder bei der Überfahrt auf dem Schiff über Nacht all ihrer Habe beraubt wurden. N. Foster verweist auf eine mittelalterliche Werbebroschüre, die Gründe aufzählt, „warum man nur venezianisch buchen sollte". Unter anderem wird darin betont, die venezianischen Schiffsmannschaften seien „die angenehmste Reisebegleitung der Welt! Jeder hat außerdem den heiligen Eid geschworen, nicht mehr als 5 fl. pro Pilger pro Reise zu stehlen!"[113]

Auch Hildegund und ihr Vater hatten nicht nur Glück auf ihrer Reise. Zwar erreichten sie Jerusalem heil und gesund. Harper von Helpenstein konnte sein Gelübde also erfüllen. Doch auf dem Rückweg, in Tyrus, wurde er krank und starb. Hildegund blieb allein mit dem Diener, der die beiden auf der Reise begleitet hatte. Gemeinsam warteten sie auf ein Schiff, mit dem sie von Tyrus aus weiterreisen wollten. Als das Schiff schließlich den Anker lichtete, war allerdings nur der Diener an Bord. Er hatte Hildegunds gesamte Habe mitgenommen und sie selbst schlafend in der Herberge zurückgelassen.

Allein, mittellos, weiblich: Die Kombination dieser Eigenschaften brachte die junge Hildgund in eine schier ausweglose Lage. Und so verwundert es nicht, dass sie zumindest eine dieser Eigenschaften schnell ablegte und äußerlich vom Mädchen zum Jungen wurde. Sie war aufs Betteln angewiesen und versuchte gleichzeitig, eine Pilgergruppe zu finden, die sie mit nach Hause nahm. Eine zusätzliche Schwierigkeit stellte dabei ihre Unkenntnis der Landessprache dar.

Auch dieser Abschnitt von Hildegunds Pilgergeschichte ist symptomatisch für das Mittelalter: Menschen waren immer in Gruppen unterwegs. Ohne Begleitung zu reisen, war zu gefährlich, nicht nur, aber insbesondere für Frauen. War jemand wie Hildegund durch widrige Umstände allein geblieben, galt es zu warten, bis sich eine Gruppe fand, die einen mitnahm. In Hildegunds Fall dauerte es ein ganzes Jahr, bis ein Adeliger aus Deutschland bereit war, sie zumindest für die Schiffspassage, vermutlich nach Venedig, in seine Gesellschaft aufzunehmen.[114] Nun war sie zwar schon ein ganzes Stück weiter gekommen, aber bis nach Hause war es immer noch ein langer Weg. Wieder kämpfte sie mit der fremden Sprache. In Engelhard von Langheims Version erzählt Hildegund alias Bruder Josef dem Abt des Klosters Schönau: „Mich dort verständlich zu machen, lehrten mich der Hunger und die damit verbundene Notwendigkeit, dass ich betteln musste. Ich habe mir Mühe gegeben und Lesen und Schreiben gelernt. Das habe ich an den Schulen erbettelt wie an den Türen Brotstücke."[115]

Hildegunds Geschichte zeigt, dass Frauen auf Reisen sich in schwieriger Lage durchaus zu helfen wussten. Die Verkleidung als Mann war dabei über viele Jahrhunderte ein probates Mittel. Mit ihr waren zwar nicht alle Probleme gelöst, aber einen gewissen Schutz bot die Verkleidung allemal. Außerdem erlaubte sie es Hildegund, Lesen und Schreiben zu lernen.[116]

Abenteuer und Wunder: Hildegunds Weg ins Kloster Schönau

Hildegund schaffte es schließlich nach Deutschland zurück. Ihre Reise war damit allerdings noch nicht zu Ende, und der Weg gestaltete sich abenteuerlich. Im Streit zwischen Kaiser und Papst um die Investitur des Tierer Erzbischofs wurde sie, die ja dem Anschein nach immer noch als junger Mann unterwegs war, als Bote angeworben. Ein Geistlicher, der einen geheimen Brief nach Verona zum Papst bringen sollte, ließ statt seiner Hildegund das Schreiben tragen. Dem Abt des Klosters Schönau erzählte sie später: „Jener Geistliche ging unbelastet und sicher voraus. Ich hätte den Schaden auf mich zu nehmen gehabt, wenn ich durchsucht worden wäre."[117] Doch soweit kam es gar nicht, da Hildegund, noch bevor sie die Alpen erreichte, von einem Dieb getäuscht wurde, der sich auf der Flucht befand und ihr seine Beute unterschob. Gefangengenommen und zum Tode verurteilt, berichtete sie in der Beichte einem Priester von ihrer eigentlichen Aufgabe als bischöflichem Boten. Der Priester erwirkte daraufhin ein Gottesurteil, durch das Hildegunds Unschuld bewiesen und der inzwischen gefasste wahre Dieb entlarvt wurde.

In Sicherheit war Hildegund damit aber noch nicht. Nachdem der Dieb gehängt worden war, entführte die Familie des Räubers Hildegund und hängte sie anstelle des Verbrechers an den Galgen. In dieser Situation, so erzählt es Engelhard von Langheim, schickte Gott Hirten, die Hildegund vom Galgen befreiten. Ein Engel fing sie auf und sorgte dafür, dass sie sich augenblicklich in Verona wiederfand. Hildegund konnte ihren Auftrag erfüllen und der Rückweg verlief ohne Zwischenfälle. Schließlich kam sie nach Schönau und bat unter dem Namen Josef im dortigen Männerkloster um Aufnahme als Novize.

Hildegunds abenteuerliche Erlebnisse, ihre wundersame Rettung und ihre Ankunft in Verona, ohne dass sie dorthin reisen musste, erschienen ihren Zeitgenossen keineswegs ungewöhnlich. Niemand hätte Engelhards Erzählung als fantastisch abgetan. Im Gegenteil: Dass Gott jederzeit ins weltliche Geschehen eingreifen konnte, galt als Tatsache. Wunder gehörten gewissermaßen zum Alltag. Diesseits und Jenseits, irdische und himmlische Sphäre waren für die Menschen des Mittelalters keine getrennten Einheiten, sondern ein harmonisches Ganzes. Jeder und jede hatte in der göttlichen Ordnung einen festen Platz, den er oder sie nach Möglichkeit nicht zu verlassen hatte. Aber hatte Hildegund nicht genau das getan, indem sie sich als Mann ausgab? In einer akuten Notsituation konnte so etwas vielleicht noch angehen. Doch wurde Hildegunds Verkleidung nicht in dem Moment zum Frevel, als sie sicher wieder in der Heimat angekommen war?

„Tapfer kämpfte sie schwere Kämpfe": Hildegund als Jungfrau und Magd Gottes

Engelhard von Langheim berichtet vom Staunen und der Verwunderung der Mönche, als sie bei der Totenwäsche des Novizen Josef dessen wahres Geschlecht erblickten. Man habe dann, so Engelhard, den Körper schnell wieder zugedeckt und im inzwischen vorbereiteten Totengebet das Geschlecht von männlich in weiblich umgeändert. Das löste natürlich auch beim Begräbnis zunächst Irritationen aus: „Es staunten alle, die Latein konnten, als sie hörten, dass für eine Frau gebetet wurde".[118] Ernstlich verstört scheint jedoch niemand gewesen zu sein. Offensichtlich war wieder einmal ein Wunder geschehen. Die Schönauer Mönche nahmen es hin, und, so fährt Engelhard fort, „unter tiefen Seufzern bewunderten sie die Kraft Christi, durch dessen Liebe und Hilfe sie, diese gebrechliche Frau, ihr Geschlecht vergessen, einen Kampf aufgenommen und über den bösen Feind den Sieg errungen hatte."[119]

Dieser Blick auf das Geschehen erinnert an den Kirchenvater Hieronymus, der seinen Anhängerinnen im 5. Jahrhundert versprochen hatte, dass sie fast wie Männer werden könnten, wenn sie nur fromm und asketisch genug lebten. Wichtig war dabei vor allem die Jungfräulichkeit, die die Frauen mit Maria verband und sie, wie es bei Engelhard heißt, „ihr Geschlecht vergessen" ließ. Der „böse Feind", den Engelhard anspricht, ist der Teufel. Seit Evas Sündenfall im Paradies galten Frauen in ihrer vermeintlichen Schwachheit als besonders anfällig für seine Verführungskünste. Sie wurden damit zugleich als Verführte und als Verführerinnen angesehen, also immer auch als stetige Gefahr für die Männer, denen sie begegneten. Hildegund jedoch hatte der Macht des Bösen widerstanden: „Tapfer, wenn auch nicht lange im Krieg, kämpfte sie schwere Kämpfe, damit ihrem König der Ruhm wachse, so wie es geschieht, wenn ein schwächerer Krieger über einen starken Feind den Sieg davonträgt."[120]

Engelhards Version der Geschichte erlaubte es den Mönchen des Klosters Schönau, ihr Gesicht zu wahren, und ersparte ihnen die Peinlichkeit, von einem Mädchen getäuscht worden zu sein. Gleichzeitig fügte sich die Erzählung vom göttlichen Wunder, durch das eine „gebrechliche Frau" den Kampf mit dem Teufel gewinnen und in reiner Jungfräulichkeit, quasi als Mann, Gott dienen konnte, perfekt ins christliche Narrativ des Mittelalters ein. Engelhard erzählt Hildegunds Pilgerfahrt als Lehrstück für die männlichen Mönche. Die Männer der Geschichte, vor allem der habgierige Diener und später der feige Kleriker, der Hildegund statt seiner den heiklen Bischofsbrief tragen lässt, sollen seinen Lesern schlechte Eigenschaften vor Augen führen, die es tunlichst zu meiden gilt. Indem er seinen Mitbrüdern die Stärke einer

Frau vor Augen hält, will Engelhard sie dazu anhalten, sich mehr anzustrengen im Dienste Gottes.[121]

Das letzte Problem, das sich den Schönauer Mönchen stellte, war der Grabstein: Welchen Namen sollten sie darauf schreiben? Josef schied ja nun eindeutig aus. Der Abt, so erzählt Engelhard, entschied schließlich, dass die tapfere Verstorbene „Magd Gottes" genannt werden solle.[122] In der Fassung Engelhards von Langheim trägt das Mädchen, das die meiste Zeit seines Lebens Josef hieß, also noch keinen eigenen Namen. Erst die späteren Fassungen nennen sie Hildegund. Der Name setzt sich aus zwei Teilen zusammen, dem althochdeutschen „hilta" oder „hiltja", was „Kampf" bedeutet, und „gund", das heißt: Schlacht. Hildegund bedeutet demnach „Kämpferin in der Schlacht".

Sehr wahrscheinlich ist dies nicht der Name, den ihre Eltern ihr bei der Geburt gaben. Die Geschichte der tapferen Jungfrau von Schönau verbreitete sich nach ihrem Tod schnell, und bereits Engelhards Erstfassung der Ereignisse folgt in ihrer Form dem Muster einer Heiligenvita. Bald schon wurde die Schönauer Jungfrau als Heilige verehrt. Im Laufe der Legendenbildung, in der aus einem Mädchen, das sich auf einer Pilgerfahrt zur Sicherheit als Mann verkleidete, eine Heilige wurde, erhielt die so Verehrte einen zu ihrer Legende passenden Namen. Dies war im Mittelalter nicht ungewöhnlich.[123]

Auf der Suche nach historischen Informationen über pilgernde Frauen ist also zu bedenken, dass die Hildegund-Vita keine konkrete biografische Beschreibung darstellt. Viele Elemente sind eher hagiographische Topoi als Tatsachenschilderungen. Setzt man sie jedoch in Beziehung zu anderen Quellen und Materialien und betrachtet sie im Kontext der Forschung, sind die verschiedenen Fassungen der Vita durchaus aufschlussreich.

Ähnlich verhält es sich mit einer weiteren Vita, deren Autor ebenfalls dem hagiografischen Muster folgt. Der Mönch Thomas von Froidmont, der die Lebensgeschichte seiner pilgernden Schwester Margareta von Beverly verfasst hat, kannte höchstwahrscheinlich mindestens eine Fassung der Hildegund-Vita. Auch wenn sich hier also wieder eine Menge Topoi finden und klar ist, dass Thomas seine Schwester als Heilige porträtieren möchte, erzählt seine Geschichte uns dennoch Einiges über eine der eifrigsten Pilgerinnen des Mittelalters. Zudem pilgerte Margareta von Beverly unter besonderen Umständen: Sie geriet mitten hinein in die Wirren der Kreuzzüge.

Bevor wir auf Margareta von Beverlys Spuren ins Heilige Land zur Zeit Saladins reisen, lohnt es sich, kurz innezuhalten und den Blick auf die Frauen im Umfeld der Kreuzzüge zu richten. Wer waren sie? Was waren ihre Aufgaben während eines Kreuzzuges? Und was unterschied sie von ganz normalen Pilgerinnen?

Pilgerinnen unter Waffen? Frauen auf Kreuzzügen

Hebamme, Hofdame, Herrscherin: Welche Frauen nahmen an Kreuzzügen teil?

Als Anna Komnene, die Tochter des byzantinischen Kaisers Alexios, im Jahr 1096 die westlichen Teilnehmer des ersten

Kreuzzugs am Bosporus ankommen sah, hinterließ dies bei der damals dreizehnjährigen Prinzessin einen bleibenden Eindruck. Jahre später schrieb sie über die Ankunft der „Kelten", wie sie die ankommende Menge aus Franzosen, Italienern, Deutschen, Engländern und Spaniern pauschal nannte, sie seien „voller Bereitschaft und Begeisterung" gewesen „und alle Straße waren voll von ihnen. Zusammen mit diesen keltischen Kriegern zog aber auch eine unbewaffnete Menge, zahlreicher als Sand und die Sterne, welche Palmzweige und Kreuze auf den Schultern trug, Frauen und Kinder, die ihre Heimat verlassen hatten."[124]

Anna Komnenes Schilderung zeigt, dass wir uns unter einem Kreuzzug keineswegs nur eine geordnete Heeresformation vorzustellen haben, die in disziplinierten Tagesmärschen zur Schlacht zog. Vielmehr war hier eine bunte Mischung von Personen unterwegs: Männer, Frauen und sogar Kinder. Die Menge der Waffenlosen teilte sich im Wesentlichen in die Gruppe derer, die als Pilgernde mitfuhren und sich die Reise leisten konnten, und diejenigen, deren Arbeitskraft gebraucht wurde. Das galt für Frauen ebenso wie für Männer. Unter den weiblichen Reisenden waren auf der einen Seite hochgestellte Damen, vor allem Adelige, ab dem zweiten Kreuzzug auch gekrönte Häupter. Auf der anderen Seite stand das große Heer der Helferinnen: Wäscherinnen, Köchinnen, Marktfrauen, Prostituierte, Ammen, Hebammen und andere, bis hinauf zu den Hofdamen mitreisender Königinnen.

Für die meisten Frauen auf Kreuzzügen blieben Stellung, Aufgaben und Tätigkeiten ähnlich wie zu Hause. S. Geldsetzer hat darauf hingewiesen, wie unterschiedlich Frauen aus hohen und solche aus niederen Schichten die Reise erlebten: „Weniger ihr Geschlecht als ihr Stand bestimmten ihr Schicksal."[125]

Inwieweit Frauen auf Kreuzzügen an militärischen Aktionen beteiligt oder gar direkt in Kampfhandlungen verwickelt waren, ist schwierig zu rekonstruieren. Byzantinische und muslimische Quellen berichten zwar von kämpfenden Frauen im Heer der Kreuzfahrer. So schreibt der byzantinische Chronist Niketas Choniates: „Sogar Frauen zogen in ihren Reihen mit, saßen keck mit gespreizten Beinen nach Männerart im Sattel, trugen Männergewand [...], blickten auch ganz kriegerisch drein und taten noch männlicher als die Amazonen."[126] Bei dieser und ähnlichen Darstellungen ist allerdings Vorsicht angebracht: Das Bild der als „Mannweiber" gezeichneten Frauen, wird in den Quellen immer dann verwendet, „wenn ein Gegner diskreditiert und seine Barbarität herausgestrichen werden soll."[127]

Dennoch scheint es in manchen Situationen zum Einsatz von Frauen im Kampfgeschehen gekommen zu sein. So berichtet Thomas von Froidmont, dass seine Schwester Margareta von Beverly tapfer an der Verteidigung Jerusalems gegen Saladins Truppen im Jahr 1187 beteiligt gewesen sei. Margareta war als Pilgerin ins Heilige Land aufgebrochen. Damit, dass ihre Reise zu einer Odyssee in der Gemengelage der Kreuzzüge werden würde, hatte sie nicht gerechnet.

Von der Kämpferin zur Wäscherin: Margareta von Beverly

Thomas von Froidmont erzählt die Lebensgeschichte seiner um 1150 geborenen Schwester als *Hodoepericon*, also als Reiseerzählung, die er „Reisebericht und Gefahren der Jerusalemerin Margareta" nennt.[128] Mit diesem Titel verweist er auf den Geburtsort seiner Schwester: Margareta wurde nicht nur während einer Pilgerfahrt ihrer aus der Gegend von Beverly stammenden Eltern gezeugt, sondern zudem auf der nächsten elterlichen Pilgerreise in der heiligen Stadt geboren.[129] Hier zeigt sich die hagiografische Anlage von Thomas' Schilderung. Nicht zufällig schwingt das Bild der Heiligen Familie und auch die Reise der schwangeren Maria nach Betlehem mit. Noch stärker wird diese Verbindung, wenn Thomas die Abreise der jungen Familie aus Jerusalem beschreibt: die Mutter ritt mit dem Neugeborenen auf einem Esel, der Vater hatte allerlei Gefahren abzuwehren, wie sie das apokryphe Thomas-Evangelium auch über die Kindheit Jesu berichtet.

Margareta galt bereits zu Lebzeiten als große Reisende und begeisterte Pilgerin.[130] Ihr Bruder nennt stolz die stattliche Zahl von elf Meeresüberquerungen seiner Schwester. Dabei zählt er nicht nur die Schiffsreisen, die sie aus eigener Initiative unternommen hat, sondern auch ihre beiden pränatalen Reisen mit.

1187 entschloss Margareta sich zu einer Pilgerfahrt ins Heilige Land. Sie erreichte Jerusalem im September desselben Jahres und damit im denkbar ungünstigsten Moment: Kurz zuvor hatte Saladin in der Schlacht bei Hattin die Kreuzfahrer besiegt. Um genügend Truppen bei Hattin versammeln zu können, waren die Besatzungen der übrigen christlichen Festungen erheblich reduziert worden. Aus diesem Grund war Jerusalem nun fast ohne Verteidigung dem Angriff und der Belagerung durch Saladin ausgesetzt. Eventuell verlegten sich die verbleibenden christlichen Truppen in dieser Situation auf eine Strategie der Täuschung: Frauen in Rüstung auf den Mauern der Stadt sollten womöglich dem Gegner mehr Abwehrkraft und Truppenstärke vorgaukeln, als tatsächlich noch vorhanden war.

Margareta jedenfalls war an vorderster Front beteiligt: „Ich tue so, als sei ich ein Mann [...] und lerne voller Furcht, meine Furcht zu verbergen", lässt ihr Bruder sie in seinem *Hodoepericon* selbst erzählen.[131] Gekleidet wie ein Soldat, so schildert es Thomas, nahm Margareta an Kampfhandlungen teil, hielt Wache auf den Mauern und setzte sich den feindlichen Geschossen aus. Da sie keinen Helm hatte, trug sie statt dessen zum Schutz einen Kochtopf auf dem Kopf.

Die Strategie ging jedoch nicht auf. Nach 15 Tagen fiel Jerusalem. Saladin gewährte den Christen großzügige Übergabebedingungen, gefangene Christen konnten sich freikaufen. Mit ihren letzten Goldmünzen kam auch die im Kampf verwundete Margareta frei und rettete sich mit anderen in die Stadt Lachis in der Nähe von Gaza. Ihr Glück über die gelungene Rettung währte allerdings nur kurz. Margareta und ihre Gefährten gerieten erneut in Gefangenschaft und mussten fünfzehn Monate schwerster körperlicher Arbeit, Schläge, Fesseln und Hunger erdulden, bis sie schließlich freikamen. Ein reicher Bürger aus Tyros hatte die Gefangenen aus Freude über die Geburt seines Sohnes losgekauft.

Margareta schlug sich bis Antiochia durch. Auf dem Weg erlebte sie, ähnlich wie Hildegund von Schönau, mehrere Wunder: So wurde sie, der nur ein Sack statt ihrer Kleidung geblieben war, in einer Nacht von einer auf unerklärliche Weise wärmenden Schneedecke geschützt. Nachdem ein heidnischer Räuber ihr ihren letzten Besitz, ein Psalmenbuch, abgenommen hatte, rührte den Dieb Margaretas Trauer so sehr, dass er ihr das Buch zurückgab, was sie als Eingreifen Gottes deutete. Neben diesen Wundergeschichten erfahren wir aber auch realistische Details von Margaretas Reise: Um Geld für die Weiterfahrt zu verdienen, verdingte sie sich in der Hafenstadt St. Simeon bei Antiochia als Wäscherin. Während dieser Zeit besuchte sie auch das Grab ihrer Namenspatronin, der heiligen Margareta in Antiochia. Kurz darauf beteiligte sie sich an der Ausplünderung eines geschlagenen muslimischen Heeres.

Dass Thomas von Froidmont die Plünderung, durch die Margareta wieder zu Besitz gelangte, ohne Bedenken in seiner als Heiligenvita angelegten Geschichte erzählt, zeigt, für wie normal die Zeitgenossen ein solches Vorgehen hielten. A. Rottloff meint, Margaretas Teilnahme an der Plünderung sei „eine zur damaligen Zeit durchaus übliche Methode [gewesen], um das eigene Überleben zu sichern."[132] Etwas mehr als das, was sie zum Überleben brauchte, wird Margareta allerdings doch erbeutet haben, denn Thomas lässt sie selbst sagen: „Ich, die noch kurz zuvor arm war, habe nun viele Sachen und bin reich."[133] Lange währte Margaretas Freude am neu erworbenen Reichtum nicht. Als eines der Beutestücke bei ihr entdeckt wurde, geriet sie erneut in Gefangenschaft. Ihr schwante Unheil, in Todesangst rief sie die Jungfrau Maria an. Diese tat umgehend ein Wunder und bewirkte ihre Freilassung.

Margareta verließ das Heilige Land, kehrte aber nicht auf direktem Weg ins heimatliche Beverly zurück. Sie, der das Pilgern im Blut lag, besuchte zunächst Rom, dann Santiago de Compostela, und auch diese Etappen ihrer Reise waren reich an Abenteuern und Wundern. Zurück in England, erfuhr Margareta, dass ihr jüngerer Bruder inzwischen als Mönch in Frankreich lebte. Also machte sie sich erneut auf die Reise. In Froidmont erzählte sie Thomas von den Abenteuern ihrer Pilgerfahrten. Auch sie selbst wurde schließlich in Frankreich sesshaft. Sie trat in Montreuil-sous-Laon in das älteste französische Zisterzienserinnenkloster ein. Hier starb sie um das Jahr 1215.

Margareta von Beverly ist ebenso wie Hildegund von Schönau eine der wenigen namentlich bekannten Frauen des hohen Mittelalters, über deren Pilgerfahrten wir Näheres erfahren. Dass Thomas von Froidmont ihre Lebensgeschichte als Heiligenvita anlegte, ist kein Zufall. Wenn mittelalterliche Autoren über Frauen schrieben, ging es ihnen oft nicht oder nicht in erster Linie um die Frauen selbst. Das Ziel war vielmehr, die Gnade Gottes zu preisen und diese umso größer erscheinen zu lassen, als Gott sie einem so schwachen Wesen wie einer Frau hatte zuteilwerden lassen. Wurde dagegen über konkrete Frauen berichtet, so handelte es sich in der Regel entweder um Heilige oder um hochgestellte Persönlichkeiten, also mindestens Adelige, meist aber Königinnen.

Besondere Bedeutung kommt im Kontext der Kreuzzüge den Königinnen zu: Als Repräsentantinnen und Herrscherinnen verfügten sie teilweise über beträchtlichen Einfluss und auch Machtbefugnisse, was nicht jedem männlichen Chronisten gefiel. So kritisierte beispielsweise Wilhelm von Newburgh die Teilnahme der französischen Königin Eleonore von Aquitanien am zweiten Kreuzzug und gab ihr indirekt die Schuld daran, dass das Unternehmen zum Desaster wurde.[134] Das bereits zu ihren Lebzeiten entstandene negative Bild Eleonores hielt sich über viele Jahrhunderte. Erst in neuerer Zeit werden die Persönlichkeit dieser außergewöhnlichen Frau, die zuerst Königin von Frankreich und später von England war, sowie ihre Rolle während des zweiten Kreuzzugs differenzierter betrachtet.[135]

Eine Königin als Sündenbock: Eleonore von Aquitanien

Eleonore wurde 1122 oder 1124 in der Gegend von Bordeaux geboren.[136] Sie stammte aus der Dynastie der Herzöge von Aquitanien, dem größten französischen Herzogtum. Der Hof ihres Großvaters väterlicherseits, Herzog Wilhelm IX. von Aquitanien, in Poitiers galt als einer der kultiviertesten in ganz Europa.[137] Eleonore lernte in ihrer Jugend nicht nur Okzitanisch, sondern auch Latein. Ihr Großvater Wilhelm IX. ging als „Troubadour-Herzog" in die Geschichte ein, da er selbst Minnegesänge verfasste. Überliefert sind elf Gedichte, in denen der lebensfrohe Herrscher zum Teil die restriktive kirchliche Sexualmoral seiner Zeit verspottet.[138]

Schon von ihren Zeitgenossen und bis weit in die Neuzeit hinein wurde Eleonore von Aquitanien als Kind des französischen Südens und als Nachfahrin eines frivol dichtenden und stets zu Liebesabenteuern aufgelegten Herzogs beschrieben. Die Annahme, die Enkelin Wilhelms IX. sei ebenfalls heißblütig und abenteuerlustig gewesen, passte einfach zu gut ins Bild. Schließlich betrieb Eleonore selbst die Trennung von ihrem Ehemann, dem französischen König, um dann den späteren englischen König zu heiraten. Hinzu kamen noch die Gerüchte um Eleonores Affäre mit ihrem Onkel Raymond während des zweiten Kreuzzugs, also noch während ihrer Ehe mit Ludwig VII. von Frankreich.

1145 erreichte die Nachricht von der Eroberung Edessas durch muslimisch-türkische Truppen Frankreich. Edessa war, neben Jerusalem, Antiochia und Tripoli eines der vier christlichen Fürstentümer, die nach dem ersten Kreuzzug im Heiligen Land gegründet worden waren. König Ludwig, der schon länger den Plan einer Pilgerfahrt gehegt hatte, beschloss daraufhin, einen Kreuzzug auszurüsten und nach Palästina aufzubrechen. William von Newburgh sieht den Grund dafür, dass Eleonore ihren Mann auf seinem Zug begleitete, in dem „heftigen Verlangen" Ludwigs zu seiner schönen Frau, die er auf keinen Fall allein zu Hause lassen wollte. Viele andere adelige Kreuzzugsteilnehmer seien Ludwigs Beispiel gefolgt und hätten ihre Ehefrauen mitgenommen. „Die Ehefrauen konnten nicht ohne ihre Dienerinnen fahren, und so trieben sich im christlichen Lager, das keusch hätte sein sollen, eine Menge Frauen herum. Insbesondere dieser Umstand brachte Unheil über das Heer."[139]

Tatsächlich gab es durchaus politische Gründe für Eleonores Teilnahme an der Unternehmung. Nicht nur hätte sie, wäre sie allein zurückgeblieben, als Königin und damit Stellvertreterin des Königs, eine starke Position bekleidet und damit womöglich Abt Suger von Saint Denis, den Ludwig sich als Regenten in seiner Abwesenheit wünschte, Konkurrenz gemacht. Sie brachte vor allem finanzielle Unterstützung und Truppenkontingente aus ihrem Heimatfürstentum Aquitanien mit ein.[140]

Im Sommer 1147 brach der Zug der Kreuzfahrer schließlich auf. Fünf Monate später erreichten sie Konstantinopel. War der Weg bis hierher schon nicht einfach gewesen, so gestaltete sich die Durchquerung Kleinasiens noch schwieriger. Nachdem die Truppen der Vorhut am Berg Cadmon (heute Honaz) den Befehl des Königs, auf dem Gipfel auf das restliche Heer zu warten, missachtet hatten, sah sich der Haupttross ungeschützt einem Angriff türkischer Reitersoldaten ausgesetzt. Die Verluste waren verheerend: Nur die Hälfte der Franzosen erreichte Wochen später Antiochia. Der

Unmut der Kreuzfahrer richtete sich schnell gegen die Truppen aus Eleonores Heimat, da die Anführer der Vorhut Aquitanier gewesen waren. So geriet auch die Königin unter Beschuss. Man munkelte, sie habe die Truppenkommandeure gedrängt, einen angenehmeren Rastplatz im Tal zu suchen statt auf dem Gipfel zu warten.[141] Diese Version ist jedoch, so R. Turner, mehr als unwahrscheinlich: „Die Vorstellung, die französische Königin sei […] in der bewaffneten Vorhut mitgeritten, statt sich im Schutz des Hauptheeres zu halten, strapaziert den gesunden Menschenverstand."[142]

Wahrscheinlicher ist, dass Eleonore in dieser Situation an den strategischen Fähigkeiten ihres Gatten zu zweifeln begann: Hatte womöglich der König selbst das Heer durch die ungünstige Wahl der Marschroute in Gefahr gebracht? R. Pernoud betont, die Königin habe im Lauf des zweiten Kreuzzugs den Eindruck gewonnen, sie sei „mindestens ebenso gut wie ihr etwas schwacher Gatte in der Lage […], Entscheidungen zu treffen und sie zum guten Ende zu führen."[143] Auch die spätere Parteinahme Eleonores für ihren Onkel Raymond in Antiochia kann also aus politischen und strategischen Überlegungen erwachsen sein.

Raymonds Plan eines Angriffs auf das von den Türken beherrschte Aleppo stieß bei der französischen Königin auf Zustimmung. Sie versuchte daraufhin, auch Ludwig für dieses Vorhaben zu gewinnen. Zusammen mit der Einnahme weiterer strategisch bedeutsamer Orte, argumentierte sie, sei die Eroberung Aleppos die Voraussetzung für eine dauerhafte Sicherung Jerusalems. Raymond war Eleonores engster noch lebender Verwandter, kam wie sie selbst aus Poitiers und hatte auch unter seinen Höflingen eine erhebliche Zahl an Poitevinern. Eben diese Verbindung machte Ludwig die Sache suspekt. Wie viele andere der Kreuzfahrer misstraute er den Aquitaniern und vermutete, dass Raymond mit dem Angriff auf Aleppo nur sein eigenes Fürstentum vergrößern wolle. Ludwig selbst hatte sich inzwischen darauf besonnen, dass er ja eigentlich als Pilger aufgebrochen war. Nicht nur wollte er von einem Angriff auf Aleppo nichts wissen. Auch von der ursprünglich geplanten Befreiung Edessas war nun keine Rede mehr. Ludwig wollte statt dessen auf direktem Weg nach Jerusalem ziehen und an der Grabeskirche beten.

In diesem Moment entschied sich Eleonore zur offenen Konfrontation mit ihrem Gatten. Sie kündigte an, in Antiochia an der Seite ihres Onkels zu bleiben. Außerdem zweifelte sie nun erstmals öffentlich die Rechtmäßigkeit ihrer Ehe zu Ludwig an. Waren sie nicht im vierten Grad miteinander blutsverwandt und ihre Ehe damit eigentlich ungültig?[144] Dieses offene Aufbegehren Eleonores und ihre Weigerung, sich in die dienende Rolle der Ehefrau zu fügen, brachten die Kleriker ihrer Zeit gegen sie auf. Der Chronist Wilhelm von Tyrus bezeichnete Eleonore als „leichtsinniges [...] unvorsichtiges Weib" und war der Meinung, sie habe, „ihrer königlichen Würde uneingedenk, wenig Rücksicht auf ihre Frauenehre" genommen.[145]

Ludwig erzwang schließlich die Weiterreise nach Jerusalem. Er verließ Antiochia mit seinem Heer und dem gesamten Tross mitten in der Nacht, ohne sich von seinem Gastgeber Raymond zu verabschieden. Eleonore nahm er gegen ihren Willen mit. Dadurch wurde das Zerwürfnis der beiden nur noch offenkundiger.[146] Die Episode in Antiochia, die in den Zelten der Kreuzfahrer schnell die Runde gemacht hatte, gab dem ohnehin schon großen Unmut über den unglücklichen Verlauf des Kreuzzugs und den Gerüchten rund um das Desaster am Berg Cadmon neue Nahrung. Zu dem Vorwurf, Eleonore habe sich in ungebührlicher Weise dem Gebot der Unterordnung unter ihren Gatten widersetzt, trat schon bald der Verdacht einer Affäre mit ihrem Onkel.[147] Es war dieses – historisch nicht belegte – Detail der Geschichte, das sich in der Folgezeit am längsten gehalten hat. Im Verlauf des zweiten Kreuzzugs entstandene Troubadour-Gedichte enthielten Anspielungen auf Eleonores angeblichen Ehebruch. Dass sie es schließlich schaffte, sich aus der Ehe mit Ludwig zu befreien, befeuerte die Gerüchte um ihre Untreue in Antiochia noch weiter.

Erst in neuerer Zeit wurden die Legenden und Spekulationen um die angeblich heißblütige Königin hinterfragt.[148] Heute wird Eleonore von Aquitanien, die in ihrem Leben noch mehrfach pilgerte und insgesamt mehr reiste als viele andere Königinnen, als kluge, machtbewusste und politische Herrscherin betrachtet.[149] Vielen ihrer Zeitgenossen diente sie jedoch als Sündenbock für den missglückten zweiten Kreuzzug.

Ganz anders erging es Marguerite von der Provence, die fast genau ein Jahrhundert nach Eleonore geboren wurde und als französische Königin ebenfalls ihren Gatten auf Kreuzfahrt ins Heilige Land begleitete. Im Gegensatz zu Eleonore ging Marguerite als Heldin in die Geschichte ein, auch wenn der Kreuzzug, an dem sie beteiligt war, ebenfalls scheiterte.

Eine Königin als Retterin: Marguerite von der Provence

Marguerite war erst dreizehn Jahre alt, als sie 1234 in der Kathedrale von Sens mit dem sieben Jahre älteren französischen König Ludwig IX. verheiratet und einen Tag später am selben Ort zur französischen Königin gekrönt wurde. Sie war am provenzalischen Hof aufgewachsen und hatte dort eine gute Ausbildung erhalten. Obwohl der zwanzigjährige Ludwig mit der Heirat offiziell mündig wurde, übte seine Mutter Blanche, die bis dahin für ihn die Regierungsgeschäfte geführt hatte, weiter großen Einfluss aus. Dass die jungen Eheleute einander offensichtlich sehr zugetan waren, scheint Blanche wenig gefallen zu haben. Jean de Joinville schreibt in seiner Vita Ludwigs IX.: Königin Blanche „konnte es nicht ausstehen, wenn ihr Sohn mit seiner Frau zusammen war, außer am Abend, wenn er mit ihr schlief."[150] Aus der Ablehnung durch Blanche wurde mitunter geschlossen, dass Marguerite ihren Mann auf seinem Kreuzzug im Jahr 1248 nur begleitete, um der ungeliebten Schwiegermutter zu entkommen. R. Pernoud verweist dagegen auf Eleonore von Aquitanien und andere und betont, Marguerite habe „nur das getan, was allgemein üblich war". Außerdem war die Königin, so Pernoud, „bei bester Gesundheit [und] ebenso wie Ludwig begierig, ihr Gelübde einzulösen."[151] Während einer schweren Krankheit Ludwigs hatte das Paar in der Hoffnung auf Heilung den Kreuzzug ins Heilige Land gelobt.

Nun rüsteten sie sich zum Aufbruch. Ihre drei kleinen Kinder ließ Marguerite in der Obhut von Blanche. Während der Reise gebar sie noch drei weitere Kinder.[152] Beim ersten

Überraschungssieg des Kreuzzugs, der Eroberung Damiettes 1249, war Marguerite bereits schwanger. Damiette war von jeher von großer Bedeutung für die Kreuzfahrer, da von dort aus der einzige schiffbare Arm des Nils kontrolliert wurde. 1219 wurde die Stadt nach 19-monatiger Belagerung kurzzeitig von den Christen erobert, fiel aber bereits 1221 wieder in muslimische Hände. Als es Ludwig nun gelang, Damiette innerhalb von nur 24 Stunden zu erobern, schien dies eine äußerst günstige Ausgangssituation für einen Sieg über das ägyptische Sultanat der Ayyubiden zu sein, unter dessen Herrschaft zu der Zeit auch Jerusalem stand.

Im November 1249 zog Ludwig mit seinem Heer weiter in Richtung Kairo. Die Verantwortung für Damiette legte er in die Hände seiner schwangeren Gattin. Geschwader aus Genua und Pisa sicherten den Hafen, italienische Handelsschiffe brachten regelmäßig Waren nach Damiette, so dass die Versorgung gesichert war.

Ludwigs Truppen kamen nur langsam voran. Das schlammige, überflutete Gelände des Nildeltas machte den Soldaten zu schaffen. Bei der Stadt al Mansura trafen sie schließlich auf das Hauptheer der Ayyubiden. Nach zermürbenden Gefechten und einer Belagerung der Stadt, während der sich im Kreuzfahrerheer Hunger und Krankheiten verbreiteten, gerieten der König und ein Großteil seines Heeres im April 1250 in die Gefangenschaft des ägyptischen Sultans.

Marguerite war unterdessen in Damiette regelmäßig über die Ereignisse unterrichtet worden. Als ihr Mann in Gefangenschaft geriet, stand sie kurz vor der Entbindung. In dieser Situation wurde ihr gemeldet, dass die Schiffe, die den Hafen von Damiette sichern sollten, sich zur Abfahrt bereit machten. Angesichts der Nachricht von der Niederlage des französischen Heeres hatten die Kommandeure der genuesischen und pisanischen Geschwader beschlossen, sich ebenfalls zu ergeben und das Weite zu suchen. Die Königin erkannte den Ernst der Lage sofort: Die Stadt war das einzige Faustpfand, das den Christen blieb, um Ludwig und sein Gefolge freizubekommen. Wenn Marguerite Damiette hielt, konnte sie es den Ägyptern zum Tausch gegen die Freilassung ihres Gatten anbieten. Sie ließ einen Ritter, der zu ihrem Schutz abgestellt war, schwören, dass er sie töten würde, ehe sie den Ägyptern in die Hände fallen würde. Dann entband Marguerite einen Sohn, dem sie den Namen Tristan gab.[153]

Einen Tag nach der Geburt beorderte sie die Flottenkommandeure zu sich und überzeugte sie davon, in Damiette zu bleiben. Marguerite versprach ihnen, sie und ihre Mannschaften dafür auf Kosten des Königshauses zu versorgen. Jean de Joinville berichtet, dass dieses Versprechen auch tatsächlich eingehalten wurde: „Und die Königin (Gott sei ihr gnädig!) ließ für mehr als dreihundertsechzigtausend Pfund alle Lebensmittel in der Stadt aufkaufen. Sie musste dann vorzeitig aufstehen, da die Stadt den Sarazenen zurückgegeben werden sollte."[154]

Der Umstand, dass Marguerite das Wochenbett vorzeitig verlassen musste, wird von Joinville nicht zufällig besonders betont. Der Chronist unterstreicht damit den Ausnahmecharakter der Situation. Schwangerschaften und Geburten waren zwar, wie S. Geldsetzer herausgearbeitet hat, auf Pilgerfahrten und Kreuzzügen vollkommen normal.[155] Allerdings wurde darauf geachtet, auf der Reise ebenso wie zu Hause die an die Niederkunft anschließende Zeit des Wochenbetts von dreißig oder vierzig Tagen einzuhalten. Es war eine Phase der Zurückgezogenheit, in der die Wöchnerin in der Regel nicht in der Öffentlichkeit erschien. Für diese Fälle gab es auf den Pilgerwegen des Mittelalters zahlreiche Hospize speziell für Frauen, in denen sie entbinden und die Wochen nach der Geburt verbringen konnten.[156] Das Ende des Wochenbetts wurde durch den ersten Kirchgang nach der Geburt markiert, der meist besonders gefeiert wurde.[157]

Marguerite hatte nach der Gefangennahme ihres Gatten jedoch keine Zeit zu verlieren. Die Kommandeure der Schiffe, die Damiette sichern sollten, empfing sie noch im Bett sitzend, das Neugeborene auf dem Arm. Kurz darauf war sie bereits in die Verhandlungen mit den Ayyubidenführern eingebunden, um Ludwig im Tausch gegen Damiette frei zu kaufen. Auch dies berichtet Jean de Joinville ausführlich, da es sich um einen ungewöhnlichen Vorgang handelte: Auf die Frage der ägyptischen Unterhändler, ob und wieviel Ludwig dem Sultan für seine Freilassung zu zahlen bereit wäre, antwortete der König, „falls der Sultan eine angemessene Summe verlange, werde er die Königin bitten, das Lösegeld zu bezahlen. Sie erwiderten: ‚Warum wollt Ihr Euch nicht selbst dazu verpflichten?' Der König antwortete, er wisse nicht, ob es die Königin tun wolle, denn sie sei die Herrin."[158] Man einigte sich auf eine Lösegeldsumme und die Rückgabe der Stadt Damiette. Kurz darauf kamen Ludwig und sein Gefolge frei.

Der Respekt des französischen Königs vor der Entscheidung seiner Frau unterscheidet sich deutlich von der Nacht- und Nebelaktion, mit der Ludwig VII. hundert Jahre zuvor auf die politische Eigeninitiative Eleonores von Aquitanien reagierte. Ludwig VII. versuchte, wenn auch letzten Endes vergeblich, seine Frau zurück in die ihr zugedachte untergeordnete Rolle zu zwingen. In der Darstellung seiner Zeitgenossen erscheint er als schwacher Herrscher, dessen allzu große Liebe zu Eleonore ihm selbst und seinem Königreich geschadet habe. Ludwig IX. hingegen ging als starker, weiser und besonders friedensstiftender König in die Geschichte ein. Kurz nach seinem Tod wurde er heiliggesprochen. In diesem Fall wurde aus Ludwigs Liebe zu Marguerite ein schönes Detail im Bild eines durch und durch positiv gezeichneten Herrschers. Dadurch war es möglich, Marguerites eigenverantwortliches Handeln, das in anderen Zusammenhängen – und bei einem anderen Ausgang – vielleicht eher als eigenmächtig dargestellt worden wäre, als Heldentat zu rühmen. Wie im Fall Hildegunds von Schönau und Margaretas von Beverly hatte eine Frau mit der Hilfe Gottes außergewöhnliche Stärke bewiesen.

Die Geschichten der beiden Königinnen zeigen anschaulich, dass die Bewertung weiblichen Handelns häufig von äußeren Umständen abhing, auf die die Protagonistinnen selbst keinen Einfluss hatten. Ob eine Frau als Heilige oder Sünderin, als Lichtgestalt oder Ursache allen Übels in die Geschichte einging, konnte von vielen Faktoren abhängen. In aller Regel waren es jedoch Männer, die darüber befanden. Dabei erweist sich ein Element als durchgängig in der Bewertung: Das Urteil über eine Frau fiel umso vernichtender aus, je mehr ihr Verhalten das bestehende Ordnungs- und Machtgefüge, sei es tatsächlich oder auch nur scheinbar, in Frage stellte. Im Fall von Pilgerinnen blieb dieser Punkt über lange Zeit relevant, da sie sich allein schon dadurch, dass sie zu einer Pilgerfahrt aufbrachen, ein Stück weit aus der festgefügten Ordnung hinausbewegten. Kamen noch weitere Faktoren hinzu, wurde das Problem umso brisanter.

Ein Beispiel hierfür sind pilgernde Mystikerinnen wie Birgitta von Schweden oder Margery Kempe. Die Visionen, die die später heiliggesprochene Birgitta auf ihren Pilgerfahrten erlebte, ließen sich in das kirchliche Lehrgebäude einfügen. Über Margery Kempe dagegen, deren extreme Formen des Glaubens und Pilgerns hoch umstritten waren, schwebte immer wieder das Damoklesschwert, als Ketzerin eingestuft zu werden.

4. Mystik und Abenteuer: Pilgerinnen im späten Mittelalter

Die reisende Visionärin: Birgitta von Schweden

Ablass und Askese: Birgittas Pilgerreise nach Santiago de Compostela

Birgitta wurde 1302 im schwedischen Finsta, ca. 50 Kilometer nordöstlich von Stockholm, geboren. Ihr Vater gehörte als Lagman, also Landvogt, der zudem aus dem Geschlecht König Sverkers I. (1134–1156) stammte, zum höchsten Kreis des schwedischen Adels. Ihre Mutter Ingeborg war die Nichte des regierenden schwedischen Königs Birger Magnusson. Birgitta entstammte also einer reichen und mächtigen Familie, die sowohl politisch als auch kirchlich einflussreich war.[159]

Als sie vierzehn Jahre alt war, verheiratete der Vater Birgitta und ihre Schwester in einer Doppelhochzeit mit den beiden

Söhnen des Lagman von Närke, einem Gebiet nördlich des Vättersees, um die politischen Beziehungen der beiden Lagmanschaften zu stärken.

Birgitta bezog mit ihrem Mann Ulf einen Herrensitz am Borensee und brachte acht Kinder zur Welt.

1335 wurde sie Oberhofmeisterin am schwedischen Königshof.[160] Allerdings machte Birgitta sich mit ihren Ansichten in der höfischen Umgebung nicht nur Freunde. Immer wieder wandte sie sich gegen die ihrer Meinung nach zu laxen Sitten bei Hof und mahnte einen frommeren und enthaltsameren Lebensstil an. Ulf und Birgitta kamen in ihrer Zeit in Stockholm intensiv mit der Lehre und Spiritualität der Franziskaner in Berührung, in deren Mittelpunkt die Armut und Gerechtigkeit gegenüber den Schwächsten der Gesellschaft stand.[161] Vom Leben am Hof fühlten sie sich zunehmend abgestoßen. Gemeinsam unternahmen die beiden mehrere kürzere Wallfahrten zu Heiligengräbern und Pilgerstätten in Schweden sowie eine größere Fahrt zum Grab des heiligen Olaf in Drontheim.[162] Die wachsenden Spannungen im Verhältnis zum Königspaar mögen dazu beigetragen haben, dass sich Ulf und Birgitta im Jahr 1341 schließlich auf den weiten Weg nach Santiago de Compostela machten.[163]

Santiago galt neben Rom und Jerusalem als das dritte große Pilgerziel der Christenheit.[164] Bereits im 9. Jahrhundert war hier angeblich das Grab des Apostels Jakobus gefunden worden. Erzählungen über Wunder, die sich dort ereignet haben sollten, führten rasch zum Einsetzen eines regen Pilgerstroms nach Compostela.

Apostel, Märtyrer und Heilige als Fürsprecher der Menschen bei Gott hatten das gesamte Mittelalter hindurch eine enorme Bedeutung. Durch sie, so die Vorstellung, konnte der Geist Gottes auf die Menschen übergehen und Heilung bewirken. Dabei wurde diese immer als Heilung an Körper und Seele zugleich begriffen. Physisches Leiden und die Sündhaftigkeit des Menschen gehörten in der Welt des Mittelalters untrennbar zusammen. Heilige als Mittler zwischen Gott und den Menschen spielten deshalb bei der Bitte um Sündenvergebung eine wichtige Rolle.[165]

Im Lauf des 12. und 13. Jahrhunderts wurden in Bußbüchern immer detaillierter nicht nur konkrete Sündenstrafen, sondern zugleich die Bedingungen festgelegt, unter denen diese Strafen wieder erlassen werden konnten.[166] Dabei ging es nicht nur um Strafen zu Lebzeiten des oder der Gläubigen, sondern auch um die Höllenqualen nach dem Tod.

Bis zum Ende des Mittelalters erhielt das Ablasswesen eine immer größere Bedeutung. Durch eine kleinere Pilgerfahrt zu einem nähergelegenen Ziel konnten Gläubige einen zeitlich begrenzten Ablass ihrer Sündenstrafen erhalten. Pilgerte man dagegen zu einem der großen Ziele, also nach Jerusalem, Rom oder Santiago de Compostela, wurde vollkommener Ablass gewährt. Es war sogar möglich, durch eine Pilgerfahrt bereits Verstorbene von ihren Sündenstrafen zu befreien. Im späten Mittelalter gab es daher die Praxis von Miet- oder Auftragspilgern, die sich gegen Bezahlung für andere – Lebende oder Tote – auf die Reise machten.[167]

Auch Birgitta und Ulf brachen ganz im Bewusstsein ihrer eigenen Sündhaftigkeit auf. Beide waren von einer negativen Sicht auf die eheliche Sexualität geprägt und waren sich trotz ihrer acht gemeinsamen Kinder einig, dass vor allem die Lust am Geschlechtsakt Sünde sei. Diese Auffassung ging auf die Lehren des spätantiken Kirchenvaters Augustinus zurück. Die Theologie des Mittelalters entwickelte sich eigentlich in die entgegengesetzte Richtung:[168] Vom 11. bis zum 13. Jahrhundert setzte sich der Grundsatz durch, dass die christliche Ehe auf dem Konsens beider Partner beruhe.[169] Zugleich wurde nicht nur der Ehestand, sondern auch die Sexualität zwischen verheirateten Paaren entscheidend aufgewertet.[170] Diese Sichtweise setzte sich allerdings weder in der mittelalterlichen Gesellschaft noch in der kirchlichen Praxis wirklich durch. So verwundert es nicht, dass auch Birgitta und Ulf in der traditionellen Ablehnung aller Fleischeslust verharrten und im Zuge ihrer immer stärkeren Hinwendung zu einer klösterlichen Lebensweise beschlossen, auf den Vollzug ihrer Ehe fortan zu verzichten. Der Aufbruch der beiden nach Santiago de Compostela leitete damit für sie einen neuen Lebensabschnitt ein.

Bei einer Pilgerreise zum heiligen Jakobus hat bis heute der Weg eine besondere Bedeutung. Das war schon im Mittelalter so. Auch die Reise nach Rom oder Jerusalem war lang und voller Strapazen. Was zählte, war jedoch die Ankunft am Ziel. Im Fall Santiagos hatte man daher ebenfalls versucht, den Zielort besonders hervorzuheben. Ein mittelalterlicher Pilgerführer, der *Liber Sancti Jacobi*,[171] beschrieb vier Hauptwege, die sich in Spanien zu einem einzigen nach Compostela führenden Weg vereinten. Konkurrierende Kirchen und Pilgerstätten in Frankreich wurden dabei „als Heiligtümer am Weg, als Stationen zum Zielort, und weniger als eigenständige Zentren"[172] gewürdigt. Auf diese Weise gelang es tatsächlich, Compostela als großes Pilgerziel zu etablieren. Gleichzeitig wurde damit aber auch der Weg dorthin quasi kanonisiert. Noch heute werden in jedem Pilgerführer die vier Hauptwege beschrieben, die der *Liber Sancti Jacobi* angab.

Mittelalterliche Compostela-Pilger nutzten die Reise zum heiligen Jakobus, um auf dem Weg zahlreiche weitere Heiligtümer zu besuchen. Auf dem Jakobsweg gab es also schon immer einen gewissen religiösen Tourismus. Auch Ulf und Birgitta machten unterwegs Station an verschiedenen Pilgerstätten, Kirchen und Klöstern, unter anderem in Cîteaux bei Dijon.[173] Das dortige Kloster war die Wiege des Zisterzienserordens, dem Hauptträger der christlichen Mission in Schweden.[174]

Auf dem Rückweg von Santiago erkrankte Ulf schwer. Er hatte bereits die Sterbesakramente empfangen, als Birgitta in zwei Visionen zuerst der heilige Dionysius und danach die Muttergottes erschien. In diesen beiden Visionen sind alle Elemente enthalten, die Birgittas weiteres Leben bestimmen sollten. Dionysius erschien der Schwedin im Gebet und sprach zu ihr: „Ich bin Dionysius und von Rom aus in diese Gegend von Frankreich gekommen, das Wort Gottes in meinem Leben zu predigen. Weil du mich mit einer besonderen Andacht liebst, deshalb sage ich dir voraus, dass Gott durch dich der Welt bekannt werden will."[175] Als Zeichen der Echtheit ihrer Vision sollte Birgitta die Zusage dienen, dass ihr Gatte an seiner Krankheit nicht sterben werde. In dieser Ankündigung des Dionysius findet sich bereits das nächste Lebensziel Birgittas: Wie er selbst von Rom aus missioniert hatte, so würde sie bald nach Rom gehen und dort ihrer Missionsaufgabe nachkommen.

Maria, die Birgitta ebenfalls in Arras erschien, kündigte das letzte wichtige Ziel an, Jersualem: Ich „will dir zeigen, wie mein Sohn in seiner Menschheit beschaffen gewesen und wie er am Kreuz litt; und dieses soll dir ein Zeichen sein, dass du an die Orte kommen wirst, an denen ich leiblich gewandelt habe; dort wirst du auch mit deinen leiblichen Augen meinen Sohn schauen."[176]

Birgittas Mann Ulf wurde tatsächlich wieder gesund und die Pilgergesellschaft gelangte heil bis nach Hause. Während Birgitta selbst zunächst auf den Herrensitz am Borensee zurückkehrte, trat Ulf nach der Heimkehr mit Zustimmung seiner Frau in das Zisterzienserkloster von Alvastra ein. Dort starb er weniger als ein Jahr später.

Ordensgründung und Aufbruch: Von Vadstena nach Rom

Mit 42 Jahren war Birgitta nun Witwe. Dieser neue Status verlieh ihr eine Unabhängigkeit, die sie zuvor in ihrem Leben nicht gehabt hatte:[177] Sie konnte als eigenständige juristische Person auftreten, über ihren Besitz verfügen und Vorsorge für ihre Kinder treffen. In dieser Situation empfing Birgitta eine Vision, die als ihre „Berufungsvision" gilt.[178] Darin wurde sie von Christus persönlich angesprochen und als „sponsa et canale", Braut und Sprachrohr, Christi bezeichnet. Frei von irdischen Bindungen sollte Birgitta fortan als Braut Christi der Welt seinen Willen kundtun.[179]

Im Jahr 1346, zwei Jahre nach Ulfs Tod, wurde eine Kommission eingesetzt, die die Echtheit von Birgittas Visionen überprüfen sollte. Das war nicht nur deshalb von Bedeutung, weil ihre Offenbarungen zunächst kritisiert, belächelt und mit Spott bedacht wurden.[180] Was sie der Welt zu sagen hatte, hatte außerdem politische und religiöse Sprengkraft.

Neben Botschaften an den englischen und den französischen König zur Beendigung des Hundertjährigen Krieges empfing Birgitta von Christus den Auftrag, Papst Clemens VI. dazu zu bringen, zum Heiligen Jahr 1350 aus Avignon, wo die Päpste seit 1309 residierten, nach Rom zurückzukehren. Dass Birgittas Offenbarungen außerdem harsche Kritik am zu üppigen Lebensstil des schwedischen Adels wie auch des Hofes enthielten, machte sie nicht gerade beliebter im eigenen Land.[181]

Die Prüfkommission jedoch entschied für Birgitta. Ihre Visionen waren stets eingebettet in einen biblischen Rahmen, die Botschaften stellten einzelne, auf konkrete Situationen bezogene Auslegungsbausteine biblischer Texte dar. Birgittas Kritik an weltlichen und kirchlichen Autoritäten entsprach einer klösterlichen Sicht auf das Leben, stellte aber die Hierarchien in Staat und Kirche nicht grundsätzlich in Frage. Daher mochte, was sie zu sagen hatte, mitunter unbequem sein. Häretisch aber war es nicht. Die Kommission kam zu dem Schluss, dass Birgittas Visionen und Offenbarungen wahrhaftig waren, also tatsächlich Botschaften Gottes darstellten.

Als Birgitta bald darauf von Christus angewiesen wurde, einen neuen Orden zu gründen, hatte sie daher sowohl die Unterstützung der schwedischen Geistlichkeit als auch die des Königshauses.

1346 übertrug König Magnus II. Eriksson das königliche Schloss in Vadstena als Klostersitz an Birgitta. Für ihre Ordensregel musste diese nun noch den Segen des Papstes einholen. 1349 machte sie sich daher nach Rom auf, um möglichst pünktlich zum Heiligen Jahr 1350 dort zu sein. Ihre Hoffnung war, dass auch der Papst bis dahin aus Avignon an seinen eigentlichen Sitz zurückgekehrt sein würde. Im Winter 1349 erreichte Birgitta die Heilige Stadt, in der seit mehr als einem Jahr, ebenso wie im Rest Europas, die Pest wütete. Insgesamt sollte die Hälfte der Bewohner der

Seuche zum Opfer fallen. Als wäre das nicht genug, hatte außerdem ein Erdbeben Rom erschüttert. Mehrere Wallfahrtskirchen waren beschädigt.

All das trug sicherlich zu der Endzeitstimmung bei, die sich im späten Mittelalter immer stärker bemerkbar machte, nicht nur in Rom. Man erwartete, ähnlich wie in der Spätantike, den Untergang der Welt. Allerhand düstere Prophezeiungen kursierten, und die Versuche, sich selbst und die Seinen noch irgendwie in Sicherheit zu bringen, nahmen mitunter skurrile Formen an. Radikale religiöse Bewegungen wie die Geißler hatten regen Zulauf.[182] Auf der anderen Seite entfalteten sich Genuss, Üppigkeit und Verschwendung, nicht selten auch in Kirchenkreisen.

Birgitta blieb in dieser Situation ganz Kind ihrer Zeit und zugleich sich selbst treu. Auch sie rechnete mit dem baldigen Ende der Welt. Ihre Reaktion darauf war strengste Askese. Mit einer Gruppe von Anhängern, zu denen später auch ihre Tochter Katharina hinzukam, lebte Birgitta in einem Haus in Rom in einer Art klösterlicher Gemeinschaft.

Auch ihre Rolle als öffentliche Mahnerin behielt Birgitta bei. Sie prangerte den üppigen Lebensstil der römischen Geistlichkeit aufs Schärfste an. Mehrmals musste sie daher kurzfristig aus Rom fliehen, weil sie sich bedroht fühlte oder es Versuche gab, sie als Ketzerin zu denunzieren. Christus versicherte ihr allerdings jedesmal, dass sie unter seinem persönlichen Schutz und dem der Gottesmutter stehe, und forderte sie auf, nach Rom zurückzukehren. So wurde die Heilige Stadt bis zu ihrem Tod Birgittas Heimat. Von hier aus sandte sie unermüdlich Botschaften an den Papst in Avignon, der gar nicht daran dachte, sein Domizil im südlichen

Frankreich zu verlassen. Außerdem unternahm Birgitta von Rom aus zahlreiche weitere Pilgerreisen. So begab sie sich 1352 nach Assisi zum Geburtsort des heiligen Franziskus. 1365 bereiste sie Süditalien und besuchte dort zahlreiche Heiligtümer. Ihr Ziel, das Oberhaupt der Christenheit nach Rom zurückzubringen und sich von ihm ihre Ordensregel bestätigen zu lassen, verlor sie dabei nie aus den Augen.

1370 schien Birgitta dem Ziel ganz nah. Urban V. war nach Rom gekommen und hatte Birgittas Ordensgründung anerkannt. Ihre Regel wurde allerdings zunächst vorläufig und nur als Anhang zur Augustinerregel bestätigt. Eine gründliche Prüfung sollte zu einem späteren Zeitpunkt erfolgen. Kurz darauf kehrte der Papst nach Avignon zurück.

Birgitta hatte damit einen Erfolg errungen, zugleich jedoch eine herbe Enttäuschung erlebt. Wieder hatte ein Papst Rom den Rücken gekehrt. Auch die volle Anerkennung ihrer Ordensregel hatte sie nicht erreichen können. Welchen Sinn hatte es noch, in Rom auszuharren? Sollte sie nicht lieber nach Schweden zurückkehren und sich um ihr Kloster in Vadstena kümmern? In dieser Situation erhielt Birgitta einen neuen Auftrag, wie immer von Christus persönlich. Diese neue Bestimmung Birgittas hatte sich zwar schon in früheren Visionen angekündigt, doch nun wurde die Sache konkret: Im Gebet „erschien ihr Christus und sprach also: ‚Machet euch bereit, nach Jerusalem zu wallfahren, um mein Grab und andere heilige Orte zu besuchen, welche sich dort befinden; sobald ich es euch sage, begebt ihr euch von Rom hinweg.'"[183]

Jerusalem, die Geburts- und Wirkungsstätte Christi, war immer ein Sehnsuchtsort Birgittas gewesen. Doch nun zögerte sie: Sie war inzwischen 68 Jahre alt und sorgte sich, ob sie den Strapazen einer solchen Reise noch gewachsen sein würde. Ungewöhnlich war ein Aufbruch nach Jerusalem im fortgeschrittenen Alter zu ihrer Zeit allerdings keineswegs. Zahlreiche ältere Pilger machten sich mit dem Wunsch auf den Weg, im Heiligen Land zu sterben und dort auch begraben zu werden.

Mutterliebe, Mutterschmerz: Birgitta im Heiligen Land

Im Mai 1372 kam Birgitta in Begleitung ihrer Tochter Katharina und ihres Sohnes Birger sowie mehrerer Geistlicher in Jerusalem an.[184] Die Gruppe logierte in einer alten Pilgerherberge der Johanniter auf dem Berg Sion in der Nähe der Grabeskirche. Als Birgitta die Kirche besuchte, empfing sie von Christus die Bestätigung, dass sie durch ihre Pilgerfahrt so vollständig von allen Sünden rein geworden sei, „als wäret ihr eben erst aus dem Quell der Taufe gehoben worden. Wegen eurer Beschwerden und eurer Andacht sind auch einige Seelen eurer Verwandten, welche am Reinigungsorte [d.h. im Fegefeuer] sich befanden, heute befreit worden und in meine Herrlichkeit im Himmel eingegangen."[185]

Der Ablass aller Sünden, sowohl der eigenen als auch der von noch nicht erlösten Verwandten, durch Pilgerschaft und fromme Andacht ist eines der Themen, die sich durch Birgittas Leben ziehen. Auf ihrer Reise ins Heilige Land begegnen uns aber auch noch weitere Schwerpunkte ihres religiösen Denkens, Fühlens und Erlebens. Birgittas Besuch der biblischen Stätten und ihre Erlebnisse an den Orten der wichtigsten Stationen im Leben Jesu stellten gewissermaßen den Höhepunkt ihres Lebens dar. Hier wurden alle Elemente ihrer religiösen Offenbarungswelt noch einmal sichtbar und fügten sich zu einer prophetischen Schau, in deren Zentrum Maria als Mutter Christi stand.

Bereits in ihren ersten Jahren in Rom hatte Birgitta, als sie überlegte, welche Lesungen sie für die täglichen Gebete der Nonnen ihres Kloster in Vadstena wählen sollte, durch einen Engel 21 „Lektionen" empfangen, die sich mit Maria beschäftigten. Dieser als „Sermo Angelicus" bekannt gewordene Text enthält Birgittas Mariologie: Die Gottesmutter wird darin, wie in zahlreichen weiteren Offenbarungen Birgittas, zum Zentrum der Schöpfung Gottes und zum Inbegriff des göttlichen Heilsgeschehens. Bevor noch die Elemente Wasser, Erde, Luft und Feuer geschaffen wurden, war Maria, so Birgittas Vision, das Wesen, das alle diese Elemente in sich vereinen sollte. Die gesamte folgende Schöpfungsgeschichte wird auf Maria bezogen. Die Arche Noah beispielsweise wird mit ihrem Leib verglichen, die Liebe Marias zu ihrem Sohn mit der Abrahams zu Isaak.

Die absolute Reinheit und Jungfräulichkeit der Gottesmutter nimmt in Birgittas Offenbarungen einen zentralen Platz ein. Auch hier spiegelt sich ein Thema, das Birgitta durch ihr gesamtes Leben begleitet hat: Die Ablehnung von Geschlechtlichkeit und körperlicher Lust. So betont sie besonders die bereits lustfreie Zeugung und Geburt von Maria selbst. Auf diese Weise bereits vollkommen rein ins Leben gekommen, konnte Maria zur unbefleckten, jungfräulichen Gebärerin des Heilandes werden. Birgitta übernahm hier einerseits traditionelle kirchliche Deutungsmuster und die gängigen Formen der Marienverehrung ihrer Zeit. Gleichzeitig wurde die Gottesmutter in Birgittas Visionen so radikal wie nie zuvor ins Zentrum gestellt und in ihrer Bedeutung erhöht. Dieses ganz und gar von der göttlichen Mutter her gedachte Verständnis des Christentums bot späteren Generationen christlicher Frauen wertvolle Anknüpfungspunkte. Birgittas negative Sicht auf alles Körperliche und auf das eigene Geschlecht änderte sich mit den Jahrhunderten. Die bei ihr angelegte Möglichkeit, Gott mütterlich zu denken, blieb jedoch bestehen und entwickelte sich weiter.

Birgitta, die selbst Mutter von acht Kindern war, erlebte auf ihrer Pilgerfahrt im Heiligen Land in mehreren Visionen die wichtigsten Stationen des Lebens Jesu mit. Ausführlich schilderte sie, was sie sah und fühlte: Die Geburt im Stall ebenso wie das Leiden und Sterben Christi.[186]

Für Birgittas Zeitgenossen, vor allem für die Malerei und die bildende Kunst, war vor allem der Detailreichtum von Birgittas Schilderungen von Bedeutung. Die weibliche Erlebnismystik hatte zwar bereits eine Tradition, beginnend mit der Vision der heiligen Paula in der Geburtsgrotte. Eine derart genaue Beschreibung selbst kleinster Details war jedoch neu.[187] In der Folge änderte sich in der Malerei die Darstellung der Geburt Jesu: War Maria bis dahin meist neben der Krippe liegend dargestellt worden, so malte man sie nun, entsprechend der Vision Birgittas, neben der Krippe kniend, ins Gebet versunken, in dem sie „in einem Nu",[188] wie es bei Birgitta heißt, ihren göttlichen Sohn geboren habe. Nicht selten wurde in den Bildern am Rande der Geburtsszene Birgitta selbst als Augenzeugin mit dargestellt.[189]

Birgittas Schilderungen markierten einen Höhepunkt der Erlebnismystik. Konnten diese Nähe und Anteilnahme am Geschehen, dieser Blick auf jede Einzelheit überhaupt noch gesteigert werden?

Nach ihrer Pilgerreise ins Heilige Land kehrte die Visionärin aus Schweden nach Rom zurück, wo sie kurz darauf, im Jahr 1373, verstarb. Um dieselbe Zeit wurde in England eine Frau geboren, deren Vorbild Birgitta werden sollte: Margery Kempe. Auch sie begab sich auf Pilgerfahrt nach Jerusalem und schaffte es dabei tatsächlich, Birgittas mystische Erlebnisschilderungen noch einmal zu steigern.

Die Gabe der Tränen: Margery Kempe

Vierzehn Kinder und ein Gelübde: Margery Kempes frühe Jahre

Margery Kempe war bereits zu Lebzeiten eine hoch umstrittene Persönlichkeit, und sie ist es bis heute geblieben. Die Ausdrucksformen ihrer visionären, leibhaften Frömmigkeit waren so extrem, dass sie den Zeitgenossen lästig und mitunter suspekt waren. In späteren Epochen wurde Margery Kempe von der Forschung häufig als psychisch krank eingestuft.[190] Die Frage nach der Authentizität ihres visionären Erlebens wurde dadurch jedoch nicht geklärt: Konnte man ihr, indem man sie für krank erklärte, die Echtheit ihrer Gotteserfahrungen absprechen?[191] Bereits Margerys Zeitgenossen waren sich in dieser Frage nicht einig. Dass uns ihre Geschichte überliefert ist, verdanken wir einem besonderen Dokument: *The Book of Margery Kempe* ist eine Lebenserzählung, die Margery selbst zwei Schreibern diktierte. Das Buch gilt als die erste Autobiografie der englischen Literaturgeschichte.[192]

Zunächst deutete wenig darauf hin, dass Margery, die um 1373 geborene Tochter des Bürgermeisters von King's Lynn in Norfolk, durch übersteigerte Frömmigkeit auf sich aufmerksam machen würde.[193] In ihrer Jugend scheint sie lebenslustig und den Freuden des irdischen Daseins nicht abgeneigt gewesen zu sein. So hatte Margery, bevor sie mit ungefähr 20 Jahren verheiratet wurde, wohl mindestens eine sexuelle Affäre. Ähnlich wie Birgitta von Schweden hatte Margery allerdings zugleich die Werte ihrer Zeit verinnerlicht. Unkeuschheit, in diesem Bewusstsein lebte sie, war eine schwere Sünde und zog als Strafe die schrecklichsten Höllenqualen nach sich. Um Vergebung und Sündenerlass zu erlangen, hätte Margery ihre Sünde einem Priester beichten müssen, doch das wagte sie nicht.

Während ihrer ersten Schwangerschaft, litt Margery, die eigentlich eine robuste Konstitution hatte, unter extremer Übelkeit. Die Angst, zur Strafe für ihre unausgesprochene Sünde im Kindbett zu sterben, setzte ihr zu. Als dann obendrein die Geburt schwierig verlief, glaubte Margery endgültig, ihr letztes Stündlein habe geschlagen, und ließ, bereits sehr geschwächt, einen Priester kommen. Doch auch jetzt schaffte sie es nicht, ihre Verfehlung auszusprechen. Dadurch, dass sie die Sache so lange mit sich herumgetragen hatte, mutmaßt L. Collis, „hatte die Sünde überdimensionale und furchterregende Ausmaße angenommen".[194] Der Priester scheint mit seiner Reaktion Margerys Nöte nicht gelindert, sondern im Gegenteil noch verstärkt zu haben. Er bedrängte sie, die unermessliche Sünde zu beichten, und malte ihr die Höllenqualen, die sie erwarteten, wenn sie ohne Vergebung starb, noch drastischer aus, als sie es sich selbst ohnehin die ganze Zeit vorgestellt hatte.

Margerys Zustand nach diesem Erlebnis wäre aus heutiger Perspektive sicherlich als traumatisiert zu beschreiben. Körperlich und seelisch extrem geschwächt, fiel sie in eine Art Dämmerzustand und wähnte sich von Dämonen umzingelt. Doch nach einem halben Jahr vollzog sich eine unerwartete Wende: Christus selbst erschien ihr und versicherte Margery, dass er sie nicht verlassen habe.[195] Daraufhin besserte sich ihr Zustand, sie begann, normale Mahlzeiten zu sich zu nehmen, und wurde schließlich wieder gesund. Ihr Mann John Kempe, der Margery innig und leidenschaftlich liebte, war überglücklich über diese Wendung des Schicksals. Zu dem Zeitpunkt wusste er allerdings noch nicht, was ihm als nächstes bevorstand.

Zunächst nahm Margery ihr Leben als Bürgersfrau wieder auf. Teure Kleider, Schuhe, Schmuck – sie liebte die Extravaganz, das gesellschaftliche Leben und, wie sie selbst berichtet, das Liebesleben mit ihrem Mann. Als jedoch zwei Geschäfte, die sie gegründet hatte, eine Brauerei und eine Mühle, bankrott gingen, hatte sie das Gefühl, damit die Strafe für ihr ausschweifendes und auf Äußerlichkeit bedachtes Leben zu erhalten. Im Traum vernahm sie Musik aus dem Paradies, die alles, was sie je in der Welt gesehen oder gehört hatte, an Süße überstieg. Daraufhin beschloss sie, ihr Leben radikal zu ändern, und verlangte von ihrem Mann ein Keuschheitsgelübde. John hielt von dieser Idee nicht viel, und es dauerte noch eine ganze Weile, bis Margery in dieser Sache ihren Willen bekam. Sie brachte insgesamt vierzehn Kinder zur Welt.[196]

Fortan führten „jegliche Fröhlichkeit oder Melodie" dazu, dass Margery zu Tränen gerührt war.[197] Sie begann, immer intensiver zu beten, beichtete ausgiebig und oft, außerdem fastete sie. „Tränenreich und von heftigem Schluchzen geschüttelt", beklagte sie nicht nur ihre eigenen Sünden, sondern auch die der gesamten Menschheit.[198] Auf einer Pilgertour nach York, die sie gemeinsam mit ihrem Mann unternahm, kam es schließlich zu einer Art Tauschgeschäft zwischen Margery und John, durch das Margery nicht nur die Zustimmung ihres Ehemannes zu ihrem Keuschheitsgelübde erhielt, sondern darüber hinaus die Erlaubnis, sich auf Pilgerfahrt nach Jerusalem zu begeben.

Rastlos, fromm und laut: Margery Kempe auf Pilgerfahrt

Für eine Frau wie Margery, die sich von Gott direkt angesprochen fühlte und zudem die Sünde der Welt auf ihren Schultern zu tragen meinte, musste Jerusalem das ultimative Ziel im Leben sein. Bereits beim Betreten der Stadt, so glaubte man im Spätmittelalter, könne es zum Erlass von Sünden kommen.[199] Wandelte man dann auf den Spuren Christi im Heiligen Land, so war man dem Himmel schon recht nah. Margery kannte die Offenbarungen Birgittas und sah die berühmte Schwedin, die bereits kurz nach ihrem Tod heiliggesprochen worden war, als Vorbild an.[200]

All das wusste auch John Kempe, der in seinem Leben offensichtlich beträchtliche Schulden angehäuft hatte. Daher machte er seiner Frau auf der Wallfahrt nach York ein verlockendes Angebot: Wenn sie, die offenbar Geld mit in die Ehe gebracht hatte, seine Schulden bezahlen, bis zur Abreise sein Bett teilen und ihr extremes Fasten einschränken würde, dann, so versprach ihr John, wäre sie frei, sich auf Pilgerfahrt ins Heilige Land zu begeben. Margery erbat sich etwas Zeit, beriet sich mit Gott und schlug dann ein.

Im Herbst 1413 begab sie sich auf die Reise, wie üblich als Teil einer Reisegruppe. Zunächst ging es per Schiff in die Niederlande, von dort zu Fuß bis nach Venedig, das im späten Mittelalter quasi eine Monopolstellung für Schiffspassagen nach Palästina hatte.[201] Margerys Schwierigkeiten begannen allerdings bereits weit vor Venedig. Ihr unablässiges Predigen, das immer wieder von Weinanfällen unterbrochen wurde, war für ihre Mitreisenden schon bald kaum mehr zu ertragen. Versuche, sie zur Mäßigung anzuhalten, scheiterten. Den Vorschlag einiger Reisegenossen, weniger zu fasten und hin und wieder ein Gläschen Wein zu trinken, um dadurch etwas zur Ruhe zu kommen, wies Margery schroff zurück. Auch ein Priester konnte sie nicht davon überzeugen, dass ihr Weg zwar grundsätzlich fromm, aber insgesamt doch zu extrem sei. In Konstanz wurde sie schließlich aus der Gruppe ausgeschlossen.[202] Ihre Dienerin reiste mit den anderen weiter, so dass Margery ganz allein zurückblieb.

Ihr direkter Draht zum Höchsten rettete die exzentrische Engländerin schließlich. An dieser Stelle erweist sich Margerys Autobiografie ganz als Werk des Mittelalters: Sie folgt den hagiographischen Mustern. Wann immer Margery in Not gerät, wird sie, wie so viele ihrer Vorgängerinnen, durch göttliche Wunder gerettet. So auch in diesem Fall: Gott sandte einen älteren Herrn aus Devonshire auf Margerys Weg, der sie bis Bologna begleitete.[203] Dort konnte sie sich dann doch ihrer ursprünglichen Reisegruppe wieder anschließen.

Den Einzug nach Jerusalem zelebrierte Margery passend und symbolträchtig auf einem Esel reitend. Allerdings wurde sie dabei von so heftigen Weinkrämpfen geschüttelt, dass sie mehrfach fast von ihrem Reittier gefallen wäre.

Einige holländische Pilger eilten ihr zu Hilfe und stützten sie von beiden Seiten.[204] Wie Birgitta von Schweden vor ihr besuchte Margery die heiligen Stätten und hatte dabei stets Visionen. Anders jedoch als Birgitta schilderte Margery ihre Erlebnisse nicht aus der Sicht der Beobachterin, sondern als direkt Beteiligte. Bereits in England hatte sie in religiöser Versenkung die Geburt Christi nicht nur gesehen, sondern als handelnde Person miterlebt, indem sie z.B. der erschöpften Maria und dem neugeborenen Jesuskind das Bett bereitet hatte.[205]

Ähnlich erging es ihr nun beim Besuch des Kalvarienberges. Birgitta hatte in ihrer Kreuzigungsvision das Schwanken und den beinahen Zusammenbruch der schmerzerfüllten Gottesmutter mitangesehen. Margery dagegen befand sich, quasi als Gleiche unter Gleichen, gemeinsam mit den in der Bibel genannten Frauen vor Ort. Sie berichtete nicht vom Schmerz der anderen, sondern brach selbst beim Anblick des Gekreuzigten zusammen. Lautes Weinen überfiel sie, zudem begann sie, vor Schmerz und Trauer zu schreien. Unvermittelte Wein- und Schreianfälle sollten sie fortan für den Rest ihres Lebens begleiten.[206]

Margery verbrachte drei Wochen im Heiligen Land und war dort nach eigenen Angaben an „viel mehr Orten als aufgeschrieben."[207] Auf dem Rückweg erging es ihr nicht besser als auf der Hinreise. Ihre Reisegesellschaft ließ sie in Venedig sitzen. Sollte sie sehen, wie sie weiter nach Rom, ihrem nächsten Ziel, kam. Ein von Gott gesandter irischer Bettler begleitete sie schließlich und so schaffte sie es bis in die Stadt der Apostel. Margery hatte gelobt, wenn Gott sie heil nach Rom brächte, wollte sie fortan nur noch weiße Gewänder tragen. Auch mit dieser Entscheidung machte sie sich allerdings nicht nur Freunde. Ihre ehemaligen Reisegenossen, die bereits vor ihr eingetroffen waren, rätselten: War diese Frau eine von Gott auserkorene Heilige oder eine vom Teufel besessene Schwindlerin? Aus dem Hospiz, in dem sie zunächst untergekommen war, wurde sie nach einiger Zeit vertrieben. Die anderen Pilger zogen es vor, für alle Fälle nicht mit ihr unter einem Dach zu leben. Zumal sie gar nicht daran dachte, ihr lautes Predigen und Weinen, zu dem nun auch noch die Schreianfälle hinzukamen, einzustellen. Mehrfach sah Margery sich dem Verdacht der Häresie ausgesetzt. Stets war es Gott, der sie rettete und ihr Mut machte.

Als Margery schließlich im November 1414 in der Kirche der Heiligen Apostel kniete, erschien ihr Gott persönlich und ließ sie wissen: „Tochter, ich möchte dich mit meiner Gottheit verheiraten".[208] War Birgitta von Schweden, ebenso wie andere Mystikerinnen des Mittelalters, zur „Braut Christi" auserkoren, so war es in Margerys Fall Gott Vater, der sie zur Braut erwählte. Auch hier finden wir also bei Margery eine Steigerung bereits bestehender Erzähl- und Frömmigkeitsmuster.

Einmal aufgebrochen, blieb Margery rastlos: Rom, Assisi, Santiago de Compostela, Aachen, sogar bis nach Danzig führten sie ihre Pilgerreisen.[209] Zwischendurch kehrte Margery nach Lynn zurück und pflegte dort ihren durch einen Unfall behinderten Gatten. Vermutlich begann sie, im Lauf der 1420er Jahre, ihre Autobiografie zu diktieren. Es war ein langwieriges Unterfangen, da Margery viel Zeit im Gebet verbrachte und ihre Arbeit zudem durch ihre Wein- und Schreiepisoden unterbrochen wurde. Als der erste Schreiber verstarb, musste sie sich einen neuen suchen. 1431 starb schließlich ihr Mann John und Margery war frei, 1433 eine letzte große Reise nach Bad Wilsnack, Danzig und Aachen zu unternehmen. Diese Pilgerfahrt bildet den Abschluss der

Autobiografie Margery Kempes, die 1438 in ihrem Heimatort Lynn starb.

Wahrheit oder Fiktion, Wahn oder Vision: Was bleibt von Margery Kempe?

Margery Kempe lebte, glaubte, reiste und predigte in einer religiösen Umbruchszeit. Die Bewegung der Lollarden, die gegen Ende des 14. Jahrhunderts, also zur Zeit von Margerys Geburt, in England entstand, berief sich in ihrer Lehre allein auf den Glauben und widersetzte sich der kirchlichen Hierarchie. Außerdem setzten sich die Lollarden für Predigten und Bibellesungen in der Landessprache ein. Damit nahmen sie bereits einige der Thesen vorweg, die Martin Luther später gegen die katholische Kirche vorbrachte.[210]

Margery geriet mehrfach in den Verdacht, dieser als häretisch eingestuften Gruppe anzugehören.[211] Auch wenn sie sich mit theologischen Disputen nicht auskannte, so begriff sie doch, dass sie, die überall auffiel und aneckte, gut daran tat, sich mächtige Fürsprecher zu suchen. Grundsätzlich waren Margerys Tränenausbrüche zu ihrer Zeit nichts Außergewöhnliches. Es galt als Begabung und Geschenk Gottes, in frommer Andacht zu weinen. Die „Gabe der Tränen" war Männern wie Frauen, Klerikern und Laien gegeben.[212] Bei Margery war sie allerdings ungewöhnlich stark ausgeprägt. Noch anstößiger musste in den Augen kirchlicher Autoritäten ihr visionäres Sprechen und Schreien wirken. Konnte dies doch als Versuch einer Frau gewertet werden, sich gegen alle Regeln das Recht zu predigen herauszunehmen.

Und so suchte Margery neben einem angesehenen Eremiten und dem Erzbischof von Canterbury, der ihr die Echtheit ihrer Visionen bescheinigte, auch die hoch geachtete Rekluse Juliana von Norwich auf.[213] Alle drei stellten sich auf Margerys Seite. Verglichen mit ihrem großen Vorbild, Birgitta von Schweden, blieb Margerys Position jedoch zeitlebens deutlich prekärer. Ganz sicher, nicht als Häretikerin verurteilt zu werden, konnte sie sich nie sein. Anders als Birgitta, die mit dem schwedischen Königshaus verwandt war, kam Margery nicht aus einer besonders mächtigen Familie. Sie war außerdem weder so leise noch so unsichtbar, wie es für eine Frau ihrer Zeit vorgesehen war. Mit ihrer Art verärgerte und verstörte sie ihre Zeitgenossen. Gleichzeitig konnten diese sich nie ganz sicher sein, ob es nicht womöglich doch Gott war, der da so lautstark durch Margery sprach.

Als Pilgerin und in den Formen ihrer Frömmigkeit war Margery ganz Kind ihrer Zeit. Sie folgte den Traditionen, glaubte an Höllenqualen und Sündenstrafen, an Bußrituale und Ablass. Eine innige Marien- und Christusfrömmigkeit, der Wert von Reliquien und die Verehrung von Heiligen, Visionen und Tränen – all das gehörte gewissermaßen zum religiösen Inventar des späten Mittelalters.[214] Bei Margery sehen wir diese Elemente bis zum Äußersten gesteigert. Wie in einem Brennglas scheint hier gegen Ende der Epoche noch einmal die Essenz mittelalterlicher Religiosität auf. Zugleich weist ihr *Book* bereits über das Mittelalter hinaus. Auch wenn Margery von sich nicht in der ersten, sondern in der dritten Person schreibt,[215] und auch wenn sie ihr Buch nicht eigenhändig aufgeschrieben, sondern diktiert hat, so liegt uns mit ihrer Erzählung doch eine frühe Art der Autobiografie vor. Birgitta von Schweden hatte lediglich ihre

Visionen und Offenbarungen festgehalten. Margerys Buch ist, wenn auch hagiographisch überformt und oft legendenhaft anmutend, die Lebenserzählung einer ungewöhnlichen Frau.

So vereint Margery Kempe in ihrer Person wie in ihrem Buch das Alte und das Neue. Was ihre rege Pilgertätigkeit angeht, erscheint sie geradezu als Verkörperung ihrer Epoche.[216] Die sozialen Umwälzungen am Ausgang des Mittelalters und die Pest, die in ganz Europa wütete, hatten eine Endzeitstimmung entstehen lassen, in der Pilgerreisen und Bußwallfahrten einen enormen Aufschwung erlebten. Der Untergang ist nah, rette sich, wer kann – das schien das Motto der Stunde.

Auf ihren Reisen, vor allem im Heiligen Land, hatte Margery, wie vor ihr die Heilige Birgitta und andere, Visionen, die sie zur Zeugin des Heilsgeschehens der Bibel machten. Allerdings gingen Margerys Schilderungen einen Schritt weiter als die bisherige mystische Literatur. Wenn Margery in ihren Visionen Szenen aus dem Leben Jesu miterlebte, war sie Teil des Geschehens, sie wurde zur Akteurin und verlieh damit der Bildsprache weiblicher Erlebnismystik des späten Mittelalters einen dynamischen Schub.[217] Gleichzeitig weist dieser Fokus auf ihre Person über die ikonographischen und hagiographischen Formen des Mittelalters hinaus. Das Individuum der Neuzeit hatte die Bühne der Geschichte zwar noch nicht betreten. In Margerys Lebenserzählung ist es aber bereits am Horizont zu erkennen.[218]

„Wie kräftige Männer ...":
Frauen in den Pilgerberichten des Felix Fabri

Sechs kerngesunde Greisinnen und ein Dominikanerpater: Felix Fabris erste Reise ins Heilige Land

Die rastlose Pilgeraktivität Margery Kempes stand am Beginn eines Jahrhunderts der Extreme und der Gegensätze. In der apokalyptischen Stimmung des ausgehenden Mittelalters nahm das Pilgerwesen noch einmal an Fahrt auf. Zugleich geriet es aber auch in Misskredit: Immer häufiger wurde eine Pilgerfahrt als Strafe für Verbrechen verhängt, und die Verurteilten „begegneten unterwegs ihren Leidensgenossen: Gewaltverbrechern, Mördern, Totschlägern, Räubern, Dieben, Betrügern und der ganzen Schar kleinerer Missetäter. Weder das Ansehen der Pilgerfahrt noch die Sicherheit auf den Straßen wurde so erhöht."[219] Auch der Betrug durch Wirte, Anbieter von Schiffspassagen und andere, die an den Pilgern verdienen wollten, nahm eher zu als ab.

Neben den verurteilten Strafpilgern waren auch zahlreiche Menschen unterwegs, die sich in den sozialen Umwälzungen des Spätmittelalters auf der Verliererseite wiederfanden. Der Aufstieg der Städte hatte zwar auf der einen Seite wirtschaftlichen Aufschwung und Wohlstand hervorgebracht, am anderen Ende des sozialen Spektrums aber auch Armut und Not.[220] In dieser Situation konnte das Pilgern als Ausweg erscheinen. Pilger, so die alte Regel, mussten aufgenommen und versorgt werden. Was lag, wenn man nichts hatte, näher, als sich auf Wanderschaft zu begeben? Mit der Zeit wandelte sich der Ausdruck „Jacobs-" oder „Muschelbruder" von einer neutralen Bezeichnung für Compostela-Pilger zum Synonym für Vagabunden und Bettler.[221]

War es in dieser Situation überhaupt ratsam, sich auf die weite Reise zu einem der großen Pilgerziele zu begeben? Noch dazu für eine Frau? Viele der Männer, die trotz aller Gefahren aufbrachen, meinten: Nein! So auch Teile der ausschließlich männlichen Reisegesellschaft des Ulmer Dominikanerpaters Felix Fabri. Um 1438 in Zürich geboren, war Fabri zunächst in den Konvent des Predigerordens zu Basel eingetreten, von wo aus er 1468 nach Ulm entsandt wurde. Zweimal, 1480 und 1483, pilgerte er ins Heilige Land und hielt seine Reisen in verschiedenen Büchern schriftlich fest.[222]

Auf Fabris erster Fahrt wurde der Pater von einigen adeligen Männern begleitet, die zu Rittern geschlagen werden sollten und sich darauf freuten, diese besondere Ehre in Jerusalem zu empfangen. Als sich in Venedig eine Gruppe von sechs Frauen der Reisegesellschaft anschließen wollte, reagierten die adeligen Männer mit Ablehnung und Empörung und beschlossen, wie Fabri berichtet, „das Schiff, auf dem diese Frauen fahren würden, nicht zu betreten, weil es ihnen als Schande erschien, in Begleitung alter Weiber zum Ritterschlag zu ziehen."[223] Andere allerdings „widersetzten sich diesem Dünkel, freuten sich vielmehr daran, was diese Matronen bußfertig auf sich nahmen, ja hofften sogar, dass dank ihrer Frömmigkeit die Seereise sicherer verlaufen würde."[224] Es brach ein Streit unter den Männern aus. Die Damen blieben währenddessen offensichtlich hartnäckig, denn am Ende wurden sie mitgenommen und „blieben bei uns auf der Hin- wie auf der Rückfahrt."[225]

Auffällig ist, wie sehr der Pater das Alter der pilgernden Frauen betont. Er selbst habe ihre Mitreise nicht abgelehnt, versichert Fabri. Im Gegenteil: „Ich bewunderte ihren Mut, da sie sich vor Alter kaum aufrecht halten konnten, aber, ohne ihre Gebrechlichkeit zu achten, sich aus Sehnsucht nach dem Heiligen Land in die Gesellschaft jugendlicher Ritter einreihten und Anstrengungen wie kräftige Männer auf sich nahmen."[226] Die Frauen, die in Fabris Pilgerbericht durchgängig namenlos bleiben, waren in Wirklichkeit wohl weder hochbetagt noch gebrechlich. Es handelt sich hier um ein erzählerisches Element, mit dem der Pater die moralische Unbedenklichkeit der Unternehmung herausstellte und gleich zu Beginn klar machte, dass von diesen Damen keinerlei Gefahr für die jungen Männer ausging.

Auf der Heimreise von Jerusalem wurden fast alle der mitgereisten Männer schwer krank. Zwei von ihnen starben unterwegs. „Als nun die alten Frauen diese Not sahen", so berichtet Fabri, „da übernahmen sie voll Mitleid die Pflege, denn von ihnen war keine krank geworden."[227] Sollten sich die Frauen doch als robuster erwiesen haben, als die Männer zu Beginn dachten? Jedenfalls pflegten sie aufopferungsvoll alle Kranken, „auch die, die sie vorher geschmäht und ausgelacht hatten und nun im Bett lagen."[228] Natürlich konnte es sich in den Augen eines Dominikanerpaters dabei nur um ein göttliches Wunder handeln. Gott hatte die schwachen, aber frommen Frauen verschont und „verlieh diesen Greisinnen die Kraft und Stärke jener Ritter, die sie in Venedig geächtet und sich geweigert hatten, mit ihnen zu fahren."[229]

In Fabris Erzählung begegnet uns einmal mehr der bekannte mittelalterliche Topos von den schwachen Frauen, an denen Gott zum Exempel für die Männer ein Wunder tut. Im Bild der gütigen Greisin scheint zudem implizit ihr Gegenpart, die gefährliche, weil sündig-verführerische junge Frau auf. Wenn wir Fabris Bericht allerdings jenseits der Topoi, also gewissermaßen zwischen den Zeilen, lesen, so erfahren wir, dass auch am Ausgang des Mittelalters Frauen selbstverständlich auf den Pilgerfernwegen unterwegs waren. Neben bekannt gewordenen Einzelgestalten, wie Birgitta von Schweden oder Margery Kempe, machten sich offensichtlich zahlreiche Pilgerinnen auf die Reise, deren Namen uns nicht überliefert sind. Denn dass überhaupt eine Gruppe von Frauen in Venedig auftauchte und verlangte, auf dem Schiff mitgenommen zu werden, wird von Fabri keineswegs als Kuriosum, als einmaliger oder ungehöriger Vorgang geschildert, sondern schlicht als Tatsache erwähnt.

Selbst ist die Frau! Die Pilgerin auf Felix Fabris zweiter Reise ins Heilige Land

Auch auf Fabris nächster Reise ins Heilige Land 1483/84 gab es eine weibliche Mitreisende. Sie war mit ihrem Ehemann unterwegs und hätte somit eigentlich kein Problem darstellen sollen. Doch obwohl sie von Felix Fabri, ebenso wie die Frauen seines ersten Berichts, als alt beschrieben wird, murrten die mitfahrenden Männer, weil sie die einzige Frau an Bord war. Lag das Problem dabei wirklich, wie der Pater betonte, darin, dass „eine einzige, kleine, schwache Frau unter so vielen stattlichen Männern leben sollte"?[230] Womöglich war die Dame an Bord nicht ganz so alt und schwach, wie Fabri behauptete. Vor allem ließ sie sich offensichtlich nicht den Mund verbieten. Der Pater nennt sie in seinem Bericht „vorlaut" und lässt erkennen, dass er selbst sie auch gern schon zu Beginn losgeworden wäre.[231] Bis Rhodos nahm man sie mit, dann ereilte sie dasselbe Schicksal wie Margery Kempe: Sie wurde von der Reisegesellschaft im Hafen zurückgelassen. „Über ihre Abwesenheit", berichtet Fabri, „war [...] niemand traurig außer ihrem Mann, da sie sich über die Maßen unbeliebt gemacht hatte mit ihrem albernen Geschwätz und ihrem neugierigen Erforschen unnützer Dinge."[232]

Abgesehen von dem kuriosen Umstand, dass der Ehemann das Fehlen seiner Frau offensichtlich erst nach dem Ablegen des Schiffes bemerkte, macht Fabris Formulierung hellhörig. Wenn wir hinter die negative Wertung des Paters blicken, sehen wir eine Frau, die sich einmischte und nicht einfach den Mund hielt, die nachfragte und die Dinge verstehen wollte. Diese Eigenschaften waren es wohl auch, die es ihr ermöglichten, sich auf eigene Faust ein anderes Schiff zu suchen, das sie mitnahm. Nur fünf Tage später stieß sie im nächsten Hafen wieder zu ihrer ursprünglichen Reisegruppe.[233]

Fabris Berichte zeigen zweierlei: Zum einen kommt in ihnen unverhohlen der Unmut der Männer über Frauen als Mitreisende zum Ausdruck. Zugleich wird aber auch deutlich, dass die Männer, ob es ihnen gefiel oder nicht, den Frauen die Reise nicht verwehren konnten. Denn zuallererst waren sie Gläubige und Pilgernde. Diesen Status konnte den Frauen, wenn sie einmal mit dem Segen eines Geistlichen aufgebrochen waren, niemand nehmen, ohne sich gegen Gott und die Kirche zu versündigen. Immer wieder verwiesen Männer darauf, dass Frauen schwach und verführbar seien, dass außerdem weibliche Mitreisende männliche Pil-

Die hl. Ursula und ihre Gefährtinnen
Unbekannter Meister
Siebenbürgen, 16. Jahrhundert

Quelle: Wikimedia Commons

Die hl. Helena mit dem Kreuz
Lucas Cranach d. Ä., 1525

Quelle: Wikimedia Commons

Die hl. Birgitta als Pilgerin
Fresko, frühes 16. Jahrhundert
Uppland, Schweden

Quelle: Wikimedia Commons

Betende Pilgerin
Wandmalerei, 14. Jahrhundert
Avy-en-Pons, Frankreich

© akg-images

Frauen verteidigen eine Burg
Manessische Liederhandschrift
Heidelberg, 1305–1340

Quelle: Wikimedia Commons

Jerusalem
Buchmalerei
Frankreich, 1455

© akg-images

Maria mit Kind als Pilgerin
Wandmalerei, 14. Jahrhundert
Avy-en-Pons, Frankreich

© akg-images

Die heilige Klara rettet Schiffbrüchige
Giovanni di Paolo, 1455

Quelle: Wikimedia Commons

Pilgerinnen
Vittore Carpaccio, 1495

© akg-images / Mondadori Portfolio / Antonio Quattrone

Kniende Pilger
Ausschnitt aus: Madonna di Loreto,
Caravaggio, 1604/05

© akg-images / MPortfolio / Electa

Die Pilger in Rom
Paul Delaroche, 1842

© akg-images

Römische Pilgerin
Gustav Adolf Kuntz, 1878

© akg-images

Pilgerinnen bei Sonnenaufgang
Louis Léopold Robert, 1820

© akg-images

Ida Pfeiffer im Reisekostüm
ca. 1830

Quelle: Wikimedia Commons

Pilgergruppe in Beduinentracht
1904

Quelle: Schmitz, E., Württemberger Heiliglandfahrt 1904.
Ein Gedenkbuch der Ersten Württemberger Wallfahrt ins Heilige Land; Stuttgart 1904, S. 302.

Wallfahrerinnen
Chartes, 1962

© akg-images / Paul Almasy

ger vom rechten Weg abbringen könnten. Allerdings hatten sich die Herren der Schöpfung mit dieser Argumentation selbst eine Falle gebaut, denn dieselben Gründe machten es ihnen unmöglich, das Reisen der Frauen praktisch zu verhindern: Waren Frauen nicht genau wegen ihrer angeblichen Schwäche und Verführbarkeit besonders aufgefordert, Buße zu tun und zu pilgern? Und waren sie nicht mehr als jeder Mann auf Rettung und Heilung und damit auf die Fürsprache der Heiligen angewiesen?

Die Spannung zwischen dem Wunsch, Frauen vom Reisen fernzuhalten, und der Ansicht, dass gerade Frauen aufs Pilgern angewiesen waren, wurde während des gesamten Mittelalters nicht aufgelöst. Immer wieder gab es allerdings Versuche, den Frauen Ersatzformen fürs Pilgern anzubieten. Was den Ablass betraf, galt z.B. eine bestimmte Anzahl von Rosenkranzgebeten so viel wie eine Rom- bzw. Jerusalemreise. Für die Nonnen des Ulmer Dominikanerinnenklosters, die ihren Konvent nicht verlassen durften, hatte Felix Fabri sich etwas Besonderes ausgedacht: die Sionpilgerschaft.

Im Kloster nach Jerusalem: Die geistliche Pilgerfahrt der Ulmer Dominikanerinnen

Als Sionpilger bezeichnete Fabri Menschen, die sich nicht real, sondern stattdessen geistig bzw. geistlich auf die Reise begaben. Er verband die Aufzeichnungen seiner beiden Pilgerfahrten mit geistlichen Übungen, brachte das Ganze in eine strenge zeitliche Ordnung und schuf so für die Nonnen ein nahezu reales Reiseerlebnis, ohne dass diese sich dafür aus ihrem Kloster hinausbewegen mussten. Der Reiseschilderung vorangestellt waren 20 Regeln, mit denen sich die Pilgerinnen auf ihre fast ein Jahr dauernde geistige Pilgerfahrt vorbereiten sollten. Alles war möglichst nah an die tatsächliche Reise angelehnt: Von der Erlaubnis, aufzubrechen, über das Aufsetzen des Testaments bis hin zu den erforderlichen Gebeten vor dem Aufbruch. Jeden Tag wurde danach eine Etappe der Reise gelesen, verbunden mit Andachten und Gebeten. Es gab längere und kürzere Etappen, anstrengendere und leichtere Wegstücke, was durch die Menge an Gebeten und geistlichen Verrichtungen simuliert wurde.[234] Die Erzählungen der Reiseetappen las Fabri selbst den Schwestern des Ulmer Dominikanerinnenklosters vor.

Mit der geistigen Pilgerfahrt war ein Format geschaffen, das sich prinzipiell zu jeder Zeit und an jedem Ort durchführen ließ. Man konnte die Reise sogar unterbrechen und dann an genau dem Punkt fortfahren, die Etappen zu lesen und die Gebete zu verrichten, an dem man aufgehört hatte. Dass es möglich war, sich eine Reise ins Heilige Land ganz konkret vorzustellen und sie sich fast so lebendig auszumalen, als wäre man tatsächlich unterwegs, hängt mit der grundlegenden Veränderung der Reiseerfahrung und, damit verbunden, der Reisebeschreibung im Lauf des 15. Jahrhunderts zusammen: Bisher, so W. Carls in der Einführung zu der von ihm herausgegebenen Ausgabe von Felix Fabris *Die Sionpilger*, folgten Pilgerberichte der biblischen Heilsgeschichte. „Einer Pilgerbeschreibung, deren Kompositionsschema der heilsgeschichtlichen Topographie verpflichtet ist, lässt sich nicht ablesen, welcher Route der Schreiber folgte, wo er selbst gewesen ist, was er gesehen und erlebt hat. Diese Texte haben den Charakter eines Glaubensbekenntnisses, denn die Reise wird aus der Perspektive des gläubigen Christen beschrieben, der die Bibel nicht an Originalschauplätzen

,überprüft', sondern das ihm Bekannte im Heiligen Land selbstverständlich wiedererkennt."[235]

Im Lauf des 15. Jahrhunderts setzte sich ein neues Kompositionsschema für Pilgererzählungen durch: Nun bestimmten konkrete historische Zeitangaben und die Schilderung der tatsächlichen Reiseroute den Aufbau der Berichte. Beschrieben wurde nicht mehr die idealtypisch-biblische Pilgerfahrt, sondern die persönliche Reise des oder der Pilgernden. Diese Personalisierung der Reisebeschreibung hatte sich bereits bei Margery Kempe angedeutet, auch wenn ihr Bericht noch keine genauen Zeitangaben enthielt. Fabris Berichte waren von Inhalt und Ablauf her so konkret, dass sie sich in einem zweiten Schritt von der historischen Zeit wieder trennen und in der Fantasie der Zuhörerinnen als Reisen im Geiste wiederholen ließen.

Die Konkretisierung der Reiseerzählungen machte aus der religiösen Erlebniswelt des Heiligen Landes zumindest potenziell auch eine säkulare: Was Pilgerinnen und Pilger sahen, war nicht mehr ausschließlich durch die Erzählungen der Bibel bestimmt, zumal die besuchten Orte am Ausgang des Mittelalters bereits lange Teil der Geschichte des Christentums waren: Chroniken und Berichte, die die Geschichte der Kreuzzüge und der Kreuzfahrerstaaten erzählten, Pilger- und andere Reiseberichte hatten über Jahrhunderte das Bild vom Heiligen Land geprägt.

War im Lauf des 4. Jahrhunderts „das Evangelium [...] begehbar"[236] geworden, so wurde nun das Heilige Land als realer Ort begehbar. Für die spätantiken Pilgerinnen und ihre Nachfolgerinnen und Nachfolger des frühen und hohen Mittelalters hatten sich das irdische und das himmlische Jerusalem zu einer untrennbaren Einheit verbunden. Im 15.

Jahrhundert nun trennten sich Himmel und Erde gewissermaßen wieder. Indem die reale Reise über einen bestimmten Zeitraum durch konkrete Landschaften und Orte in den Vordergrund trat, stand außerdem nicht mehr nur das Reiseziel im Mittelpunkt der Betrachtung und Erzählung. Vielmehr gewann nun der Weg der Pilgernden an Bedeutung. Bei der geistigen Pilgerfahrt stand er sogar im Zentrum. Doch auch auf realen Pilgerreisen spielte die größere Bedeutung des Weges eine Rolle, da z.B. Venedig sehr geschäftstüchtig darin war, den Pilgertourismus zu bedienen und zu fördern: Angebote für Hotels und Überfahrten, Begleitprogramm und Vergnügungen vor Ort in Venedig werteten die Reise als solche auf.[237]

Die Personalisierung des Reisens und die Verlagerung der Aufmerksamkeit weg von der Fixierung auf das religiöse Ziel am Ende des Weges hin zu einer Aufwertung der Reise als Gesamterlebnis waren von zentraler Bedeutung im Übergang zur Neuzeit. Am Beginn der heraufziehenden Epoche standen Entdeckungsreisen in ferne Erdteile und ein enormer Aufschwung der Wissenschaften. Im weiteren Verlauf entwickelte sich das neue Format der Bildungsreise.

Im Blick auf das religiös motivierte Unterwegssein war der entscheidende Faktor die Trennung der Konfessionen seit der Reformation und die damit verbundene Entstehung zweier unterschiedlicher religiöser Kulturen. Nicht zuletzt an der Frage des Pilgerns schieden sich die konfessionellen Geister.

5. Zwischen Tradition und Aufbruch: Pilgerinnen von der Barockzeit bis ins 19. Jahrhundert

Wallfahrt und Macht: Die Frauen des Hauses Habsburg

Magna Mater Austriae: Die Wallfahrten der Habsburgerinnen nach Loreto und Mariazell

Als Maria Anna, Erzherzogin von Innerösterreich, 1599 von einer Reise aus Spanien zurückkehrte, legte sie Wert darauf, in Loreto, einem kleinen Ort in den italienischen Marken, Halt zu machen.[238] Hier stand angeblich das Wohnhaus der Gottesmutter Maria. Aus Nazaret war es der Legende nach im Jahr 1291, als das Heilige Land von den Muslimen zurückerobert wurde, von Engeln fortgetragen worden. Über verschiedene Umwege gelangte es schließlich nach Loreto. Nicht nur Maria Anna verehrte diesen Ort, bereits ihr verstorbener Gatte, Karl II. von Innerösterreich, hatte eine goldene Medaille für das Heiligtum in Loreto gespendet, zahlreiche weitere Verwandte Maria Annas aus den Häusern der Wittelsbacher und Habsburger pilgerten ebenfalls zum Haus Mariens, der *Casa Santa*, in Loreto.

Ein auf Engelsflügeln durch die Lüfte schwebendes Haus, in dem mehr als tausend Jahre zuvor die Mutter Jesu gewohnt haben sollte? Anhänger der neuen protestantischen Lehre schüttelten bei solchen Geschichten ungläubig den Kopf.[239] Bereits im Spätmittelalter, als das Pilgerwesen und die Verehrung von Reliquien mitunter groteske Formen angenommen hatten, waren Kritik und die Forderung nach kirchlichen Reformen immer lauter geworden.[240] Die Reformatoren lehnten nun vor allem den Werkcharakter des Pilgerns, also das Prinzip des *do ut des* („Ich gebe, damit du gibst") auf der ganzen Linie ab. Heilige als Fürsprecher der Gläubigen oder Reliquien, in denen die Kraft eines Heiligen ruhte und die der Gläubige berühren musste, um in den Genuss dieser Kraft zu gelangen – mit solchen Praktiken meinten Luther und seine Anhänger ein für alle Male aufgeräumt zu haben. Luther selbst äußerte sich in Bezug auf Santiago de Compostela und das dortige Apostelgrab abfällig: Niemand wisse, so der Reformator, was sich in dem Grab wirklich befinde. Es könnten auch die Knochen eines toten Hundes sein. Den Gläubigen riet er, zu Hause zu bleiben. Die Reise lohne sich nicht.[241]

Tatsächlich erlebte das Pilgerwesen in protestantischen Kreisen zu Beginn der Neuzeit einen merklichen Abschwung. Im Katholizismus dagegen blieben Heiligenverehrung und Pilger- bzw. Wallfahrten feste Bestandteile der religiösen Praxis. In der frühneuzeitlichen Gegnerschaft der Konfessionen wurden sie sogar eher noch aufgewertet. Reisen über weite Strecken zu den großen Pilgerzielen waren in der Zeit der Religionskriege allerdings schwer zu realisieren. Daher überwogen nun Wallfahrten zu näheren Zielen. Die Veränderung zeigte sich bereits in der Begrifflichkeit: Pilger, lateinisch *peregrini*, waren wörtlich *Fremde*, die für die Reise zu einem fern gelegenen Ziel ihre Heimat verließen. Der Ausdruck *Wallfahrt* geht dagegen auf das Verb *wallen*, also *spazieren gehen*, zurück.

Anders als es der Begriff „Volksfrömmigkeit", der sich in Bezug auf das Wallfahrtswesen z.T. bis heute erhalten hat, suggeriert, waren Wallfahrten keineswegs nur eine Sache einfacher Bevölkerungsschichten. Im Gegenteil: Sie wurden zu einem zentralen kulturellen Element in der Selbstdarstellung und der Formulierung des Herrschaftsanspruchs katholischer Herrscherhäuser. Diese knüpften dabei an eine historische Konstellation an, die mit ihrer eigenen Situation vergleichbar erscheinen konnte: Die Zeit, in der Konstantin der Große das Christentum zur Grundlage seiner Herrschaft und seines Reiches machte. Unter Konstantin war dessen Mutter Helena wesentlich daran beteiligt, als kaiserliche Pilgerin die neue Religion im Reich zu etablieren, zu verbreiten und zu festigen. Ebenso spielten nun die Frauen der Herrscherfamilien, vor allem in ihrer Funktion als Stifterinnen von Kirchen und Klöstern, eine bedeutende Rolle.[242]

Wie ihr großes Vorbild Konstantin sahen sich die Habsburger von Andersgläubigen umgeben: Von außen drohte das osmanische Reich. Die Gefahr von innen war der Protestantismus, dessen Lehren im 16. Jahrhundert nicht nur in Deutschland, sondern auch bei vielen Österreichern auf fruchtbaren Boden fielen. Zahlreiche Adelige erhofften sich von der neuen Religion eine Stärkung ihrer eigenen Position gegenüber der Zentralmacht, auch in politischer Hinsicht. Maria Annas Mann Karl II. hatte, ebenso wie sein Vater, Kaiser Ferdinand I. und sein Bruder, Kaiser Maximilian II., im Umgang mit den protestantischen Fürsten noch Vorsicht walten lassen.[243] Ihr Sohn Ferdinand II. dagegen ging rigoros gegen die Protestanten vor und baute dabei die *Pietas Austriaca*, die spezifisch habsburgische Frömmigkeit, zum zentralen Element seiner Herrschaft aus.[244] Dabei knüpfte er an den Marienglauben seiner Mutter sowie seiner aus dem italienischen Mantua stammenden Gattin an und machte den Loreto-Kult zum Herzstück der *Pietas Austriaca*.[245]

Bereits 1589 hatte Anna Katharina, Herzogin von Tirol, in Hellerau bei Insbruck eine schlichte Kopie der *Casa Santa* errichten lassen. Diese fand in der Folge Nachahmung im Rest Tirols, so dass mit Bezug auf Loreto neue, näher gelegene Wallfahrtsorte entstanden.[246] Unter Ferdinand II., der ab 1620 die Gegenreformation in Österreich massiv vorantrieb, boomte der Bau von *Casa-Santa*-Kopien im gesamten Habsburgerreich. Ferdinands Frau Eleonora ließ 1622 in der Augustinerkirche in Wien eine *Casa Santa* errichten.[247] Allen, die sie besuchten, sicherte Papst Urban VIII. den Ablass ihrer Sünden zu. Dieser Ableger der Wallfahrtsstätte in Loreto wurde zum „Haus- und Hofheiligtum"[248] für die Habsburger.

Ein weiterer Wallfahrtsort, der wie Loreto Maria geweiht war, erhielt in der Folgezeit eine zentrale Bedeutung für die Habsburgerdynastie: Das in der Steiermark gelegene Mariazell stieg, nach Altötting und Maria Einsiedeln in der Schweiz, zum Hauptwallfahrtsort der Habsburger auf.[249] Der Name

Mariazell bezog sich zum einen auf eine mittelalterliche Klostergründung („Cella") rund um eine hölzerne Muttergottesstatue.[250] Zugleich bot er aber eine sprachliche Analogie zur *Casa Santa*, also dem Haus Mariens in Loreto.[251]

Schon Cimburgis von Masowien, die an der Wende zum 15. Jahrhundert lebende Stammmutter der neuzeitlichen Habsburger, von der angeblich die berühmte Habsburger Unterlippe stammt, galt als begeisterte Pilgerin nach Mariazell. Gesichert ist, dass sie auf einer Wallfahrt dorthin starb.[252] Maria Anna, die Mutter Ferdinands II., pilgerte regelmäßig nach Mariazell. Vor ihrer ersten Seereise von Genua mit Aufenthalt im französischen Toulon bis nach Spanien befahl Maria Anna ihrem Sohn in Wien, einen Jesuiten als Auftragspilger für sie nach Mariazell zu schicken, um für ihre sichere Rückkehr zu beten. Als ihr Schiff dann doch in einen Sturm geriet, gelobte die Erzherzogin, selbst eine Wallfahrt zu dem Marienheiligtum zu unternehmen, sollte Gott sie verschonen.[253]

In der Selbstdarstellung der Habsburger waren Marienverehrung und Herrschaft untrennbar verbunden. Maria, so die Vorstellung, war es, die ihnen den Sieg sowohl über die Türken wie auch über die „neuen Türken",[254] also die Protestanten, beschert hatte.[255] 1647 weihte Ferdinand II. nicht nur sich selbst, sondern auch seine Kinder, Völker, Heere und Provinzen feierlich der Gottesmutter. Sein Enkel Leopold I. tat es ihm nach und verband zudem die entsprechenden religiös-herrschaftlichen Akte mit dem Wallfahrtsort Mariazell.[256] Hatten die Habsburger zuvor die Devise ausgegeben, dass sie *per Mariam*, durch Maria, „regieren, herrschen, siegen und den Frieden herstellen" würden,[257] so wurde nun speziell die Gottesmutter von Mariazell zur Verkörperung der *Magna Mater Austriae*.[258]

In dieser Welt der *Pietas Austriaca*, in der Religiosität und politisch-soziale Ordnung untrennbar verbunden waren, wuchs auch Maria Theresia, die Enkelin Leopolds I., auf. Die große Herrscherin der Habsburger verkörperte den Wandel vom barocken zum Reformkatholizismus der Aufklärung. In ihre Regierungszeit fallen sowohl Förderung und Blüte des Heiligtums in Mariazell als auch das Verbot der mehrtägigen Wallfahrt.

Barocke Frömmigkeit und aufgeklärter Absolutismus: Kaiserin Maria Theresia

Maria Theresia wurde 1717 geboren.[259] Während ihrer Kindheit und Jugend verinnerlichte sie die gleichzeitige Inszenierung von religiösen Ritualen und weltlicher Herrschaft[260] ebenso wie die spezielle Beziehung der Habsburger zu Maria als ihrer Hauptfürsprecherin bei Gott. Mariazell als Ort der Andacht wie der Repräsentation spielte dabei auch für sie eine zentrale Rolle.[261]

Nach der Heirat mit Franz Stefan von Lothringen, den Maria Theresia selbst als Bräutigam gewählt hatte und mit dem sie zeitlebens eine tiefe Zuneigung verband, war Mariazell die erste Station auf der Hochzeitsreise der beiden. Überdies schenkte Maria Theresia der Mariazeller Gnadenmutter ihr Hochzeitskleid.[262] Nach militärischen Erfolgen opferte sie der Gottesmutter die erbeuteten feindlichen Feldzeichen und brachte ihr nach der Geburt des Thronfolgers ein goldenes Kind dar, das in Aussehen und Gewicht dem Neugeborenen entsprach.[263] Als 1757 das 600-jährige Jubiläum des ersten Wunders der Mariazeller Gnadenmutter gefeiert wurde, unternahm die gesamte Kaiserfamilie eine Wallfahrt nach Mariazell und erwarb durch Gebete vor dem Marienaltar einen vollkommenen Ablass von allen Sündenstrafen.[264]

Auch aus den übrigen Teilen des Habsburgerreiches kamen Fürsten und Adelige, aber auch einfache Bevölkerungsschichten, um der Gnadenmutter die Ehre zu erweisen. Umgekehrt entstanden in Ungarn, Böhmen und anderen Gebieten des Reiches Kopien der Mariazeller Gnadenkapelle.[265] Das Zeitalter der Nationalstaaten war noch nicht angebrochen, die Einheit des Reiches speiste sich also nicht aus einem gemeinsamen politisch-staatlichen oder gar nationalen Bewusstsein, sondern aus „der rituellen Einheit des Kultes um die Gottesmutter."[266] Entsprechend war die Mariazeller Gnadenkapelle „der Ort, an dem sich Menschen aller Stände in der Teilhabe an demselben Ritual ihrer Gemeinschaft versichern konnten."[267]

Allerdings machten sich im Lauf des 18. Jahrhunderts immer mehr Auflösungserscheinungen dieser Gemeinschaft bemerkbar. In den gebildeten Ständen nahm die Kritik an traditionellen Frömmigkeitsformen zu. Der Aufschwung der Wissenschaften ließ es immer zweifelhafter erscheinen, dass Gläubige sich durch die Vermittlung von Heiligen die Gunst Gottes sichern oder nach dem Prinzip des *do ut des*, also des Gabentauschs, Zuwendungen Gottes quasi erwerben konnten. Die Entwicklung ging in Richtung einer Vergeistigung und Verinnerlichung der Religiosität.[268] Damit wurde der Glaube gewissermaßen privater. Öffentlich inszenierte üppig-barocke Formen der Frömmigkeit wie große Prozessionen oder Wallfahrten empfanden Angehörige der gebildeten Stände zunehmend als übertrieben, ja vulgär. Hinzu kam auf politischem Gebiet die allmähliche Entwicklung territorialstaatlicher und obrigkeitsstaatlicher Strukturen. Zudem begann sich im Bereich der Wirtschaft ein Arbeitsethos durchzusetzen, das sich an Effektivität und Nützlichkeit orientierte. Mehrere Tage dauernde Wallfahrten erschienen aus dieser Perspektive als völlig unproduktiv genutzte Zeit, außerdem als Verschwendung von Arbeitskraft. Und konnten Untertanen, die tagelang sich selbst überlassen waren und machten, was sie wollten, nicht auch auf dumme Gedanken kommen? Fehlende Kontrolle, so die Sorge, würde sie womöglich zum Ungehorsam gegen die Obrigkeit ermutigen.[269]

Maria Theresia lebte und handelte als Christin und Herrscherin in dieser Zeit des Wandels, der Brüche und Übergänge, in der Altes und Neues oft direkt nebeneinander existierten. Sie verkörpert daher, wie B. Stollberg-Rillinger es nennt, die „Gleichzeitigkeit des Ungleichzeitigen" dieser Epoche.[270] Während sie sich als Herrscherin nach wie vor für den rechten Glauben ihrer Untertanen zuständig fühlte und öffentlich die *Pietas Austriaca* bediente, wurde sie in ihrem persönlichen Glauben spiritueller und innerlicher. Auch in ihrer Herrschaft ging sie ab den 1760er Jahren zu einem Reformkurs über.[271] Barocker Üppigkeit, dem Prinzip von „Muße und Verschwendung"[272] stand nun die Idee rational-effektiven Wirtschaftens und Regierens entgegen. Dafür wurde zuallererst die Zahl der Feiertage reduziert, eine Maßnahme, die sich direkt auf die Möglichkeit zur Wallfahrt auswirkte. Maria Theresia selbst unternahm 1769 ihre letzte Wallfahrt nach Mariazell.[273] 1772 verbot sie die mehrtägige Wallfahrt. Unter ihrem Sohn Joseph I. setzte sich das Programm des aufgeklärten Katholizismus endgültig durch. 1783 erging ein generelles Wallfahrtsverbot. P. Herrsche bezeichnet „die theresianisch-josephinische Kirchenreform als nachgeholte Reformation", die ähnlich auch in anderen katholischen Gebieten zu beobachten gewesen sei: „Ein neuer rational handelnder und gesitteter Mensch sollte nun auch im katholischen Raum geschaffen werden. Anstelle der traditionalen, stark religiös-agrarisch-magisch geprägten Kultur sollte die moderne, vernünftige, mehr städtische und industriell-kapitalistische treten."[274]

In der Bevölkerung, vor allem jenseits der gebildeten Oberschichten, blieben Wallfahrten jedoch weiterhin beliebt.[275] Staatliche Verbote konnten daran wenig ändern. Dies scheint den Verantwortlichen auch klar gewesen zu sein: Für die Übertretung des Wallfahrtsverbots wurden Bußgelder verhängt, die die Gläubigen dann wie eine Art neue Steuer einfach bezahlten.[276] Zu weitergehenden Bestrafungen kam es nicht.

Dass es trotz aller Bemühungen, das Pilger- und Wallfahrtswesen einzuhegen oder gar vollkommen zu verbieten, eine Kontinuität dieser Praxis gab, zeigen eindrücklich die Wallfahrten zum Heiligen Rock nach Trier in den Jahren 1810 und 1844. Die Ausstellung der Reliquie zog bereits 1810 große Mengen an Gläubigen an, und das, obwohl Trier zu der Zeit zu Frankreich gehörte, wo seit der französischen Revolution 1789 solche und ähnliche religiöse Akte eigentlich verboten waren.

1844 überstieg die Zahl der Wallfahrenden die von 1810 bei weitem. Von dieser zweiten Heilig-Rock-Ausstellung des 19. Jahrhunderts berichtet das Tagebuch der Maria Fröhlich, einer frommen Frau aus Neuwied.[277] Leider wissen wir wenig über ihre Person und ihr Leben. Ihre Aufzeichnungen aber vermitteln uns ein lebendiges Bild der Reise nach Trier, das darüber hinaus als typisch für Wallfahrten, auch in anderen katholischen Gebieten, gelten kann.

Gläubig zu Fuß und lustig per Schiff: Die Wallfahrt der Maria Fröhlich zum Heiligen Rock nach Trier

Touristisches Vergnügen oder Glaubenserlebnis? Maria Fröhlichs Reise und die katholische Wallfahrtstradition

„Freitag, den 27sten September hab ich den heiligen Rock unsers lieben Erlösers Jesu Christi gesehen, an welchem Tage in 17 Stunden 27200 Menschen das h. Kleid unsers Herrn geschaut haben und 4 Heilungen geschehen sind."[278] Für Maria Fröhlich, geboren 1809 in Neuwied als Tochter eines Webers und Glöckners, erfüllte sich an diesem Freitag im September ein Traum: Mit eigenen Augen sah sie das Gewand, das Jesus angeblich vor seiner Kreuzigung getragen hatte. Maria war nicht die einzige, die sich diese Sensation nicht entgehen lassen wollte. Im Lauf der siebenwöchigen Ausstellung des Heiligen Rockes pilgerten 1844 mehr als eine halbe Million Gläubige nach Trier.[279] Dass die Tunika Christi ausgerechnet hier zu finden sei, schien keineswegs unlogisch. Hatte sich doch die Urmutter aller Reliquienfunde, die heilige Helena, nachweislich in Trier aufgehalten, während ihr Sohn Konstantin als Kaiser Westroms dort seinen Hof hatte.

Die Legendenbildung um Helena, die bereits in der Spätantike einsetzte, fand im Lauf des Mittelalters eine reiche Fortsetzung. So entstand im 9. Jahrhundert eine Vita Helenas, in der behauptet wurde, sie sei in Trier geboren. Später kamen diverse Geschichten über Reliquiengeschenke Helenas an ihre Geburtsstadt hinzu.[280] Neben Kreuzesnägeln und -splittern gehörte dazu auch der Heilige Rock Christi.

Um 1844 in Trier dabei zu sein, musste sich Maria Fröhlich in eine Prozessionsliste eintragen. Das Format der Prozession war bereits in der frühen Neuzeit von der Kirche gefördert worden, um das aus dem Ruder gelaufene Pilger- und Wallfahrtswesen einzuhegen. Kirchlich organisiert, sollten Wallfahrten zu vornehmlich näher gelegenen Zielen mit festgelegtem Ablauf durchgeführt werden. Streng geregelt dachte man sich auch die Anordnung der Wallfahrtszüge. Frauen und Männer hatten im Zug getrennt zu gehen. Auf diese Weise, so die Idee, konnten beide Geschlechter an der Wallfahrt teilnehmen, ohne außerhalb kirchlicher Kontrolle, womöglich für lange Zeit, gemeinsam auf einer Reise zu sein.

Dass die Praxis häufig nicht ganz so aussah, wie die kirchliche Obrigkeit sich das vorgestellt hatte, stand auf einem anderen Blatt.[281] Für das landwirtschaftliche Gesinde beispielsweise war eine Wallfahrt in der Sommerzeit eine willkommene Entspannung und Erholung von der harten Arbeit.[282] Vor allem bei jungen Leuten erfreute sich diese Form des „geistlichen Ausflugs" großer Beliebtheit.[283] Die strenge Anordnung der Prozessionszüge bestand häufig nur am Beginn der Wallfahrt. Bereits wenige Kilometer nach dem Aufbruch bildeten sich gemischte Grüppchen beiderlei Geschlechts, man kam ins Gespräch oder auch in näheren Kontakt,[284] wie sich an den Kirchenbüchern ablesen lässt: Im Wonne- und Marienmonat Mai war die Hochsaison für Wallfahrten. Entsprechend registrierten viele Gemeinden im Februar einen deutlichen Anstieg der Geburten, vor allem der außerehelichen.[285] Der Schriftsteller Friedrich Nicolai spottete daher im Jahr 1781: „Alle Wallfahrten sind neben der vorgegebenen Andacht zugleich eine Art von Lustreise."[286]

Auch wenn die Wallfahrt sich seit dem Barock in der Tat zu einer Art Vorläufer des modernen Urlaubs entwickelte, greift die Einschätzung Nicolais, die Andacht sei dabei nur vorgegeben, zu kurz.[287] Maria Fröhlich beschreibt zahlreiche Kirchen, in denen unterwegs eingekehrt, die Messe gefeiert, gebetet, gesungen und der Segen für die weitere Wanderung erteilt wurde. Zudem waren die Nächte kurz, die Tagesetappen zu Fuß dafür umso länger. Die Wallfahrenden brachten durchaus persönliche Opfer. Eine reine Vergnügungsfahrt war die Reise nach Trier also nicht.[288] Vielmehr ist es gerade die Verbindung von touristischem und religiösem Erlebnis, die den Charakter der Wallfahrt ausmacht und die in Maria Fröhlichs Tagebuch anschaulich zum Ausdruck kommt.

Zu Fuß mit Segen und Geläut: Marias Weg nach Trier

Am 22. September machte sich Maria Fröhlich auf den Weg. Nach Kirchenbesuch und Empfang der heiligen Kommunion „fuhr ich mit mehreren Bekannten auf dem Dampfschiff nach Koblenz zu meiner Freundin, die mich früher schon in die Prozessionsliste hatte aufnehmen lassen. Am 23sten um 6 Uhr nach der hl. Messe bewegte sich der Zug unter dem Geläut aller Glocken nach dem Moseltore [...]"[289] Guten Mutes wanderten die Gläubigen los, doch bereits am ersten Tag mussten sie ihre Route ändern und einen Umweg gehen, „weil die Limburger Prozession, 5 Tausend Seelen stark, uns um 1 oder 2 Stunden zuvor gekommen, und wir dadurch keine Unterkunft gefunden hätten auf gleichem Weg mit ihnen".[290] Abends kamen die Wallfahrenden in Karden an, wo es nun galt, ein Nachtlager zu finden: „Da ich meine Bekannten verloren hatte, war ich froh, als eine Frau mich einlud, bei ihr zu übernachten."[291]

Durchorganisiert wie eine heutige Pauschalreise klingt Maria Fröhlichs Beschreibung nicht. In der Tat ist im Tagebuch z.B. nirgends die Rede davon, dass Übernachtungen zentral organisiert gewesen wären. Vielmehr fanden sich in jedem Ort, durch den die Wallfahrenden kamen, genügend Menschen, die sie für die Nacht bei sich aufnahmen. Hier lebte offensichtlich die alte Tradition fort, dass Pilgerinnen und Pilger selbstverständlich aufgenommen und verpflegt wurden. Dass sich dabei nicht selten zwei oder drei Menschen ein Bett teilen mussten, schien die Wallfahrenden nicht zu stören.[292]

Maria und die anderen, die von der hilfsbereiten Dame in Karden aufgenommen worden waren, bekamen erst einmal einen Kaffee. Gegen Extrabezahlung ließen sie sich Branntwein besorgen und rieben die wunden Füße damit ein. Im Ofen wurde Feuer gemacht, um die Strümpfe zu trocknen, dann fielen alle müde auf die vorbereiteten Strohlager. Der nächste Tag begann früh: „Um 5 Uhr morgens standen wir auf und nachdem wir Kaffee getrunken [...] hatten, begaben wir uns in die Kirche, wo wir mehreren h. Messen beiwohnen konnten. Nach dem h. Segen zogen wir vergnügt unter immerwährendem Gebet und Gesang weiter [...] Überall, wo wir durch- oder vorbeikamen, feierliches Geläute. Die Schulkinder kamen uns mit Blumen entgegen."[293]

Am ersten Tag hatte Maria ihre Reisetasche auf einem mitfahrenden Wagen untergebracht, so dass sie ohne schweres Gepäck gehen konnte. Nachdem aber die Kaffeebohnen, die sie extra von zu Hause mitgenommen hatte, abhanden gekommen waren, trug sie ihre Tasche ab dem zweiten Tag lieber selbst als sie noch einmal aus den Augen zu lassen.

Nach vier Tagen gelangte der Koblenzer Prozessionszug schließlich nach Trier, „wo wir um halb 5 Uhr [...] einzogen in schönster Ordnung unter der herrlichen Absingung der Lauretanischen Litanei in Latein und feierlichem Geläute, mit allen Fahnen und Standarten, welche mit Blumensträußen geschmückt waren. Auch das große Kreuz, das ein Mann frommer Gesinnung allein und zuweilen noch barfuß von Koblenz bis Trier getragen [hatte], war mit einem Blumenkranz geziert."[294]

Die Beschreibung der Ankunft in Trier bringt die verschiedenen Aspekte der Wallfahrt und den Charakter des Gesamterlebnisses zum Ausdruck: Dass ein Mann „frommer Gesinnung" das Kreuz den gesamten Weg nach Trier trug und dabei zum Teil sogar barfuß ging, verweist auf die alte Tradition der Buß- und Bittwallfahrt. Die Lauretanische Litanei, eine Anrufung der Mutter Gottes mit zahlreichen Strophen, stammt aus dem Marienwallfahrtsort Loreto, nach dessen latinisiertem Namen sie benannt ist. Feierliches Geläut, Blumenschmuck, Fahnen, Standarten, an der Spitze das große Kreuz, dahinter die Gemeinschaft der Gläubigen, vereint in Gebet und Gesang: Hier manifestiert sich jene Form der Religiosität, die P. Hersche als barock bezeichnet, wobei er den Begriff aus dem engen zeitlichen Bezug auf die frühe Neuzeit löst: „Barocke Religiosität [...] ist nicht auf das Kognitive, sondern auf alle Sinne ausgerichtet, sicht-, hör- und greifbar. Sie wird vor allem im Kollektiv ausgeübt und hat gegen außen Demonstrationscharakter."[295]

Viele der sinnlichen Elemente, die Maria Fröhlich beschreibt, haben sich in Prozessionen und Wallfahrten bis heute erhalten.[296]

Andacht, Wunder und Gemeinschaft: Marias Aufenthalt in Trier

Am Zielort angekommen, musste wieder ein Nachtlager gefunden werden. Maria hatte Glück. Sie hatte einen Brief und zwei in der Porzellanfabrik in Neuwied gefertigte Kännchen bei sich, die sie zur Familie eines Trierer Polizeiwachtmeisters bringen sollte. Dort angekommen, wurde sie eingeladen, über Nacht zu bleiben. Erst beim Abendessen merkte sie, dass sie im Haus einer protestantischen Familie untergekommen war. Hier wurde abends zwar ebensowenig wie in den bisherigen Unterkünften üppig getafelt – es gab Kartoffeln und Butterbrot –, aber zum Schlafen hatte Maria ein Zimmer für sich allein. „Ach, wie gern hätte ich es mit den zwei Damen geteilt, welche bei den 3 französischen geistlichen Herrn waren, und die alle nur 2 Betten in 2 Zimmern hatten. Meine Wirte hatten sich beim Essen darüber lustig gemacht."[297] Auf der einen Seite mokierte man sich also in bürgerlich-protestantischen Kreisen über die Ärmlichkeit der katholischen Geistlichen, auf der anderen beherbergte man aber doch selbstverständlich eine Teilnehmerin an der Wallfahrt. Jenny Marx, die Gattin des in Trier geborenen Karl Marx, notierte: „Wir haben auch eine Stube bereit (für Gäste). Ganz Koblenz kommt, und die Crème der Gesellschaft schließt sich der Prozession an. Alle Gehöfte sind überfüllt, 210 Schankwirtschaften neu etabliert."[298] Die Trierer Wallfahrt von 1844 war also auch ein gesellschaftliches Ereignis. Das vor allem von T. Schieder gezeichnete

Bild einer Trostveranstaltung für arme oder gar verelendete Unterschichten, die ihre letzten Heller in die Kirchen trugen, hält der Realität nicht stand.[299]

Dazu passt auch, dass Maria Fröhlich erwähnt, die meisten Teilnehmer der Reisegesellschaft hätten sich am nächsten Tag für den Einzug in den Trierer Dom „besser gekleidet".[300] Zunächst hatte Maria Angst, morgens nicht rechtzeitig aufzuwachen, da sie ja allein im Zimmer war. Vorsichtshalber schickte sie abends ein Gebet zum Himmel und bat „den lieben Gott recht innig, mich rechtzeitig zu wecken", was offensichtlich auch funktionierte: „[D]er liebe Gott hilft gern! Um halb 5 Uhr war ich schon auf der Straße."[301] Man hatte den einzelnen Prozessionen unterschiedliche Kirchen in Trier zugewiesen, in denen sie sich am frühen Morgen sammeln und auf die ihnen zugewiesene Zeit für den Eintritt in den Dom warten sollten. Die Koblenzer trafen sich in der Antoniuskirche. Nach einer Messe um sechs Uhr war Marias Wallfahrtsgesellschaft bereits um sieben Uhr an der Reihe, in geordneter Prozession durch den Dom zu ziehen. „Sehr schön nahmen sich die 36 weißgekleideten Mädchen aus, welche brennende Wachskerzen in den Händen trugen. Und die vier kleinsten von ihnen trugen auf einem weißen seidenen Kissen die Leidenswerkzeichen unsers Herrn. So gingen wir in den Dom zur Anschauung des heiligen Gewandes unsers Herrn und Erlösers."[302] Der Ablauf der Wallfahrt war perfekt organisiert: Jede Gruppe hatte ihr Zeitfenster für den Zug durch den Dom. In Zweierreihen gelangten die Gläubigen durch das rechte Seitenschiff zum Heiligen Rock. Dort konnten sie kurz verweilen und dem diensthabenden Geistlichen Devotionalien zum Anrühren an den Rock reichen, bevor sie in gleicher Formation die Kirche über das linke Seitenschiff wieder verließen.[303]

Als Maria mit ihrer Prozession aus dem Dom kam, sahen sie dort einen Geistlichen auf Krücken. „Er betete mit solcher Andacht, dass er ohnmächtig ward."[304] Später brachte jemand ihm ein Kuzifix, das an den Heiligen Rock angerührt worden war. Maria Fröhlich berichtet, der Geistliche habe die Umstehenden angefleht, für ihn zu beten. „Alle Menschen weinten, und es war nur ein Wunsch unter der großen Menschenmasse, dass Gott diesen Geistlichen gesund machen wolle."[305] Wichtig scheint ihr der Zuspruch zu sein, den der Kranke von den Gläubigen erhielt. Weitere wunderbare Heilungen erwähnt Maria zwar, aber außer „Gott sei Dank!" gibt sie keinen weiteren Kommentar dazu ab.[306] Anders als im Mittelalter, wo ein göttliches Wunder oft die einzige Möglichkeit war, Heilung zu erlangen, standen 1844 andere Mittel zur Verfügung. Dennoch blieben trotz aller aufklärerischen Skepsis Heilungswunder ebenso wie die Berührung der Reliquie wichtige Elemente der Wallfahrtstradition, die von den Gläubigen nicht im Einzelnen analysiert, sondern als Teil eines Ganzen begriffen und erfahren wurden.

Auch Maria und einige ihrer Bekannten deckten sich in Trier mit Devotionalien ein, die sie gern am Heiligen Rock anrühren lassen wollten.[307] Ihre Prozession war bereits am frühen Morgen im Dom gewesen. Eigentlich gab es also keine Möglichkeit mehr, mit den neu erworbenen Gegenständen noch einmal hineinzukommen. Die Frauen versuchten es trotzdem: Sie fragten bei einer vor dem Dom wartenden Prozession an, ob sie noch aufgenommen werden könnten. Freundlich, aber bestimmt, wies man sie ab. Die Freundinnen hatten daraufhin keine Lust mehr, weiter zu warten, und gingen zu ihrer Unterkunft. Maria aber blieb hartnäckig. Um zehn Uhr abends erlangte sie schließlich die

Aufnahme in die Kreuznacher Prozession und gelangte so doch noch einmal in den Trierer Dom. Ihre Beharrlichkeit zahlte sich aus: Für Maria Fröhlich wurde dieser spätabendliche Besuch beim Heiligen Rock zum Höhepunkt ihrer persönlichen Wallfahrt: „Die Kreuznacher sagen das ‚Höre große Königin' so schön und die herrlichen Töne der großen Orgel begleiteten diesen Gesang so feierlich. Die nächtliche Zeit, die vielen Lichter beim Heiligen Rocke. Und O dieses liebe heilige Kleid unsers liebsten Herrn Jesus Christus selbst. [...] Ich hatte das Glück, einen Augenblick am h. Rock knien zu können."[308]

Die Heimreise erfolgte per Schiff. „Es war eine recht vergnügte Fahrt. Wir sangen und beteten und waren munter."[309] Jakob Marx, Professor am Trierer Priesterseminar, sah vom Ufer aus die Koblenzer Prozession den Rhein hinunterfahren: „Auf mehreren zusammengefügten Schiffen [...] kam die herrliche Koblenzer Prozession gefahren. [...] Dicht voll saßen die Nachen, die Dame mit dem Hut und Schleier neben dem schlichten Bürgermädchen, das seine Haare zierlich aufgeflochten hatte. Die Priester waren in ihren Chorröcken unter der großen bunten Menge kenntlich, und der vornehme Herr an dem weißen Filzhute vor dem Bürger und Handwerker mit der einfachen Mütze."[310] Marx' Beschreibung der fröhlichen Wallfahrtsgesellschaft zeigt einmal mehr, dass Angehörige aller Stände sich nach Trier aufgemacht hatten.[311] Darüber hinaus erscheint es in seiner Schilderung selbstverständlich, dass Frauen und Männer gleichermaßen an der Wallfahrt teilnahmen.

Ganz anders sah es dagegen bei einer weiteren Form des Reisens aus, die ihre Wurzeln ebenfalls in der klassischen Pilgerfahrt hatte: Die spätestens ab dem 18. Jahrhundert immer beliebter werdende Bildungsreise war praktisch ausschließlich Männern vorbehalten. Nicht von ungefähr wurde sie auch Kavalierstour genannt.[312] In adeligen, später auch gutbürgerlichen Kreisen gehörte sie zur Ausbildung eines jungen Mannes unbedingt dazu. Auf ähnlichen Wegen wie frühere Pilger reiste man immer noch gern nach Rom, allerdings nicht mehr vorrangig, um die Hand auf das Grab eines Apostels zu legen.[313] Bildungsbeflissene Söhne aus guten Häusern besuchten die antiken Stätten und die Apostelgräber gleichermaßen, verbanden Frömmigkeit und Bildung und kehrten mit dem Gefühl persönlicher Bereicherung und Weiterentwicklung nach Hause zurück, wo der weibliche Teil der Familie auf sie wartete.

Frauen waren für solche Reisen angeblich nicht geschaffen. Dies, so die Argumentation, ließ sich inzwischen auch eindeutig beweisen. An die Stelle der göttlichen Ordnung war im Zuge der Neuzeit die Ordnung der Natur getreten.[314] Der allmächtige, unerforschliche Gott des Mittelalters, der sich immer auch anders verhalten konnte, als der Mensch mit seiner begrenzten Einsicht es erwartete, hatte nicht selten zugunsten der Frauen ins Geschehen eingegriffen.[315] In den neuzeitlichen Naturwissenschaften dagegen war Unerwartetes oder gar Unberechenbares nicht vorgesehen. Ihre Erkenntnisse galten als eindeutig und unumstößlich. Die Natur- und Humanwissenschaften postulierten nun eine objektiv nachweisbare, natürlich gegebene Differenz der Geschlechter. Danach sei der Mann von Natur aus auf Bewegung und Aktivität angelegt, dem Wesen der Frau sei dagegen das passive Warten, das Erhalten und Bewahren eigen. Die Bildung, die eine Frau brauche, hieß es, könne sie problemlos zu Hause erwerben.[316]

Ähnlich war auch schon in früheren Zeiten gegen das Reisen von Frauen argumentiert worden. In keiner Epoche hat dies jedoch die Frauen davon abgehalten, aufzubrechen. Auch in der Neuzeit zog es reiselustige Frauen in die Ferne.[317] Für sie erwies sich die bereits totgesagte Pilgerreise einmal mehr als gutes Argument. Konnte man einer gläubigen Christin ernsthaft verübeln, dass sie auf den Spuren Jesu wandeln wollte? Einer der berühmtesten Reiseschriftstellerinnen des 19. Jahrhunderts, der Wienerin Ida Pfeiffer, gelang auf diese Weise der Einstieg in eine Karriere als weltreisende Forscherin und Schriftstellerin, die bis zu ihrem Lebensende andauern sollte.

Aufbruch ins Ungewisse: Pilgernde Forscherinnen des 19. Jahrhunderts

Die Pionierin: Ida Pfeiffer in Palästina

Ida Pfeiffer wurde 1797 als Tochter eines Wiener Fabrikanten geboren.[318] Bis zum Alter von neun Jahren wurde sie genauso erzogen wie ihre Brüder. Ihr Vater ließ sie Hosen tragen, sie spielte mit Säbel und Gewehr und lernte, sich durchzusetzen.[319] Mut, Entschlossenheit und Widerstandsfähigkeit waren die Erziehungsideale des Vaters. Die Mutter hatte allerdings andere Vorstellungen. Als Idas Vater 1806 starb, versuchte sie, aus ihrer Tochter endlich ein Mädchen zu machen, ihr Nähen und Kochen beizubringen und ihre Kleidung anzupassen. Das Experiment misslang gründlich: Ida wurde krank, sowohl körperlich als auch seelisch.[320] Erst als ein neuer Hauslehrer eingestellt wurde, besserte sich ihr Zustand. Der junge Mann war in der Welt weit herumgekommen und infizierte Ida mit seiner Begeisterung fürs Reisen und Entdecken. Dem engen weiblichen Rollenkorsett, das ihren Aktionsradius so sehr einschränkte, konnte sie nun zumindest auf Fantasiereisen entfliehen.

Wirklich in die Tat umsetzen konnte Ida ihre Reiselust erst im fortgeschrittenen Alter von 44 Jahren. Zuvor hatte sie ihrer Mutter zuliebe den deutlich älteren Anwalt Mark Anton Pfeiffer aus Lemberg geheiratet, von dem sie sich, als er durch den Verlust seiner Stellung immer mehr in Depressionen verfiel, trennte – ein zur damaligen Zeit unerhörter Schritt. Ida kehrte mit den beiden Söhnen nach Wien zurück.[321] Offiziell rechtfertigte sie den Umzug mit den in Wien besseren Ausbildungsmöglichkeiten für ihre Kinder.

1842 war es schließlich soweit: Die Söhne waren erwachsen, Ida Pfeiffer fühlte sich frei und in der Lage, aufzubrechen. Ein Ziel hatte sie ebenfalls vor Augen: „Seit Jahren lebte der Wunsch in mir, eine Reise in das Heilige Land zu machen."[322] Tatsächlich hatte Ida auch an anderen Zielen großes Interesse.[323] Eine Reise nach Palästina aber war als Pilgerfahrt noch am ehesten zu rechtfertigen. Bei der Finanzierung ihrer Reise kam ihr die strenge Erziehung ihres Vaters zugute, der stets auf extreme Sparsamkeit und Bedürfnislosigkeit Wert gelegt hatte. Auch ihre Unerschrockenheit hat sicher mit ihren frühen Erfahrungen zu tun.

Die Wiener Gesellschaft dachte allerdings eher wie Idas Mutter. Eine Frau allein auf Reisen, noch dazu in ferne Länder? Das entsprach ganz und gar nicht den herrschenden Konventionen. Verwandte und Freunde versuchten, sie von ihrem Vorhaben abzubringen. „Höchst lebhaft stellte man mir all die Gefahren und Beschwerden vor, die den Reisenden dort erwarten. Männer hätten Ursache zu bedenken, ob ihr Körper die Mühen aushalten könne und ob ihr Geist den Mut habe, dem Klima, der Pest, den Plagen der Insekten, der schlechten Nahrung usw. kühn die Stirn zu bieten. Und dann erst eine Frau!"[324]

Ida ließ sich nicht von ihrem Vorhaben abbringen. Vorsichtshalber machte sie, ebenso wie Pilgerinnen und Pilger früherer Zeiten, ihr Testament. Im März 1842 fuhr sie dann per Schiff auf der Donau von Wien über Ungarn bis nach Konstantinopel. Von dort ging es weiter über Smyrna und Beirut bis Jerusalem. Mehrfach wurde Ida in Konstantinopel davon abgeraten, weiterzureisen. Im Libanon sei die Lage unruhig, außerdem wüte die Pest in dem Gebiet. Die reiselustige Wienerin hatte aber keine Lust, schon umzukehren, und beschloss, zunächst bis Beirut zu reisen, um sich selbst ein Bild von der Lage zu machen. „Man riet mir, die Reise in Männerkleidung zu machen, allein ich fand diesen Rat nicht klug, indem meine kleine magere Gestalt wohl für einen Jüngling, mein ältliches Gesicht aber für einen Mann gepasst hätte. Da mir aber der Bart fehlte, so würde man die Verkleidung gleich geahnt und mich dadurch mancher Unannehmlichkeit ausgesetzt haben."[325] Ida Pfeiffer entschied sich für praktische Reisekleidung, die aus einer Bluse und Pluderhosen mit darüber getragenem Rock bestand. So konnte sie im Gelände den Rock zur Not raffen und war dennoch adäquat gekleidet. Ihr Entschluss bewährte sich: „In der Folge wurde ich immer mehr davon überzeugt, wie gut ich getan, mein Geschlecht nicht zu verleugnen. Man begegnete mir überall mit Achtung und hatte oft Nachsicht und Güte für mich, gerade weil man auf mein Geschlecht einige Rücksicht nahm."[326]

Mehrfach machte Ida unterwegs ihr Geschlecht geltend, um männliche Reisebegleitung zu erhalten. Fast immer wurde sie freundlich in eine Gesellschaft aufgenommen und konnte so im Schutz einer Gruppe reisen. Ihr Mut, sich als Frau auf eine solch gefährliche Reise begeben zu haben, wurde allgemein bewundert. Außerdem bewies sie, auch wenn sie als Frau um Schutz und Begleitung durch männliche Reisende nachsuchte, zugleich Ausdauer und Härte. Schwächen verbarg sie nach Möglichkeit, um nicht als Klotz am Bein einer Männergesellschaft wahrgenommen zu werden. So wurde ihr einmal angeboten, sich einer Gruppe anzuschließen, allerdings unter der Bedingung, reiten zu können. Man habe es eilig und müsse „scharf reiten", um rechtzeitig das Ziel zu erreichen. „Wenn ich nicht fortkäme, würde ich die Herren in große Verlegenheit setzen, oder sie müssten mich gar auf dem Weg zurücklassen."[327] Das Reiten war, abgesehen vom Zeitvertreib adeliger Damen im Damensattel, zu der Zeit Männern vorbehalten. Frauen reisten, wenn überhaupt, in Kutschen. Ida jedoch verzog keine Miene und sagte zu, obwohl sie noch nie auf einem Pferd gesessen hatte. Tatsächlich hielt sie sich im Sattel. „Die Herren waren mit mir sehr zufrieden, denn nie blieb ich zurück, und nirgends wurden sie meinetwegen aufgehalten. Erst, als wir auf dem Schiff waren, gestand ich mein Wagestück und meine ausgestandene Angst."[328]

Mehr noch als im Mittelalter war eine Reise nach Palästina in der ersten Hälfte des 19. Jahrhunderts eine Reise ins Ungewisse. Die mittelalterliche Pilgerinfrastruktur existierte vielerorts nicht mehr. Ida Pfeiffer wusste also vorher meist nicht, was sie an einem Ort erwartete. In der Regel gelang es ihr aber, bei Europäern, oft sogar bei Landsleuten, unterzukommen, sei es in den Häusern politischer Funktionsträger oder in Klöstern.

Jerusalem, das erklärte Ziel ihrer Reise, erreichte Ida Pfeiffer am 29. Mai 1842. Der Engländer, mit dem sie auf diesem Reiseabschnitt unterwegs war, hatte am Abend zuvor vorgeschlagen, den Weg bereits um Mitternacht fortzusetzen. Die Strapaze sollte sich lohnen: „Gerade als die Morgenröte anbrach, standen wir an den Mauern Jerusalems, und mir ging der schönste Morgen meines Lebens auf!"[329] Ida kam in der Pilgerherberge der Franziskaner unter. Während ihres knapp zweiwöchigen Aufenthalts besuchte sie nicht nur die heiligen Stätten in Jerusalem, sondern unternahm zudem zahlreiche Ausflüge, unter anderem ans Tote Meer. Dabei machte sie wie auf der gesamten Reise Notizen und beschrieb genauestens, was sie sah.

Ähnlich wie bereits die spätantike Egeria verbanden sich bei Ida Pfeiffer christlicher Glaube und Forscherdrang. Anders als Egeria war Ida jedoch eine neuzeitlich-naturwissenschaftliche Beobachterin. Egeria dokumentierte mit ihrem Bericht die Wahrheit des biblischen Heilsgeschehens. Ida dagegen beschrieb Palästina als real existierenden Ort. Auch die dort lebenden Menschen beobachtete sie mit den Augen der wissenschaftlich interessierten Forscherin und Entdeckerin. Volkskundliche Beschreibungen der Einheimischen „sind kennzeichnend für die Werke der Wienerin und neben ihrer Naturaliensammlung ihr wichtigstes Vermächtnis für die naturwissenschaftliche Forschung".[330]

Die Notizen, die sie auf ihrer Reise machte, waren eigentlich nur für den privaten Gebrauch gedacht. Der Verleger Jakob Dürnböck, der von ihrem Vorhaben erfahren hatte, überredete Ida jedoch, ihre Aufzeichnungen zu veröffentlichen. Nach Widerstand aus der Familie konnte die „Reise einer Wienerin ins Heilige Land" 1844 schließlich anonym erscheinen. Dirnböcks Vermutung, dass sich damit Geld verdienen ließ, bestätigte sich eindrucksvoll. Ida Pfeiffers Buch wurde ein Bestseller. Und nicht nur das: Andere Frauen fühlten sich dadurch ermutigt. Für die in Graz lebende Lehrerin Maria Schuber wurde Ida Pfeiffer zur Wegbereiterin ihrer eigenen Pilgerreise.

Zu Fuß auf Entdeckungstour: Maria Schubers Pilgerreise ins Heilige Land

Maria Schuber wurde nur zwei Jahre nach Ida Pfeiffer, im Jahr 1799, in Graz geboren. Über ihre Kindheit und Jugend wissen wir wenig.[331] Offensichtlich verspürte sie aber ebenfalls den Drang ins Weite: „Mein bekanntes Weh von Jugend auf heißt: ‚Mir ist die Welt zu klein und jeder Raum zu eng.'"[332] Unverheiratet und kinderlos, leitete Maria Schuber in Graz eine Schule für höhere Töchter. Mit 48 Jahren, auf einer Wallfahrt nach Maria Himmelsberg ob Weiz, hatte sie eine göttliche Eingebung: „Eine Stunde vor Weiz, meine Augen mehr im Blauen des Äthers versenkt, als hin auf die Straße gelenkt, ging's in meine Seele ein, als hätte ich's im Blau des Himmels gesehen: ‚Mache eine Wallfahrt nach Jerusalem.' Süß und lieblich war der Wiederklang in meinem Innern, und ich verweilte still und selig bei der schnellen Entwicklung einer so leicht und plötzlich aufgefassten Idee."[333]

Anders als Ida Pfeiffer nur wenige Jahre zuvor, stieß Maria Schuber mit ihrem Vorhaben bei Freunden und Bekannten fast durchweg auf positives Echo. Pfeiffers „Reise einer Wienerin ins Heilige Land" war inzwischen allseits bekannt und beliebt. Die Vorstellung, eine Frau könnte sich auf Pilgerfahrt nach Palästina begeben, war innerhalb kurzer Zeit von einem unerhörten zu einem beinahe normalen Gedanken geworden.[334] Daher bezeichnete Maria Schuber „Madame Pfeiffer" als „gute Wegmacherin".[335] Im Oktober 1847 brach sie auf. Von unterwegs schrieb sie zahlreiche Briefe an ihren Bruder sowie an verschiedene Bekannte, darunter ein Arzt, der ihren Plan, große Strecken zu Fuß zurückzulegen, als besonders gesundheitsförderlich lobte. Was die Reiseroute ins Heilige Land anging, folgte die Grazerin ihrer berühmten Vorgängerin aus Wien allerdings nicht. Maria reiste zunächst per Eisenbahn, Kutsche und zu Fuß nach und durch Italien. Für sie war dies die Probe aufs Exempel: Würde sie stark und ausdauernd genug sein für die Reise ins Heilige Land?

Bereits auf ihrer Tour durch Italien begegnet uns Maria Schuber im Vergleich zu Ida Pfeiffer deutlich mehr als klassische Pilgerin. Ida Pfeiffer war zwar ebenfalls gläubige Christin, im Grunde ihres Herzens aber vor allem Forscherin und Entdeckerin. Für sie war die Palästinareise die erste in einer langen Reihe weiterer Fahrten rund um den Globus. Maria Schuber dagegen empfand ihre Reise als große Wallfahrt. In Rom verweilte sie ganze drei Wochen. Auf dem Weg nach Ancona, von wo aus sie das Schiff nach Athen nehmen wollte, stellte sie ihre eigentliche Maxime, möglichst viele Strecken zu Fuß zurückzulegen, hintan, um Station im Wallfahrtsort Loreto machen zu können.[336]

Daneben ist Maria Schuber aber auch ein Beispiel dafür, dass Frauen sich inzwischen die ursprünglich männliche Form der Bildungsreise zu eigen gemacht hatten. Allein die Betonung des Reisens zu Fuß weist darauf hin.[337] „Mit jedem Schritt vorwärts atme ich neues Leben", schrieb sie einem

Bekannten.[338] Im „tiefsten Sitz eines Postwagens, auf einer langen Reise eingepackt [...] wie in einem Koffer", so ihre Überzeugung, könne man unmöglich etwas von dem Land erfahren, das man bereise.[339] Auf dem Weg durch Italien, Griechenland und Ägypten bis ins Heilige Land verband die Lehrerin aus Graz ihren tiefen, streng römisch-katholischen Glauben mit einem lebhaften Interesse an den Ländern, die sie bereiste, und den Menschen, denen sie dabei begegnete. Anders als Ida Pfeiffer blieb Maria Schuber nicht in der Rolle der außenstehenden Beobachterin, sondern versuchte, wo immer es möglich war, mit Einheimischen Kontakt aufzunehmen.

Ihr besonderes Interesse galt dabei Bildungs- und Ausbildungsstätten für Mädchen und Frauen. Wo immer es ihr möglich war, besichtigte sie Schulen, Hospitäler, Akademien und versuchte, mit Einheimischen über pädagogische Themen ins Gespräch zu kommen. In Ancona diskutierte sie beispielsweise mit ihrer Wirtin und einer weiteren Dame über die Grundsätze weiblicher Erziehung. In einem Brief an den befreundeten Arzt in Graz schilderte Maria detailliert den Besuch einer medizinischen Akademie für Frauen in Alexandria: „Hier werden junge talentvolle Mädchen mit zehn Jahren vom Staate aus ganz in Versorgung genommen, um vom Lesen und Schreiben angefangen [...] alles zu lernen, was sie zu vollständigen Doktoren der Medizin qualifiziert".[340]

Im Frühjahr 1848 erreichte die Pilgerin Jerusalem: „Sonnen-Untergang war hinter uns; die Strahlen eines sanften Wiederscheines vor uns, und so zog die ganze Karawane still und in sich gekehrt zum Tor von Bethlehem ein".[341] Einem Freund schrieb sie: „Wie glücklich ich bin, kann ich Ihnen für heute noch nicht erklären, leichtere Gefühle finden

Worte, die tiefsten Empfindungen sind stumm."[342] Wenige Tage später konnte sie ihrer Begeisterung, an diesem wichtigsten Ort der Christenheit angekommen zu sein, in einem Brief an ihren Bruder Ausdruck verleihen:

„Teurer Bruder! Nun hab' ich es erreicht, dieses geliebte, dieses ersehnte Ziel, ich bin hier in Jerusalem, und ich bin daheim. [...] Wenn man mir Kronen und Reiche böte, und alle geistlichen und weltlichen Ehrenstellen, ich gäbe mein Hiersein, meine Reise nach Jerusalem nicht dafür. Und wenn ich sonst für gar nichts gelebt hätte, als dass ich als Pilgerin nach Jerusalem gekommen bin, es genügte mir."[343]

Für Maria Schuber, in ihrem Glauben streng römisch-katholisch, war es nur schwer erträglich, dass die religiösen Stätten in Jerusalem von den verschiedenen Glaubensrichtungen gleichermaßen beansprucht wurden. An Islam, Judentum und Protestantismus ließ sie in ihren Briefen kaum ein gutes Haar. Besonders abscheulich erschienen ihr jedoch die „Griechen", also die seit dem Schisma des Jahres 1054 von Rom getrennten griechisch-orthodox Gläubigen: „Wenn ich es nur anzufangen wüsste, um mit dem Pascha zu sprechen, nur gar zu gerne möchte ich ihm die Falschheit der Griechen [...] und das Recht der lateinischen Kirche, sowohl ihren Glaubenssätzen als ihren Ansprüchen nach, auf die heil. Orte in Jerusalem recht klar vor Augen stellen."[344]

Beim Besuch an einem eben jener heiligen Orte war es dann ausgerechnet ein Grieche, der der Grazerin in einer Notsituation zu Hilfe kam. Als Maria Schuber beim Anblick des heiligen Grabes vor Überwältigung ohnmächtig zu werden drohte, „begoss mich ein Grieche, der das Putzen der Lichter im Grabe besorgt, mit Rosenwasser, was mich zur wonnevollen Seligkeit erweckte. Mit einem Gefühl, als hätte ich gar keinen Körper, betrachtete ich in meinem Geiste das Glück, mich hier zu befinden, was sich nach einer Weile in einen Strom von Tränen der Rührung auflöste."[345]

Die Gefühle, die Maria Schuber beim Anblick der heiligen Stätten beschreibt, ähneln den Erlebnissen von Maria Fröhlich am Heiligen Rock in Trier und erinnern an die religiösen Erfahrungen von Pilgerinnen und Wallfahrerinnen seit der Spätantike. Wie anders liest sich dagegen Ida Pfeiffers Bericht über ihren Besuch in der Grabeskirche: „Mehrere enge, schmutzige Gassen führen dahin; in denen, die der Kirche nahe liegen, sind lauter Buden wie in Mariazell [...], in welchen eine Auswahl von Rosenkränzen, geschnitzten Perlmuttermuscheln, Kruzifixen etc. zu finden ist. Der Platz vor der Kirche ist ziemlich nett. Ihm gegenüber liegt das schönste Haus Jerusalems; seine Terrassen waren mit Blumen geschmückt."[346] Es folgt eine genaue Beschreibung der Kirche von außen und innen sowie ein Bericht über die gottesdienstlichen Abläufe.

Während Ida Pfeiffer von Jerusalem aus weiter über Beirut, Baalbek und Damaskus bis nach Kairo reiste, war für Maria Schuber die heilige Stadt der Zielpunkt ihrer Reise. Nachdem sie mehr als dreieinhalb Monate dort verbracht hatte, fiel ihr der Abschied schwer. Zurück in Graz fand sie die von ihr gegründete Mädchenschule in desolatem Zustand vor. Sie sorgte dafür, dass alles wieder in Stand gesetzt wurde und leitete die Schule wie vor ihrer Pilgerfahrt bis zum Jahr 1869. Mit 70 Jahren übersiedelte Maria Schuber nach Rom, um dort ihren Lebensabend zu verbringen.[347] Bis ins hohe Alter ging sie auf Reisen und blieb mit Bekannten in ganz Europa im Briefkontakt.

An den beiden Österreicherinnen, die zeitlich nur wenig versetzt das Heilige Land besuchten, zeigt sich anschaulich, welche Entwicklung das Pilgerwesen seit dem Ende des Mittelalters genommen hat. Aus der spätantiken und mittelalterlichen Pilgerfahrt bildeten sich im Lauf der Neuzeit zwei unterschiedliche Formen heraus: Auf der einen Seite steht die katholische Wallfahrt, wie wir sie am Beispiel Maria Fröhlichs in Trier und auch bei Maria Schubers Besuch der heiligen Stätten erleben. Die Wallfahrt fußt auf den religiösen Traditionen der Spätantike und des Mittelalters und hat auch in der Neuzeit ihre im Kern vormoderne Form behalten. Von zentraler Bedeutung ist dabei das in der Spätantike entstandene „synoptische Vermögen",[348] also die Erfahrung der Einheit bzw. die Zusammenschau von diesseitiger und jenseitiger Sphäre durch die Gläubigen. Ebenso wie die „nachgeholte Reformation"[349] des aufgeklärten Absolutismus traditionelle Frömmigkeitsformen nicht beseitigt hat, verschwand auch das Format der Wallfahrt nicht, als es von protestantischer und naturwissenschaftlicher Seite zunehmend als Anachronismus kritisiert wurde.

Ihre Spuren hinterlassen haben Reformation und Aufklärung hingegen in der zweiten Form des Reisens, die auf das mittelalterliche Pilgerwesen zurückgeht. Die – mehr oder weniger – religiös motivierte Bildungsreise der Neuzeit wurde zwar von beiden Konfessionen praktiziert. So waren sowohl die Bildungs- und Forschungsreisende Ida Pfeiffer als auch die zu Fuß wandernde Maria Schuber katholisch. Grundsätzlich jedoch war dieses Format des Reisens stärker protestantisch geprägt und differenzierte sich daher, ebenso wie der Protestantismus selbst, mit der Zeit stärker aus. Während also die Wallfahrt ihre Form über Jahrhunderte hinweg im Wesentlichen bewahrt hat, hat sich die ehemalige (Fern-)Pilgerreise im Lauf der Zeit gewandelt und in verschiedenen Epochen unterschiedliche Formen angenommen.

Ein anschauliches Beispiel hierfür sind auch die schottischen Zwillingsschwestern Agnes und Margaret Smith, die sich selbst als Palästinareisende in der Nachfolge Egerias sahen, während sie aus heutiger Perspektive auf den ersten Blick das genaue Gegenteil zu sein scheinen: gläubige Protestantinnen und an äußerster Exaktheit interessierte Wissenschaftlerinnen.

Auf Egerias Spuren: Agnes und Margaret Smith

Agnes und Margaret Smith wurden 1843 in Irvine im Südwesten Schottlands geboren.[350] Ihre Mutter verstarb kurz nach der Geburt. Sie besuchten verschiedene Privatschulen in England, lernten fließend Deutsch, Französisch und Italienisch und begleiteten ihren Vater, einen Anwalt, dessen Hobby die Sprachwissenschaft war, auf Reisen durch Europa.[351] Nach dem Tod des Vater im Jahr 1862 ließen sich die Schwestern, durch ihr beträchtliches Erbe finanziell unabhängig, zunächst in London, später in Cambridge nieder und widmeten sich dem Studium weiterer Fremdsprachen, darunter Griechisch, Arabisch und Hebräisch. Anders als Ida Pfeiffer und Maria Schuber begaben sich Agnes und Margaret bereits im Alter von 25 Jahren, im Jahr 1868, auf ihre erste Palästinareise.

Jerusalem stand zu der Zeit unter osmanischer Herrschaft. Muhammad Ali Pascha, Gouverneur Ägyptens und Herrscher über Palästina, erhoffte sich die Unterstützung des Westens und ermutigte deshalb die Europäer, sich wieder in Jerusalem anzusiedeln. Bis zum Ende des 18. Jahrhunderts war das Pilgerwesen in der Heiligen Stadt weitgehend zum Erliegen gekommen. Nicht wenige der ehemaligen Gebäude und Teile der Infrastruktur waren verfallen.[352] Ida Pfeiffer und Maria Schuber erlebten die Aufbauphase einer neuen europäischen Präsenz in Palästina. Zwanzig Jahre später, als die Geschwister Smith in Jerusalem ankamen, hatten nach England bereits Frankreich, Preußen, Russland und Österreich dort Konsulate errichtet und mit dem Aufbau von Schulen und anderen Einrichtungen ihres jeweiligen Landes begonnen. Der amerikanische Archäologe Edward Robinson bemerkte 1852, der Bauboom und das geschäftige Treiben in der Stadt erinnerten ihn an New York.[353]

Robinson, Protestant wie die Smith-Zwillinge, hatte auf seinen Palästinareisen in der ersten Hälfte des 19. Jahrhunderts einen wissenschaftlichen Pfad angelegt, den die beiden Schottinnen in der Folgezeit konsequent weiter verfolgten: Ziel der von Robinson begründeten „Biblischen Archäologie" war es, die biblischen Stätten mit modernen Methoden zu untersuchen, um so die Wahrheit der Heiligen Schrift empirisch-wissenschaftlich zu beweisen. Bereits auf ihrer ersten Reise, die mehr noch als die späteren Unternehmungen den Charakter einer klassischen Pilgerfahrt hatte, bemerkten Agnes und Margaret immer wieder Unstimmigkeiten an den Orten, die ihnen als Originalschauplätze des biblischen Geschehens präsentiert wurden, und hielten sie in ihrem 1870 von Agnes Smith publizierten Reisebericht *Eastern Pilgrims* fest.[354] So erschien es ihnen beispielsweise sehr unwahrscheinlich, dass sich der Garten von Gethsemane „an einer Stelle befand, an der sich vier Straßen kreuzen, in Sichtweite des Stadttors".[355] Diese wissenschaftlich interessierte Herangehensweise schmälerte ihr religiöses Erleben und ihre Gewissheit, tatsächlich auf den Spuren Jesu zu wandeln, allerdings nicht. Trotz der Zweifel an der genauen Lage des Gartens von Gethsemane betonte Agnes: „Dennoch hat man bei diesem herrlichen Anblick unweigerlich das Gefühl, dass irgendwo hier der Ort gewesen sein muss, an dem in dieser schrecklichen Nacht der Erlöser den Kelch des Leidens empfing."[356]

In den 1880er Jahren heirateten Margaret und Agnes, allerdings verstarben ihre Ehemänner beide nach wenigen Jahren. Durch ihre frühe Witwenschaft hatten die beiden Schwestern keine familiären Verpflichtungen. Ihr enormes Vermögen verschaffte ihnen außerdem ein hohes Maß an Freiheit und Einfluss.[357] 1892 brachen sie erneut in Richtung Palästina auf.[358] Ihr Ziel war das Katharinenkloster am Berg Sinai, wo einer ihrer Bekannten, J. Rendel Harris, kurz zuvor ein bis dahin unbekanntes altsyrisches Manuskript entdeckt hatte. Ließen sich in der Klosterbibliothek womöglich noch weitere Schätze ausfindig machen? Agnes wollte auf jeden Fall vorbereitet sein und lernte innerhalb kurzer Zeit Syrisch.[359] Tatsächlich wurde die Reise zum Beginn einer ganzen Reihe spektakulärer Entdeckungen und Forschungen der Schwestern, für die sie zahlreiche Ehrungen und Auszeichnungen erhielten.[360]

Über die Annahme einiger ihrer Bekannten, als Frauen würde ihnen der Zutritt zu einem Männerkloster sicher verwehrt, lachten die beiden nur. J. Rendel Harris hatte durch seinen guten Kontakt zum Abt des Klosters dafür gesorgt, dass sie freundlich empfangen wurden. Außerdem sprachen Agnes und Margaret Griechisch und konnten sich daher problemlos mit den griechisch-orthodoxen Mönchen des Klosters unterhalten. Ihre Offenheit und ihr reges Interesse am Klosterleben sowie an den orthodoxen religiösen Formen brachten ihnen die Sympathie des Abts und der Brüder ein. Wie Maria Schuber suchten Margaret und Agnes Smith auf ihren Reisen den Kontakt zu den Einheimischen und machten dabei überwiegend positive Erfahrungen.

Bereits im Bericht der Schwestern über ihre Anreise zum Kloster wird der Charakter der gesamten Unternehmung deutlich. Lange schon, so Agnes und Margaret, sei es ihr Wunsch gewesen, „den Schauplatz eines der erstaunlichsten Wunder der biblischen Geschichte zu besuchen – eines Wunders, das selbst die entschlossensten Leugner göttlichen Eingreifens in die Geschichte sprachlos macht: die Durchquerung der arabischen Wüste durch die Israeliten."[361] Wie war diese enorme Anstrengung möglich gewesen? Was hatte das Volk Gottes auf seinem Weg durch die Wüste gesehen? Die Schwestern wollten sich selbst auf den Weg der Israeliten begeben, alles mit eigenen Augen sehen und am eigenen Leib erfahren, um so die Erzählung der Bibel zu bezeugen. Für sie galt, was Egeria bereits in spätantiker Zeit formuliert hatte: „[N]achdem ich nun selbst dort gewesen bin, weiß ich sicher, dass es so ist."[362] Egerias *Itinerarium* war erst acht Jahre vor dem Aufbruch der Schwestern in der Bibliothek des Katharinenklosters entdeckt worden.[363] Agnes und Margaret studierten das Manuskript mit großem Interesse und veröffentlichten einen Teil davon in ihrem Reisebericht.[364] „Wir waren zwar die ersten Frauen, die je in der Klosterbibliothek gearbeitet haben", so die Schwestern, „aber wir waren keinesfalls die ersten, die zum Sinai reisten und in freundlichen Kontakt mit den dortigen Mönchen traten."[365]

Margaret und Agnes verbrachten viele Stunden in der Bibliothek des Klosters. Ihre Beharrlichkeit beeindruckte die Mönche, und sie sollte sich lohnen: Bei ihren Forschungen stießen die beiden Schottinnen auf eine altsyrische Übersetzung der vier Evangelien. Es war ein spektakulärer Fund.[366] Nun kamen Agnes ihre Kenntnisse des Syrischen zugute. Auf einer zweiten Reise konnte sie gemeinsam mit Kollegen aus Cambridge die Handschrift weiter untersuchen und kopieren. 1910 gab sie den sogenannten *Codex Syrus Sinaiticus* schließlich in England als Buch heraus.

Die Palästinareisen der beiden Schwestern aus Schottland scheinen nur noch wenig gemeinsam zu haben mit den Pilgerfahrten des Mittelalters. Buße, ein Gelübde oder die Hoffnung auf Heilung spielten für Agnes und Margaret Smith keine Rolle. Dennoch können ihre wissenschaftlichen Unternehmungen nicht losgelöst von ihrem Glauben verstanden werden: Die Schwestern reisten als gläubige Forscherinnen und zugleich als forschende Gläubige. Ihr Glaube und die Art, wie sie ihn lebten, hatten die Form angenommen, die ihrer Zeit und ihren Lebensumständen entsprach. Insofern verband Agnes und Margaret zwar sowohl ihr Forschungsdrang als auch ihre christliche Überzeugung mit der spätantiken Egeria. Gleichzeitig unterschied sich das, was die beiden Schottinnen in Palästina sahen, grundsätzlich von dem, was Egeria wahrgenommen hatte: Seit Beginn der Neuzeit besuchten Reisende die heiligen Stätten als reale geografische Orte und als historische Schauplätze des biblischen Geschehens.

Ein weiterer wichtiger Aspekt in der Tätigkeit der beiden Schwestern ist ihr Nationalbewusstsein. Agnes und Margaret Smith verstanden sich zwar in erster Linie als Christinnen, zugleich jedoch immer auch als Botschafterinnen ihres Landes.[367] Allgemein gewannen nationale Motive und Interessen der europäischen Staaten im Lauf des 19. Jahrhunderts in Palästina zunehmend an Gewicht.[368] 1898 reiste der deutsche Kaiser Wilhelm II. gemeinsam mit seiner Frau zur Einweihung der neu erbauten Erlöserkirche nach Jerusalem.[369] Wilhelm II. war überzeugt, in der religiös fundierten Herrschertradition der mittelalterlichen Kaiser zu stehen. Er und seine Frau Victoria Auguste begriffen ihre Reise als eine Art persönlicher Pilgerfahrt. Diese Haltung passte gut zum religiösen Zeitgeist des ausgehenden 19. Jahrhunderts, in dem unter der Idee des „Friedlichen Kreuzzugs" eine neue Jerusalem- und Palästinabegeisterung ihren Aufschwung erlebte.

6. Alte Wege, neue Formen: Pilgerinnen vom Ende des 19. Jahrhunderts bis heute

Ritterlich unterwegs? Frauen und die Idee des „Friedlichen Kreuzzugs"

Lady Lomax erobert Jerusalem: Stifterinnen und Pilgerinnen auf den Spuren von Paula und Melania

Frauen in einem Ritterorden – wo gab es denn so etwas? Noch dazu im Ritteroden vom Heiligen Grab zu Jerusalem! Giuseppe Valerga, das Oberhaupt der römisch-katholischen Kirche in Jerusalem, konnte dieser Idee überhaupt nichts abgewinnen. Valerga hatte sein Amt 1847 angetreten. Bis dahin hatte es seit dem Ende des Königreiches Jerusalem im

Jahr 1291 keinen lateinischen Patriarchen in der Heiligen Stadt gegeben. Lediglich der Orden der Franziskaner war durch die Jahrhunderte in Jerusalem präsent. Waren so „wenigstens die heiligen Stätten unter franziskanischem Schutz als christliches Erbgut erhalten" geblieben, so gab es doch, wie B. Vosberg in ihrer Untersuchung über deutsche Katholiken im Heiligen Land schreibt, die „Furcht vor dem gänzlichen Verlust der Heiligen Stätten in Folge fehlender Durchsetzungskraft der Katholiken im Heiligen Land."[370] Eine Furcht, die uns bereits in den Briefen Maria Schubers begegnet ist.

Hier kam nun der 1868 gegründete Ritterorden vom Heiligen Grab zu Jerusalem ins Spiel, der seine Wurzeln auf den Kreuzritter Gottfried von Bouillon zurückführte.[371] Allgemein war im 19. Jahrhundert, ausgelöst durch Dichter wie Novalis und Chateaubriand, die Sehnsucht nach einem romantisch verklärten Mittelalter der Ritter und Kreuzfahrer in Europa weit verbreitet.[372] Sie mündete schließlich in der Idee des „Friedlichen Kreuzzugs":[373] Wie die Kreuzfahrer des Mittelalters sollten Christen in moderner Zeit erneut ins Heilige Land ziehen, jetzt allerdings nicht auf kriegerischen, sondern auf friedlichen Pfaden. Auch die Ritter vom Heiligen Grab versprachen vor ihrem Ritterschlag „die Rechte der Kirche im Heiligen Land zu verteidigen".[374] Der Ritterschlag, der scheinbar direkte Bezug zu den mittelalterlichen Kreuzfahrern, die Idee, wenn auch friedlich, nach Palästina zu ziehen, da mit der „als akut geschilderten Bedrohung des christlichen Erbes im Heiligen Land erneut der Verteidigungsfall eingetreten"[375] sei – all das waren männlich geprägte Rituale und Denkwelten. Konnte es verwundern, dass keiner der Herren auf die Idee kam, Frauen könnten hier einen wesentlichen Beitrag leisten?

Dabei hatten bereits in der ersten Phase des Aufbaus christlicher Infrastruktur im Heiligen Land das Engagement und die finanziellen Mittel einflussreicher Damen der Gesellschaft eine entscheidende Rolle gespielt. Waren es doch vermögende Römerinnen wie Paula und Melania gewesen, die mit ihren Klostergründungen wesentlich zum Aufschwung des Pilgerwesens in Palästina beigetragen hatten. In ihre Fußstapfen trat nun Lady Francis Lomax, eine englische Gräfin russischen Ursprungs. Sie überzeugte nicht nur den Patriarchen, sondern auch Papst Pius IX. davon, für ihre Ziele auf das Vermögen und die Beziehungen von Frauen aus gesellschaftlich einflussreichen Schichten nicht zu verzichten.[376] Ab 1871 nahm der Ritterorden Frauen auf. Die in heutiger Zeit „Damen" genannten weiblichen Mitglieder des Ordens hießen zu Beginn „Matronen vom Heiligen Grabe" und hatten zunächst tatsächlich „dem Vollbild der Matrone, also dem einer älteren, hochgestellten, evtl. verwitweten Dame" zu entsprechen.[377] Wie schon in der Spätantike ging die Rechnung auch diesmal auf: Nach dem Eintritt von Lady Lomax in den Orden konnte sich dieser rasch international ausbreiten.[378]

In Deutschland entwickelten sich nicht nur auf katholischer Seite, sondern auch unter Protestanten ein Interesse und eine Begeisterung für das Heilige Land, die R. Löffler als „Jerusalem-Mentalität" bezeichnet.[379] Thomas Mann hat sie in den „Buddenbrooks" mit der Beschreibung des Jerusalemabends bei der Frau Konsulin literarisch verarbeitet.[380] Es wurden Spenden gesammelt, zahlreiche Hilfsvereine gegründet und verschiedenste klerikale, caritative und missionarische Projekte in Angriff genommen. Die Arbeit vor Ort lebte dabei ganz besonders vom Engagement der Frauen. Protestantische Diakonissen waren ebenso wie katholische

Ordensschwestern in Schulen, Krankenhäusern und Pilgerhospizen aktiv.[381]

Nicht nur Ordensschwestern und Missionarinnen zog es nach Palästina. Durch die neuen Möglichkeiten, die Eisenbahnen und Dampfschiffe boten, rückten Reisen zu fernen Zielen für weite Bevölkerungsschichten in greifbare Nähe. Um 1900 konnte jeder und jede davon träumen, einmal selbst den Fuß auf heiligen Boden zu setzen. Dies sei, schrieb 1904 der Bischof von Köln, ohnehin das ureigenste Bedürfnis jedes Gläubigen: „Der Christ will wandeln in dem Lande, wo Berge und Täler, wo Sterne und Wasser von dem Heiland erzählen; [...] er will auf jenen Fluren wandeln, wo die Blumen sich zu den Füßen des Heilands geneigt und die Vögel ihm ihre Lieder gesungen [...]."[382]

Wie der Kölner Bischof dachten zu Beginn des 20. Jahrhunderts zahlreiche Gläubige. Organisierte Pilgerreisen ins Heilige Land, sogenannte Volkswallfahrten, kamen daher zunehmend in Mode.[383] Waren bei den ersten Fahrten zunächst nur Männer zugelassen, stellte sich doch bald die Frage nach der Teilnahme von Frauen.

„Mindestens so fromm wie die Männer": Frauen auf den Heilig-Land-Fahrten am Beginn des 20. Jahrhunderts

Bereits auf der ersten oberösterreichischen Heilig-Land-Fahrt, so notierte es der Schriftführer der zweiten Fahrt, Friedrich Pesendorfer, sei die Frage laut geworden: „Ja, warum dürfen denn nur Männer nach Jerusalem pilgern, sollen denn die Frauen ganz und gar von den Gnaden und Früchten einer solchen Wallfahrt ausgeschlossen bleiben?"[384] Die Formulierung verweist auf die mittelalterliche Tradition der Pilger- und Wallfahrt, die von der Heilsbedürftigkeit aller Gläubigen, unabhängig von Herkunft oder Geschlecht, ausging und damit einen grundsätzlichen Ausschluss von Frauen unmöglich machte.

1904, beim zweiten oberösterreichischen Pilgerzug nach Palästina, beschloss man daher, auch Frauen auf die Reise mitzunehmen. Zur Begründung wurde angeführt, „dass die Frauen mindestens so fromm wie die Männer sind; dass sie im Hause das wirtschaftlich sparende Element sind, das schon darum Rücksicht verdient; dass die Frauen mindestens so viel aushalten wie die Männer, weil sie im Allgemeinen diäter leben und weniger trinken; dass die Frauen mindestens so gefügig sind wie die Männer; endlich, dass es für die Erziehung und Haltung einer Familie beinahe wichtiger ist, wenn die Mutter als wenn der Vater im Heiligen Lande war."[385]

Die Argumentation der Reiseleitung verortete die Frauen einerseits klassisch-konservativ in der Sphäre des Hauses und der Familie. Allerdings wurde die Rolle der Frau als häusliche Versorgerin und Mutter, die lange Zeit gegen das Reisen von Frauen ins Feld geführt worden war, nun zum Grund für die Pilgerschaft der Frauen: War es nicht gerade für die Bildung und Erziehung der Kinder von Vorteil, wenn die Mutter die heiligen Stätten besuchte? Die Zeiten hatten sich gewandelt: Als Maria Schuber gut 50 Jahre zuvor eben dieses Argument für die weibliche Pilgerschaft angeführt hatte, war sie als reisende Frau noch eine Ausnahme.

Was Annahmen über die Gesundheit, Robustheit und Durchhaltekraft reisender Frauen anging, hatten Pionierinnen wie Ida Pfeiffer und Maria Schuber den Weg geebnet. Vor allem Frauen hatten mit großer Begeisterung Ida Pfeiffers Bücher über ihre Reisen rund um den Globus gelesen und begonnen, auch sich selbst mehr zuzutrauen. Und nicht nur das. Sie forderten zunehmend öffentlich Gehör für ihre Anliegen. In den Städten Europas formierte sich die Frauenbewegung. Doch auch in ländlichen Gebieten meldeten sich mitunter Frauen zu Wort: Angesichts der Überlegung, auf der Heilig-Land-Fahrt 1904 weibliche Mitreisende zuzulassen, erreichte die Reiseleitung das Schreiben einer Bäuerin, „die unseren Entschluss, auch Frauen zur Pilgerung zuzulassen, schon darum preist, weil nur die Männer ‚Kreuziget ihn' gerufen haben; weil kein Mann dem Heiland beim Gange zum Tode einen Liebesdienst erwiesen hat, während die Frauen weinend und voll Mitleid ihm entgegengingen und das Schweißtuch reichten, indes Simon gezwungen werden musste, beim Tragen des Kreuzes zu helfen."[386]

Selbstbewusst erinnerte die namenlos bleibende Bäuerin die männlichen Organisatoren des Pilgerzugs an die Hingabe und Opferbereitschaft der biblischen Frauen. Der Topos der schwachen Frau, die sich als glaubensstärker und frömmer erweist als die Herren der Schöpfung, war über Jahrhunderte von christlichen Autoren als Lehrbeispiel für männliche Gläubige verwendet worden. Die Bäuerin drehte den Spieß nun um und verwendete ihn als Argument für die Frauen.

Dass man die Wünsche und Befindlichkeiten von Frauen nicht mehr einfach übergehen konnte, zeigt das letzte Argument, das die Leitung der Pilgerfahrt für die Mitnahme weiblicher Reisender anführte: „Eine andauernde Ausschließung der Frauen von der Wallfahrt könnte in deren Kreisen auch eine stille Opposition gegen die Wallfahrten hervorrufen, was bei der wirtschaftlichen Bedeutung der Frauen im Haushalte nicht ganz unbedenklich wäre."[387]

Organisiert waren die Reisen nach dem Muster der klassischen Wallfahrt, also ähnlich wie die Trierer Rockwallfahrt von 1844, an der Maria Fröhlich teilgenommen hatte: Die nicht selten mehrere Hundert oder sogar Tausend Gläubige umfassende Pilgergesellschaft setzte sich aus einzelnen Prozessionen zusammen, deren interne Ordnung dieselbe war: „An der Spitze des Zuges ging die erste Gruppe, zuerst die Pilgerpriester, dann die Männer und zum Schluss die Frauen. So bei jeder Gruppe. Dann folgte die Pilgermusik und die Pilgerfahne."[388] Gleichberechtigt war der Platz der Frauen also immer noch nicht. Im Zug mussten sie als letzte gehen. Diese Anordnung galt jedoch nur zum feierlichen Auszug am Start der Reise und auf den Prozessionen während der Wallfahrt.

Mit dabei war stets auch eine Marienstatue, die Pilgermadonna, Zeichen der vor allem seit Beginn der Neuzeit unlöslichen Verbindung von katholischer Wallfahrt und Marienfrömmigkeit.

Wie bei der Trierer Rockwallfahrt standen auf der gesamten Reise Gottesdienst, Andacht und Gebet ganz oben auf der Tagesordnung, selbst auf dem Schiff, das die Pilgergesellschaft von Venedig ins Heilige Land brachte: „Das schönste Plätzlein, das wir fanden am ganzen Schiffe, gehörte unserer huldreichen Herrin, der Pilgermadonna."[389] Die Gläubigen versammelten sich „in den heiligen Messen, die täglich etwa 60 an der Zahl am Schiffe gelesen wurden."[390]

Daneben kam auch der touristische Aspekt nicht zu kurz. Die Reisenden besichtigten Venedig und andere Städte auf dem Weg ebenso wie die heiligen Stätten in Palästina. Wanderungen und Ausflüge wechselten sich ab mit Andachten und Prozessionen. In der Reiseankündigung der Württemberger Heilig-Land-Fahrt, die ebenfalls 1904 stattfand, wurde betont, dass für Gesunde beiderlei Geschlechts keine Überanstrengung zu erwarten sei: „Die Anstrengungen der Reise sind nicht bedeutend und können von irgend gesunden Damen ebensogut als von Herren ertragen werden. Auch die Hitze braucht man nicht zu fürchten, das Meer wirkt ja stets temperierend, und Jerusalem liegt so hoch, dass die Nächte immer kühl sind. Dafür können wir aber in dieser Jahreszeit nahezu sicher auf ausschließlich gutes Wetter, stets heiteren Himmel, ruhige Seefahrt und gefahrlose Landung in Jaffa rechnen."[391] Nach mittelalterlicher Bußwallfahrt klingt diese Reisewerbung eher nicht.

Dass man sich dennoch nicht auf einer reinen Vergnügungsfahrt wähnte und großen Wert auf den Bezug zum Mittelalter legte, zeigt sich an einer anderen Stelle des Württemberger Reiseberichts. Von Stuttgart ging die Fahrt mit der Eisenbahn zunächst nach Ulm. Über die Weiterfahrt von dort schreibt der Württemberger Chronist E. Schmitz: „Ehe wir von hier aus unseren friedlichen Kreuzzug fortsetzen, folgt unser Blick noch einmal dem Lauf der Donau, und im Geiste sehen wir derselben entlang durch die deutschen und rumänischen Gefilde bis hinein nach Kleinasien auf dem Landwege die hehre Gestalt Barbarossas aus dem Geschlechte der Hohenstaufen, deren Stammschloss uns eben begrüßt, an der Spitze des von ihm organisierten Kreuzzugs nach Jerusalem ziehen, um zum dritten Male zu versuchen, die heiligen Stätten aus den Händen der Ungläubigen zu befreien."[392]

Auch die Heilig-Land-Reisenden des beginnenden 20. Jahrhunderts wähnten sich also auf den Spuren der Kreuzfahrer. Historisch betrachtet hatten diese Fahrten allerdings wenig mit den Zügen mittelalterlicher Kreuzritter gemein. In den Heilig-Land-Fahrten des beginnenden 20. Jahrhunderts verband sich das Format der katholischen Wallfahrt mit dem der modernen, touristisch organisierten religiösen Bildungsreise.[393] Die Zeit dieser Volks- oder Massenwallfahrten genannten Reisen währte allerdings nur kurz. Der heraufziehende Erste Weltkrieg bereitete dem religiösen Tourismus ein vorläufiges Ende.

Vom „Friedlichen Kreuzzug" zur „Pax Christi": Marie-Marthe Dortel-Claudot

Auch wenn in der Zeit der Weltkriege große Pilgerzüge praktisch nicht durchführbar waren, so blieb die Kreuzzugsrhetorik doch weit verbreitet. Im politischen Diskurs hatte sie sich weitgehend abgelöst von ihrem Bezug aufs Heilige Land und ihrer ursprünglich christlichen Bedeutung. Während im Zusammenhang mit Hitlers „Weltanschauungskrieg" der Begriff des Kreuzzugs gerade wegen seiner christlichen Konnotation vermieden wurde, verwendeten die französischen Faschisten das Bild der Kreuzritter, um die Bevölkerung zu mobilisieren und den Krieg gegen die Sowjetunion zu legitimieren.[394]

Dass vor allem der französische Widerstand mit Vergleichen oder Bildern aus der europäischen Geschichte zurückhaltend war, ist in diesem Kontext verständlich.[395] Dennoch hatte die bald hundert Jahre alte Idee des friedlichen christlichen Kreuzzugs inzwischen selbst eine gewisse Tradition und verschwand daher nicht einfach sang- und klanglos. So wollten 1939 der Theologe Karl Barth und andere die Menschen zu einem „Gebetsfeldzug in Europa gegen die Gefahr des Nationalsozialismus" mobilisieren.[396]

Zu Weihnachten 1942 rief Papst Pius XII. zu einem Kreuzzug für den Frieden auf: „Mit Kreuzfahrergesinnung" sollten sich Christen „im Geiste der Wahrheit, Gerechtigkeit und Liebe unter dem Ruf ‚Gott will es!' zusammenschließen", so der Papst. Anders als im Mittelalter gehe es aktuell nicht um die Befreiung des biblischen Landes, sondern darum, „in neuer Überfahrt die Fluten der Tages- und Zeitirrtümer zu überwinden, um jenes geistige Heilige Land zurückzuerobern, das mit seinen unabänderlichen Normen bestimmt ist zum Fels- und Baugrund einer menschlichen Gemeinschaftsgestaltung von innerem Bestand."[397]

Diese Worte trafen bei der im französischen Widerstand aktiven Lehrerin Marie-Marthe Dortel-Claudot auf offene Ohren. Die 1907 geborene und im südwestfranzösischen Agen am Gymnasium tätige Marie-Marthe war gläubige Katholikin und hatte sich gemeinsam mit ihrem Ehemann der *Résistance* angeschlossen. Regelmäßig versteckte sie Juden und Widerstandskämpfer, die auf der Flucht vor der deutschen Besatzungsmacht waren.[398] Im persönlichen Gebet empfing sie eines Tages eine plötzliche Erkenntnis: Wenn der Tod Jesu am Kreuz die Erlösung der ganzen Menschheit bedeutete, so musste dies auch für die Deutschen gelten. Zusammen mit anderen Mitgliedern der *Résistance* fasste Marie-Marthe daher im gemeinsamen nächtlichen Gebet den Entschluss einen „Gebetskreuzzug für die Bekehrung Deutschlands" („Croisade de Prière pour la Conversion de l'Allemagne") ins Leben zu rufen.[399]

Die von Marie-Marthe initiierte Bewegung wuchs rasch und fand bald auch kirchliche Unterstützer, vor allem den Bischof von Montauban, Pierre Marie Théas. Théas war einer der wenigen französischen Bischöfe, die sich wiederholt gegen eine Kollaboration mit den Deutschen ausgesprochen hatten. 1942 übte er in einem Hirtenbrief scharfe Kritik an der Judendeportation.[400] Von Mai bis August 1944 war er im Lager in Compiègne interniert. Stand bei Marie-Marthe Dortel-Claudot zunächst die Hoffnung auf eine Bekehrung der Deutschen im Vordergrund, so gewann mit dem Anwachsen ihrer Bewegung der Gedanke der Versöhnung und des internationalen Friedens an Gewicht.

Beide Aspekte konnten sich auf die Weihnachtsworte des Papstes aus dem Jahr 1942 beziehen: Indem er eine „erneute Überfahrt" anregte, die „die Flut der Tages- und Zeitirrtümer" überwinden sollte, hatte Pius XII. die reale Pilgerfahrt, zu der Christinnen und Christen seit Jahrhunderten aufgebrochen waren, in eine geistige Reise umgewandelt. Marie-Marthe Dortel-Claudot verstand darunter die Rückkehr der Deutschen in den Kreis derer, die ihr Handeln an der christlichen Nächstenliebe und am Glauben an Gott ausrichteten. Ihre Mitstreiter, vor allem Bischof Théas, lasen aus den Worten des Papstes dagegen einen Aufruf an alle Menschen, sich auf den Weg der Umkehr, Buße und Versöhnung zu begeben. In dieser Sichtweise verband sich die Idee der geistigen Pilgerschaft der Christen schon bald erneut mit der Tradition des realen Pilgerns und Wallfahrens. Und so mündete der von Marie-Marthe Dortel-Claudot initiierte Gebetskreuzzug kurz nach dem Ende des Zweiten Weltkriegs in einen „Kreuzzug des Friedens" (Croisade de la Paix): Am 22. Juli 1946, genau 800 Jahre, nachdem Bernhard von Clairvaux in der Kathedrale von Vézelay zum zweiten Kreuzzug aufgerufen hatte, kamen ebendort mehrere tausend Pilgerinnen und Pilger aus vierzehn Nationen zusammen. Jeder der Pilgerzüge hatte ein schweres Holzkreuz als Zeichen der

Buße dabei. Die 15. Pilgergruppe bestand aus deutschen Kriegsgefangenen in Frankreich, die ebenfalls ein Kreuz angefertigt hatten. Inwieweit dies auf eine spontane Initiative der Gefangenen selbst zurückging, ist nicht ganz klar.[401] Auf jeden Fall aber fand die Aktion allenthalben und ganz besonders in Deutschland große Aufmerksamkeit.

Während der Messe in der Kathedrale standen die Kreuze hinter dem Hochaltar, je sieben zu einer Seite, das Kreuz der Deutschen in der Mitte. Beim anschließenden Kreuzweg waren die Gefangenen für die Versorgung der Pilgernden mit Essen und Getränken zuständig. Ihr Kreuz wurde daher immer abwechselnd von einer der anderen Gruppen mitgetragen.[402] Die Wiederaufnahme der Deutschen in die Gemeinschaft der westlichen Staaten, die politisch erst einige Jahre später vollzogen wurde, konnte hier auf menschlicher Ebene bereits eindrucksvoll vorgelebt werden. „Es war gerade der Modus der liturgischen Inszenierung, die der in Vézelay zumindest von deutscher Seite als Rehabilitierung interpretierten Geste ihre überzeugende Aussagekraft verlieh."[403]

Fragen von Schuld und Verantwortung wurden dadurch nicht negiert. Durch das Format der Wallfahrt mit ihrem übernationalen, universell-christlichen Charakter gab es jedoch die Möglichkeit, Buße und Versöhnung auf andere Art zu thematisieren und zugleich praktisch zu leben. Aus Marie-Marthe Dortel-Claudots Gebetsinitiative entstand nach dem Zweiten Weltkrieg die katholische Friedensbewegung Pax Christi. Für die rasch anwachsende internationale Bewegung spielten Wallfahrten, vor allem ins französische Lourdes, eine nicht zu unterschätzende Rolle. Das dortige Marienheiligtum erfreute sich seit den Visionen des Mädchens Bernadette Soubirous in der Mitte des 19. Jahrhunderts großer Beliebtheit.[404] Maria, verehrt als Mutter aller Katholiken und Friedenskönigin, wurde zudem zur Integrationsfigur für die katholische Friedensbewegung der Nachkriegszeit, so dass „zumindest für einen Moment nationale Ressentiments, jedenfalls in der Wahrnehmung der Deutschen, in den Hintergrund treten konnten. Lourdes wurde somit auch zum Ort einer unmittelbar erfahrbaren deutsch-französischen Aussöhnung".[405]

An einer der ersten Wallfahrten im Jahr 1948 nahm auch die deutsche katholische Dichterin Änne Perl teil. Mit ihrer Lebensgeschichte steht sie repräsentativ für viele Deutsche, die sich mit dem nationalsozialistischen Regime arrangiert, unter Umständen sogar Funktionen im System wahrgenommen hatten und nun gezwungen waren, den Bruch des Jahres 1945 in ihre Biografien zu integrieren.

Versöhnung, Begegnung, Aufbruch: Frauen auf Pilger- und Wallfahrt nach 1945

Pilgerin der „Stunde Null": Änne Perl auf Lourdes-Wallfahrt

Anna Josefine Perl, genannt Änne, wurde 1897 in Köln geboren. Sie wuchs in Trier auf, wo ihr Vater, Unteroffizier der Reichswehr, nach seinem aktiven Dienst eine Militärkantine betrieb. Durch ihre Herkunft waren ihr zum einen das soldatische Milieu und das Selbstverständnis der

Wehrmacht nicht fremd, zum anderen war sie zutiefst geprägt vom katholischen Glauben. An der Schwelle zum Erwachsenwerden verlor sie im Ersten Weltkrieg ihren Verlobten. Diese einschneidende Erfahrung blieb für ihr weiteres Leben bestimmend. In Änne Perls Büchern ging es immer wieder um den Verlust eines geliebten Menschen und um die Frage, wie dies mit dem eigenen Leben und vor allem mit dem Glauben zu vereinbaren sei.[406] Sie beschrieb zum einen das Aufbäumen gegen den unbegreiflichen Verlust und kaum zu heilenden Schmerz, zum anderen das Gefühl der Gehorsamspflicht gegenüber Gott, aus dessen Händen die Menschen annehmen müssten, was immer er sende.

Damit sprach sie vielen ihrer Landsleute aus der Seele. Perls Bücher erfreuen sich großer Beliebtheit. Auch die Aufbruchs- und Hoffnungsstimmung, die am Vorabend des Ersten Weltkrieges herrschte, bevor die schockierende Ernüchterung der Kriegsrealität einsetzte, hatte Änne Perl in Worte gefasst. In ihrem 1938 erschienenen Roman *Der feurige Wagen* ließ sie ihre junge Protagonistin Liev beim Aufbruch der Soldaten im Jahr 1914 alle Ängste beiseite wischen: „Es war nicht gut, das auszudenken, und es gehörte zum Überschwang der Jugend, alles abzuschütteln und auf das ‚Große' zu warten."[407]

Das propagandistische Versprechen der Nationalsozialisten, dass die Verluste des Ersten Weltkrieges, der Schmerz und die Trauer nicht umsonst gewesen seien und das „Große" doch noch erreichbar sei, fiel als sinnstiftende Erzählung spätestens mit der bedingungslosen Kapitulation 1945 wie ein Kartenhaus in sich zusammen.

Änne Perl hatte von 1914 bis 1945 als Chefsekretärin am Regierungspräsidium in Trier gearbeitet und in dieser Zeit sieben Regierungspräsidenten erlebt, von dem noch im Kaiserreich vereidigten Constanz von Baltz bis zu Heinrich Christian Siekmeier, der bereits 1926 der NSDAP beitrat und neben seinem Amt in Trier stellvertretender Chef der Zivilverwaltung im besetzten Luxemburg war. Nach Kriegsende wurde Siekmeier zunächst interniert, später vom Luxemburgischen Gerichtshof für Kriegsverbrechen zu sieben Jahren Haft verurteilt.

Änne Perl arbeitete nach 1945 nicht mehr als Sekretärin, sondern betätigte sich als freie Schriftstellerin. Ihre Arbeit für Siekmeier hatte für sie persönlich keine Konsequenzen. Allerdings bedeutete für Perl wie für viele andere Deutsche die Niederlage im Zweiten Weltkrieg, das damit verbundene Ende des NS-Staates und seiner Ideologie sowie die kriegsbedingte Zerstörung von Städten, Wirtschaftsbetrieben und Infrastruktur eine Art Nullpunkt, von dem nun neu anzufangen sein würde.

Die historische Forschung ist sich heute zwar weitgehend einig, dass es die vielbeschworene „Stunde Null" in dieser Form nicht gab.[408] Dennoch trifft der Begriff, wie H. A. Winkler betont, „das Empfinden der Zeitgenossen".[409] Das Gefühl und der praktische Versuch der Kriegs- und Nachkriegsgeneration, von „Null", also aus einer Art „Tabula rasa"-Situation neu zu beginnen, wurde von der jungen Generation der 1960er Jahre als Verdrängung des Nationalsozialismus angeprangert.[410] In der Tat konnten Zeugnisse aus der Zeit nach dem Krieg den Eindruck erwecken, als habe es die nur kurz zurückliegende Schreckenszeit nicht gegeben. Auch Änne Perls Bericht über ihre Wallfahrt nach Lourdes im Jahr 1948 „perlt [...] richtig von südlicher Sonne, südlichem Wein, südlicher Frömmigkeit und Fröhlichkeit", wie der Kapuzinerpater Manfred Hörhammer in seinem Vorwort zu Perls Buch bemerkte.[411]

War Änne Perl also ein Musterbeispiel für die Verdrängung deutscher Schuld? Im Gegensatz zu den Kritikern der 1960er und 70er Jahre stellte der Philosoph H. Lübbe 1983 die These auf, dass es gerade das „Beschweigen biografischer Vergangenheitslasten im bundesrepublikanischen Alltag" war, durch das es gelang, die Mehrheit der Deutschen in den neuen demokratischen Staat zu integrieren.[412] Während man sich als Staat und Gesellschaft eindeutig vom Nationalsozialismus distanzierte, verzichtete man zugleich darauf, die individuelle Verstrickung Einzelner öffentlich zu thematisieren. „Kurz: über das, was ohnehin alle wussten, schwieg man."[413] Dieses „kommunikative Beschweigen"[414] der Vergangenheit Einzelner, so Lübbe, hatte die Funktion, „zwar nicht diese Vergangenheit, aber doch ihre Subjekte in den neuen demokratischen Staat zu integrieren."[415]

In diesem Zusammenhang wirkte sich auch die Religion als stabilisierender und integrierender Faktor aus.[416] Die von Kindesbeinen an internalisierten religiösen Formen und Traditionen gaben Halt in einer als chaotisch empfundenen Gegenwart und im Blick auf eine unsichere Zukunft. Zugleich ermöglichten sie ein Miteinander aller, unabhängig davon, auf welcher Seite sie vorher gestanden hatten. Jenseits der nationalen Ebene zeigte sich dies bei der Pax-Christi-Wallfahrt des Jahres 1948: Gläubige aus der ganzen Welt trafen sich in Lourdes, um ein gemeinsames Zeichen internationaler Versöhnung zu setzen. Daneben wurde die Wallfahrt, speziell für die Deutschen, zu einer Art kollektivem Bußgang, der es, ganz im Sinne H. Lübbes, der Gemeinschaft ermöglichte, sich von der Vergangenheit zu distanzieren, und es zugleich dem Einzelnen erlaubte, den Blick hoffnungsvoll in die Zukunft zu richten. Eben diese Mischung kommt auch in Änne Perls Pilgerbericht zum Ausdruck. Sie beschreibt die Freude und Erleichterung darüber, als Deutsche von den Gläubigen aus anderen Ländern vorbehaltlos an- und in die Gemeinschaft aufgenommen worden zu sein. Gleichzeitig schildert sie den Kreuzweg, den die deutsche Pilgergruppe in völliger Stille ging und der keinen der Teilnehmer unberührt zurückließ.

1600 Pilgerinnen und Pilger brachen im Juli 1948 mit dem D-Zug von Deutschland in Richtung Lourdes auf.[417] Für viele war es eine willkommene Abwechslung und eine Möglichkeit, „den heimischen Trümmerbergen wenigstens für ein paar Tage zu entkommen."[418] Auch Änne Perl genoss die lange Eisenbahnfahrt. Am Fenster zog die französische Landschaft vorbei: entlang der Rhône führte der Weg über Nîmes, Montpellier und Sètes bis ans Mittelmeer, das die meisten Mitreisenden zum ersten Mal sahen: „Wir haben das Mittelländische Meer gesehen. Dieses Schauen wird mit das Schönste unserer Reise bleiben."[419]

Nach der Ankunft in Lourdes[420] machte Perl sich mit einigen Mitpilgerinnen gleich auf den Weg zur Grotte. „Wir bedeckten unser Haar mit dem vorgeschriebenen Schleier, ohne den keine Frau dorthin gehen darf."[421] Frauen unterlagen am Heiligtum in Lourdes generell anderen Regeln als Männer. Bei der täglich am frühen Morgen stattfindenden Sakramentsprozession war die Anordnung des Zuges strikt festgelegt: „Die Jungfrauen [...] dürfen in weißen Schleiern dem Sanctissimum vorangehen und über der Esplanade, auf den Treppen zur Basilika stehend, der Krankensegnung beiwohnen. Ihnen folgen die Geistlichen aller Nationen [...]. Dem Ärztekollegium folgen die Männer, ihnen die Frauen in schwarzen Spitzenschleiern [...] Bis zur Esplanade dürfen auch sie das Sanctissimum begleiten."[422] Weibliche Pilgernde wurden zwar nicht ganz ausgeschlossen. Bis ins Zentrum des Geschehens durften sie allerdings nicht vorrücken. Lediglich den Jungfrauen war es erlaubt, der gesamten Zeremonie beizuwohnen. Änne Perl störte diese Einschränkung offensichtlich nicht. Im Gegenteil: Sie betonte, die Jungfrauen würden „hier noch in ihrem Stande gewertet und geehrt."[423]

Von zentraler Bedeutung für die Deutschen war das Gefühl, Teil der großen Wallfahrts- und Glaubensgemeinschaft zu sein. Nach der Messe am ersten Tag, so Perl, „rasteten wir auf einer Bank im Schatten. Um uns wogte das Sprachgewirr der Völker. [...] Sie waren alle gekommen, für den Frieden der Welt zu beten. Mitten im Bruderring standen die Deutschen, viel betrachtet, viel beachtet, umsorgt und beschenkt, nicht nur mit freundlichen Blicken, mit guten Worten, auch mit helfender Tat."[424] Sie war gerührt von der Anteilnahme der Pilgernden aus anderen Nationen, vor allem aus Frankreich. Bei der abendlichen Lichterprozession waren manche Deutsche zunächst ohne Licht unterwegs. „Nicht alle von uns konnten sich eine Kerze kaufen, wir Deutsche waren ja so arm. Wie ich später [...] hörte, haben französische Pflegerinnen spontan 1000 Francs gesammelt und dafür Kerzen für die Deutschen gekauft."[425]

Der gemeinsam begangene Kreuzweg war für viele der Pilgernden ein besonderer Moment: „So viele Kreuzwege wir von Kindheit an gegangen sind, keiner kommt diesem gleich. Hier standen wir unter dem Kreuz auf dem Kalvarienberge, festgenagelt an die Pflicht unseres christlichen Lebens: zu beten für den Frieden und nichts anderes zu wollen als den Frieden."[426] Es war eine symbolische Geste, die von den Wallfahrtsteilnehmern aus anderen Nationen offensichtlich nicht nur anerkannt, sondern auch erwidert wurde. Die Deutschen fühlten sich hineingenommen in den Kreis der Betenden und Bittenden für den Frieden: „Wir waren vereint in der großen Familie der Weltkirche."[427]

In einer Situation gesellschaftlicher Sprachlosigkeit, die das von H. Lübbe beschriebene „kommunikative Beschweigen" im Deutschland der Nachkriegszeit mit sich brachte, bot die Religion durch ihre Traditionen und Rituale die Möglichkeit, Trauer und Schuld, Buße und Versöhnung Ausdruck zu verleihen. In Europa konnte so, gerade auch im Rückgriff auf die universalistische Tradition des Katholizismus, ein Neuanfang jenseits der politischen Sphäre gelingen. In Bezug auf das Heilige Land war dies für die Deutschen nicht möglich. Hier musste zunächst unter schwierigen Umständen politisch der Boden bereitet werden, bevor es zur Wiederaufnahme eines religiösen oder touristischen Reisebetriebs kommen konnte.

Neuanfang durch Begegnung: Junge Frauen auf Reisen nach Israel in den 1960er Jahren

„[E]ine Reise nach Israel hat politisch eine ganz andere Bedeutung, das beruht auf der Tatsache, dass das jüdische Volk und das deutsche sehr tragisch verbunden sind, und das hebt besonders eine Gruppenfahrt deutscher Jugendlicher in ein ganz anderes Licht als beispielsweise ähnliche

Gruppenfahrten in andere Länder."[428] Diese Aussage einer Teilnehmerin an einer Gruppenreise für Jugendliche nach Israel zu Beginn der 1960er Jahre zeigt, dass die Mädchen und Jungen den besonderen Charakter ihrer Reise deutlich wahrnahmen und reflektierten. Reisende ins Heilige Land konnten nach 1945 nicht bruchlos an alte Traditionen anknüpfen, auch wenn die Idee des „friedlichen Kreuzzugs" an verschiedenen Stellen weiterhin anzutreffen war.[429]

Nach der Gründung des Staates Israel im Jahr 1948 und der Bundesrepublik ein Jahr später hatten 1951 Verhandlungen zwischen Israel und der Bundesrepublik über Wiedergutmachung begonnen, die schließlich in das Luxemburger Abkommen mündeten.[430] Das Abkommen war in beiden Staaten zunächst hochumstritten, markierte jedoch den offiziellen Beginn deutsch-israelischer Beziehungen, die sich schnell über die politische Sphäre hinaus ausweiteten. Was den Bereich des Reisens angeht, so gab es ab Mitte der 1950er Jahre wieder vermehrt Angebote für Pilgernde und kulturell Interessierte. Das 1925 gegründete Bayerische Pilgerbüro hatte z.B. ab 1955 wieder Reisen ins Heilige Land im Programm.[431]

Anders als die Heilig-Land-Fahrten zu Beginn des 20. Jahrhunderts hatten diese Reisen allerdings nicht mehr den Charakter von Wallfahrten. Vielmehr setzte sich nach 1945 endgültig das von dem Engländer Thomas Cook am Ende des 19. Jahrhunderts entwickelte Prinzip des Pauschaltourismus durch: Angeboten wurde ein Reisepaket, in dem Anreise, Unterkunft, Verpflegung und Besichtigungsprogramm enthalten waren. Rom hatte zu Beginn der Neuzeit eine ähnliche Entwicklung erlebt. Anders als z.B. Santiago de Compostela, das nach dem Mittelalter zunächst in Vergessenheit geriet, blieb Rom immer ein beliebtes Reiseziel. Romfahrten waren jedoch nicht mehr nur christliche Pilgerfahrten, sondern zugleich Bildungsreisen mit Besichtigungsprogramm rund um die antiken Stätten. So gestalteten sich nun auch Reisen nach Israel: Eine religiöse Motivation konnte, musste aber nicht zwingend vorhanden sein. Man besichtigte die biblischen Stätten, besuchte aber auch interessante Landschaften und Städte ohne direkten religiösen Bezug. Daneben gab es ab den 1960er Jahren, speziell für Jugendliche, Begegnungsreisen, bei denen der Kontakt zu israelischen Jugendlichen ein wichtiger Programmpunkt war.

Diskussionen darüber, ob Frauen an Reisen teilnehmen sollten oder nicht, gehörten in der zweiten Hälfte des 20. Jahrhunderts endgültig der Vergangenheit an. Und so war es selbstverständlich, dass an den Jugendreisen nach Israel Mädchen und junge Frauen ebenso teilnahmen wie männliche Reisende. Insgesamt war das Verhältnis der Geschlechter nahezu ausgeglichen, wie eine 1972 vom Deutschen Jugendinstitut erstellte Untersuchung ergab.[432] Die männlichen Teilnehmer waren nur leicht in der Überzahl.

Die Jugendlichen begriffen sich nicht im engeren Sinn als Pilgernde, auch wenn viele mit kirchlichen Organisationen und Gruppen beider Konfessionen unterwegs waren. Sie sahen sich jedoch auch nicht einfach als Touristen. Wichtig war ihnen die Begegnung mit israelischen Jugendlichen. Hatten viele beim Aufbruch gemischte Gefühle, so änderte sich dies häufig im Verlauf der Reise. Eine der jugendlichen Teilnehmerinnen berichtete: „Meine Eltern waren keine Nazis, und ich bin erst 1947 geboren, habe also keine Belastung. Aber ich bin Deutsche, und irgendwie haben wir Kinder auch für die Sünden unserer Väter zu büßen. Und von daher – war das irgendwie etwas schwierig."⁴³³ Gefragt, ob dieses schwierige Gefühl sie über die gesamte Dauer der Reise begleitet habe, antwortete die junge Frau: „Dieses Bewusstsein bestand nur so am Anfang und hat sich dann relativ schnell verloren."⁴³⁴ Im Kontakt und bei den gemeinsamen Aktivitäten der Jugendlichen beider Länder stellte sich also ein ähnlicher Effekt ein, wie Änne Perl ihn auf ihrer Wallfahrt 1948 erlebt hatte: Im gemeinsamen Tun wurde die aktuelle Gemeinschaft stärker erlebt als die trennende Vergangenheit.

Am Beispiel von Änne Perls Lourdes-Fahrt und den Reisen von Jugendlichen nach Israel in den 1960er Jahren lässt sich die Weiterentwicklung des Pilgerwesens nach 1945 beobachten: Die Wallfahrt, die schon so oft seit Beginn der Neuzeit für tot erklärt worden war, erwies sich als erstaunlich lebendig. Nach dem Zweiten Weltkrieg stellte sie gerade durch ihre traditionelle, vormoderne Prägung ein gemeinschaftsstiftendes Angebot jenseits aktueller politischer Konstellationen dar. Die moderne Israelreise dagegen gehörte und gehört bis heute zu den stärker ausdifferenzierten Formen von Reisen, die auf die klassische Fernpilgerreise zurückgehen. Während die Heilig-Land-Fahrten am Beginn des 20. Jahrhunderts für eine kurze Zeit Wallfahrt und religiös-touristische Bildungsreise zusammenführten, standen nach 1945 wieder beide Formate ähnlich getrennt nebeneinander wie bereits im 19. Jahrhundert. Im Fall der Bildungsreise war das religiöse Element im Zuge der fortschreitenden Modernisierung weniger bindend geworden, dafür verstärkte sich der touristische Charakter des Reisens.

Die spezielle Form der Begegnungsreise, die einen religiösen Dialog einschließen konnte, aber nicht musste, zeigt darüber hinaus die Entwicklungsdynamik auf diesem Gebiet: Je nach Zeit und Umständen entstanden und entstehen neue Formate, die durch die Menschen, sie sie praktizieren, mit Leben erfüllt werden. So erlebte gegen Ende des 20. Jahrhunderts das Pilgern einen neuen Aufschwung. Alte Wege und Ziele, allen voran der Jakobsweg, wurden wiederentdeckt. Dabei entstand eine neue Form des spirituellen Unterwegsseins, die heute nicht nur, aber doch in besonderer Weise für Frauen attraktiv ist.

Der Weg ist das Ziel: Carmen Rohrbach auf dem Jakobsweg

Eine der ersten Frauen, die den Jakobsweg nach seinem langen ‚Dornröschenschlaf' wieder begingen, war Carmen Rohrbach. Geboren 1948 in Bischofswerda, konnte sie als Schülerin von Reisen in ferne Länder nur träumen.[435] 1974 entschloss sie sich zur Flucht aus der DDR. Zuerst mit einem Paddelboot, dann schwimmend, versuchte Rohrbach, über die Ostsee zu entkommen, wurde gefasst und verbrachte anschließend zwei Jahre in Haft, bevor sie in den Westen übersiedeln konnte. Dort erfüllte sich ihr Traum, als Forscherin auf Reisen zu gehen: Carmen Rohrbach nahm an Expeditionen nach Nepal, auf die Galapagos-Inseln und nach Ecuador teil und begann, Bücher über ihre Fahrten zu schreiben. Wenn auch die zeitlichen und politischen Umstände ganz andere waren, so ähnelt Rohrbachs Weg doch in Manchem dem von Ida Pfeiffer. Aus einer als unerträglich empfundenen Enge gelang der Aufbruch in ein selbstbestimmtes Leben als Forscherin, Reisende und Schreibende. Wie für Ida Pfeiffer war auch für Carmen Rohrbach ihre Pilgerfahrt eine von vielen Reisen rund um den Globus. Ihr 1991 erschienenes Buch *Jakobsweg. Wandern auf dem Himmelspfad* beschreibt ihre Wanderung von St.-Jean-Pied-de-Port auf der französischen Seite der Pyrenäen bis nach Santiago de Compostela.[436]

Unter den großen Pilgerzielen nahm Santiago bereits im Mittelalter eine Sonderstellung ein, weil hier der Weg zum Ziel eine ungleich höhere Bedeutung hatte als im Fall Roms oder Jerusalems. Die im mittelalterlichen *Liber Sancti Jacobi* beschriebenen und damit kanonisierten vier Hauptwege durch Frankreich, die sich jenseits der Pyrenäen zu einem Weg vereinen, dienen Pilgernden auch heute noch als zentrale Routen. Dabei hat sich die ursprüngliche Intention des mittelalterlichen Pilgerführers, durch die Festlegung und Beschreibung des Weges das Ziel aufzuwerten, heute eher ins Gegenteil verkehrt: Der geografische Ankunftsort spielt eine untergeordnete Rolle. Indem der Weg zugleich als äußerer und innerer Weg verstanden wird, ist das Ankommen als persönlicher oder spiritueller Entwicklungsprozess gleichsam in ihm enthalten.

Auch für Carmen Rohrbach war das eigentliche Ziel der Weg: „Ich bin aufgebrochen, um Antworten zu finden, Auskünfte über mich selbst. Was ich bin, was ich soll, wie ich weiter leben kann."[437] Warum sie gerade den Jakobsweg für sich erkoren hatte, war ihr zu Beginn selbst nicht ganz klar: „[W]as mag mich in heutiger Zeit dazu bewegen, eine Fußwanderung zum heiligen Jakobus zu unternehmen? Ausgerechnet ich, die niemals beten gelernt hat, nicht mal getauft ist und Kirchen nur betritt, um sie zu besichtigen oder gegebenenfalls darin zu übernachten? Noch weiß ich es nicht. Während der Wanderung hoffe ich mehr Klarheit zu bekommen."[438]

Selbst nicht religiös, erlebte Rohrbach dennoch Kirchen als besondere und einladende Orte.[439] Immer wieder kam sie mit Geistlichen und Ordensbrüdern oder -schwestern ins Gespräch. Als sie sich einmal darüber wunderte, dass sie als Frau in einem Männerkloster der Franziskaner übernachten durfte, erklärte ihr einer der Brüder: „Es ist eine Tradition, der wir verpflichtet sind [...] Früher, als alle Menschen noch zu Fuß gingen, war es Aufgabe der Klöster, den Menschen Unterkunft und Essen bereitzustellen. Heute kommen nur noch wenige. Sie sind eine Ausnahme."[440]

Carmen Rohrbach war zu einer Zeit unterwegs, als der Jakobsweg noch nicht massenhaft begangen wurde.[441] Sie begegnete über weite Strecken keinen anderen Wanderern oder Pilgern und war daher lange Zeit davon überzeugt, die einzige auf dem *Camino* zu sein. Als sie schließlich drei weitere Pilgernde traf, stellte sie fest, dass es ihnen genauso gegangen war: „Jeder von uns hatte sich bisher als Alleingänger auf dem Weg gefühlt. Jetzt war es irritierend zu erfahren, dass vor mir und hinter mir noch andere waren."[442] Im Gespräch verwandelte sich die anfängliche Irritation allerdings schnell in ein Gefühl der Verbundenheit: „Ich freute mich, dass auch die anderen vom einsamen Eunate berührt und ebenfalls von den romanischen Portalen begeistert waren und in Puenta la Reina die Brücke bewundert hatten. Die Empfindungen stimmten überein. Jeder hatte außerdem noch seine eigenen Erlebnisse. Wir hörten von Dingen, die auf dem Weg zu finden gewesen waren, aber für die nur einer von uns die richtigen Augen gehabt hatte. So erlebten wir die Strecke vierfach."[443]

In Logroño traf Carmen Rohrbach den Pfarrer einer Vorstadt, Pater Rafael. Er wollte wissen, was sie an dem Pilgerweg beeindrucke, hörte ihr aufmerksam zu und fragte dann: „Und die Bäume? Sprechen sie mit Ihnen, spüren Sie deren Energie?"[444] Rohrbach war skeptisch: „Möglich, dass andere Menschen tatsächlich mystische Erfahrungen haben, mir jedoch ist noch nie etwas Unreales begegnet."[445] Der Pater allerdings beharrte auf der besonderen Kraft, die er *el mundo vegetal* nannte: „Diese vegetative Kraft ist sehr wichtig. Die meisten Menschen schenken ihr keine Beachtung, aber ich könnte meine Aufgabe hier in dem Viertel gar nicht erfüllen, wenn mir nicht die Bäume helfen würden."[446]

Danach erzählte der Pater Carmen Rohrbach, dass bereits im Mittelalter nicht Santiago, sondern Finisterre das eigentliche Ziel mancher Pilger gewesen sei. Gefragt, ob alle Pilger bis dort gewandert seien, antwortete er: „Es waren nur wenige, die eine von der Allgemeinheit abweichende Religiosität hatten, Mystiker, die anders fühlten, anders dachten, die Gott nicht am Altar, sondern in der Natur fanden."[447] Er selbst war ebenfalls bis ans „Ende der Welt" gegangen. „Und wissen Sie, was ich dachte, als ich das anbrandende Meer sah? Ich wusste plötzlich, dass finis terre als Pilgerziel viel älter ist als Santiago, denn bevor es Kirchen gab, hat Gott durch die von ihm geschaffene Natur zu den Menschen gesprochen. Und ich bin sicher, ihm selbst gefällt es besser so."[448]

Auch Carmen Rohrbach ging schließlich bis Finisterre. In der Kathedrale von Santiago erlebte sie, wie häufig auf ihrem Weg, die Frömmigkeit und den Glauben der Menschen dort als beeindruckend. Zugleich war ihr diese Form der Spiritualität fremd: „Mich berührt der feierliche Ernst dieser Leute, aber mich erschüttert die Macht, die der Glaube auf die Vernunft ausübt. Von diesem Moment an ist mir klar, ich muss bis Finisterre gehen, bis ans ‚Ende der Welt'. Ich muss für mich ein Gegengewicht schaffen gegen diesen religiösen Wahn, gegen diese Vergötterung und Anbetung, gegen den Wunderglauben."[449]

Zum Abschied von Santiago traf sich Rohrbach noch einmal mit den anderen Pilgernden, die sie unterwegs getroffen hatte, in einem Café. Ein spanischer Pilger aus Salamanca gesellte sich ebenfalls dazu. Im Gespräch kam die Rede darauf, dass Carmen Rohrbach nicht gläubig ist. Der Spanier zeigte sich erstaunt: „Du bist kein Christ?" Als Rohrbach verneinte, fragte er nach: „Du glaubst nicht an Gott?" Abermals fiel die Antwort negativ aus. Der Pilger aus Salamanca traute seinen Ohren nicht. „Er schaut mich fassungslos an. Dann fasst er sich und sagt: ‚Du lügst, denn wenn du nicht an Gott glauben würdest, dann hättest du nicht den Weg bis Santiago geschafft. Ich selbst war oft nahe daran aufzugeben. Und ich bin ein Mann! Du als Frau hättest die Strapazen nie aus eigener Kraft bewältigen können, denn nur mit göttlicher Hilfe und der des heiligen Jakobus konnte es dir gelingen, also musst du doch an sie glauben, sonst wäre dir nicht geholfen worden.' Sagt es und wendet sich brüsk von mir ab. Er unterhält sich fortan nur noch mit Pavel, Tommaso und Atze. Für ihn existiere ich nicht mehr."[450]

Es ist, als würden sich Jahrhunderte männlicher und weiblicher Pilgerschaft ein Stelldichein geben. Der namenlose spanische Pilger verkörpert zum einen eine tief verwurzelte Frömmigkeit, die ihren Glaubensgrund in mittelalterlichen Traditionen hat: Nur mit göttlicher Hilfe und der des Heiligen, so die Überzeugung des Spaniers, konnte der beschwerliche Pilgerweg überhaupt bewältigt werden. Voraussetzung dafür war aber der unverbrüchliche Glaube an eben diesen Gott und seine Heiligen. Dass Carmen Rohrbach log, wenn sie behauptete, nicht zu glauben, lag für den Pilger aus Salamanca daher auf der Hand. Schließlich war sie bis Santiago gekommen. Hatte nicht er selbst mehr als einmal daran gezweifelt, ob er es schaffen würde? Und er war schließlich ein Mann! Eine Frau, so die jahrhundertealte Überzeugung pilgernder Männer, konnte den Weg niemals aus eigener Kraft schaffen.

Carmen Rohrbach ließ sich, ebenso wie die vielen Frauen, die vor und nach ihr den Jakobsweg begingen und noch begehen, von solchen Ansichten nicht aufhalten. Sie setzte ihren Weg unbeirrt fort und wanderte allein von Santiago weiter nach Finisterre. Zunächst war es für sie ein merkwürdiges Gefühl, sich nun nicht mehr auf dem anerkannten Pilgerpfad zu befinden. Bisher hatten ihr die Einheimischen allerorten eine gute Reise nach Santiago gewünscht. Nun war sie auf eigene Faust mit Karte und Kompass unterwegs: „Ich bin nicht mehr ein Teil der großen Pilgerbewegung, sondern allein auf einem Weg, den ich nur gehe. Zunächst fühle ich mich sehr einsam."[451]

Auch als Nichtgläubige hatte Carmen Rohrbach auf ihrer Wanderung doch stets die Verbundenheit mit den Pilgernden früherer Epochen gespürt. Sie beschäftigte sich unterwegs intensiv mit der Geschichte des *Camino* und den Menschen, die ihn vor ihr gegangen waren. Nachdem Santiago de Compostela hinter ihr lag, fühlte sie sich zuerst abgetrennt von der Pilgerbewegung und ihrer lang zurückreichenden Geschichte. „Heißt das überhaupt noch ‚pilgern'? Jetzt wandere ich doch nur noch einen beliebigen Weg entlang. Dann erinnere ich mich an die Worte des Pfarrers Rafael. Hatte er nicht gesagt, dass im Mittelalter viele Menschen bis Finisterre pilgerten? Und allmählich, während ich dem Meer entgegengehe, fühle ich mich wieder verbunden mit den Schatten der Vergangenheit."[452] Finisterre wurde für Rohrbach tatsächlich zum eigentlichen Ziel ihrer Reise, nicht nur geografisch: „Ich breite die Arme aus und grüße die Elemente: Das Meer vor allem, den Wind, die Sonne, die Steine. Ich bin glücklich mit dem Gedanken, dass es für mich nirgendwo einen Platz auf der Erde gibt, denn das bedeutet, ich bin überall zu Hause [...] Nun bin ich angekommen und gehe wieder, neue Wege, neue Ziele zu suchen."[453]

Carmen Rohrbach ist bis heute eine Reisende geblieben. Ihre Bücher und Vorträge begeistern und ermutigen viele Menschen, die ebenfalls vom Aufbrechen träumen. Der Jakobsweg erlebte in den Jahren nach ihrer Reise einen beispiellosen Aufschwung. Heute gilt er als Inbegriff des Pilgerwegs.

In Carmen Rohrbachs Reisebericht finden sich bereits viele Elemente, die die moderne Jakobspilgerschaft kennzeichnen: Im Zentrum steht der Weg, nicht so sehr das Ziel. Die Pilgerschaft wird zugleich als äußere und innere Wanderung begriffen, oft als Reise zu sich selbst. Die Pilgernden verlassen den Alltag, entfernen sich vom Gewohnten, um gerade durch die – auch räumliche – Entfernung eine Annäherung zu ermöglichen: Ziel ist es, sich neu zu spüren, den eigenen Weg klarer zu erkennen, Altes zurückzulassen und Neues zu wagen. Das Erleben der Natur und die Gemeinschaft mit anderen Pilgernden spielen dabei eine wichtige Rolle. Die Anbindung an traditionelle Glaubensinhalte und -formen ist möglich, aber nicht zwingend. Häufig haben die Pilgernden ein weiter gefasstes Verständnis von Spiritualität.[454] So bezeichnet sich z.B. Hape Kerkeling, der 2001 auf dem Jakobsweg unterwegs war, als „eine Art Buddhist mit christlichem Überbau".[455]

Ausblick

Seit dem Erscheinen von Kerkelings Buch *Ich bin dann mal weg* über seine Reise auf dem Jakobsweg ist der Pilgerboom in Deutschland ungebrochen. Pilgern wird dabei heute in einem sehr weiten Sinn als spirituelles Unterwegssein verstanden.[456] Damit unterscheidet es sich klar von der katholischen Wallfahrt, die ebenfalls nach wie vor lebendig ist.[457] Frauen spielen in beiden Formaten eine wichtige Rolle. Das Wallfahrtswesen, das sich seit Beginn der Neuzeit immer mehr auf Maria konzentriert hat, ist verbunden mit der zentralen Frauengestalt des christlichen Glaubens. Konnte es Frauen zeitweilig verstaubt und unmodern erscheinen, zur „Jungfrau Maria" zu pilgern, so wird Maria heute gerade von weiblichen Gläubigen wieder entdeckt und neu mit Leben erfüllt. Dabei ist auch zu beobachten, dass sich Wallfahrten heute der modernen Form des Pilgerns annähern und das gemeinsame Unterwegssein einen größeren Stellenwert einnimmt.[458] Der Hauptunterschied bleibt jedoch die christlich-katholische Anbindung der Wallfahrt.

Beim Pilgern dagegen begegnet uns heute eine breite Palette verschiedener Formen.[459] Neben geschlechtsunabhängigen Angeboten finden sich auch Formate speziell für und von Frauen. So gibt es z.B. verschiedene Pilgerwege, die den Spuren berühmter Frauen der Kirchengeschichte folgen.[460] Außerdem wurden und werden spezielle Frauenpilgerwege eingerichtet.[461] Was den Jakobsweg betrifft, sind Frauen dort heute nicht nur in großer Zahl unterwegs. Viele von ihnen veröffentlichen außerdem ihre Erfahrungen online oder in Buchform.[462] Der Pilgerbericht ist inzwischen zu einem eigenen literarischen Genre geworden.

Interessanterweise hat zumindest in Deutschland mit Hape Kerkeling ein Mann dieses Genre maßgeblich geprägt. M. Eckart hat in ihrer Untersuchung weiblicher Pilgerberichte über den Jakobsweg nachgewiesen, dass die Autorinnen dem von Kerkeling etablierten Muster fast durchgängig folgen. Aufbau und Stil der Texte ähneln sich und sind genretypisch gestaltet. Speziell weibliche Erfahrungen finden sich selten. Die Autorinnen erwähnen zwar häufig, sie empfänden es „als ein Wagnis, sich alleine als Frau auf Fernwanderung zu begeben."[463] Daran zeigt sich die Langlebigkeit der alten Zuschreibung von der Schwäche der Frauen als Reisehindernis. Gleichzeitig wird allerdings bei der Schilderung des Pilgeralltags „kein Augenmerk auf spezifisch weibliche physische Erfahrungen (wie etwa das Wandern unter Menstruationsschmerzen) gerichtet."[464] Dennoch kommt M. Eckart zu dem Schluss, „dass es beim weiblichen Pilgern nicht nur darum geht, die eigene Identität zu ‚erlaufen', sondern ebenso darum, sich diese im Zuge der Pilgerschaft zu ‚erschreiben'. Aus der Absicht, neue Wege gehen zu wollen, wird in den Texten eine Ankunft in einem sich als verändert empfindenden Ich."[465] Diese Transformation, ein Suchen und Sich-neu-Finden macht für viele Frauen heute den Kern des Pilgerns aus.

Rom und Jerusalem sind heute in erster Linie Ziele religiöstouristischer Bildungsreisen. Darüber hinaus ist Rom wie zu allen Zeiten nach wie vor ein Wallfahrtsziel. Der lange Zeit in Vergessenheit geratene Weg nach Santiago de Compostela dagegen ist heute der Hauptweg für Pilgernde mit den unterschiedlichsten Motiven. Der gemeinsame Weg, ob lang oder kurz, mehr oder weniger spirituell, vereint dabei nicht nur die, die ihn aktuell begehen. Er stellt auch eine Verbindung zu den Pilgernden vergangener Epochen dar. Seit Jahrtausenden sind Menschen unterwegs zu heiligen Stätten. Zu allen Zeiten haben sie sich damit zumindest für die Dauer der Reise aus den gewohnten Koordinaten ihres Lebens hinausbegeben. Möge die Verbindung mit den vielen reisenden Frauen der Geschichte auch heutigen Pilgerinnen Mut, Offenheit und Neugier verleihen und Raum schaffen für die Begegnung mit sich selbst, mit anderen Menschen und mit Gott.

Anmerkungen

1 Schuber, M., Meine Pilgerreise über Rom, Griechenland und Egypten durch die Wüste nach Jerusalem und zurück. Vom 4. Oktober 1847 bis 25. September 1848; Graz 1850, S. 31.
2 Vgl. zur Geschichte des Pilgerns in Mittelalter und Neuzeit: Ohler 2000; speziell zum Jakobsweg: Herbers 2007. Zu den biblischen Grundlagen des Pilgerns Jehle 2005, S. 27 f. Ein kurzer historischer Gesamtüberblick findet sich in Jehle 2002; Schwerpunkt dieser Untersuchung ist v.a. die Marienwallfahrt nach Lourdes.
3 Zur Herkunft der Begriffe und ihrer Unterscheidung vgl. ausführlich Kap. 5.
4 Vgl. Craig 2009; Rottloff 2006.
5 Ambrosius von Mailand, De obitu Theodosii 42. Die Totenreden des Ambrosius für die Kaiser Valentinian II. und Theodosius I. liegen jetzt in einer kritischen Neuedition vor: Ambrosius Mediolanensis, Orationes funebres I, hg. von Victoria Zimmerl-Panagl; Berlin 2021.
6 Das Verhältnis Kaiser Konstantins zum Christentum wird in der Forschung kontrovers diskutiert. Sicher ist, dass Konstantin das Christentum frühzeitig förderte und ab dem Jahr 312 die paganen Kulte nicht mehr unterstützte. Taufen ließ sich der Kaiser allerdings erst auf dem Totenbett. In der Spätantike war dies keineswegs unüblich: Man wollte auf diese Weise sicherstellen, als getaufter Christ möglichst sündenfrei zu sterben und damit ins Paradies zu gelangen. Vgl. Wallraff 2013; Girardet 2010; Demandt 2007, S. 76, Anm. 3.
7 Vgl. zum Folgenden Friedrich 2000, S. 3–8.
8 Eusebius von Caesarea, De vita Constantini III, 42.
9 Eusebius von Caesarea, De vita Constantini III, 45.
10 Eine Ausgabe der erhaltenen Fragmente von Gelasius' Kirchengeschichte bietet Wallraff 2018. Reise der Kaiserin Helena ins Heilige Land: Wallraff 2018, S. 120–129.
11 Ambrosius von Mailand, De obitu Theodosii 42.
12 Ambrosius von Mailand, De obitu Theodosii 44.
13 Ambrosius von Mailand, De obitu Theodosii 46.

14 K. Trampedach schreibt dazu: „Mit dem Auftreten Constantins auf der historischen Bühne und der staatlichen Begünstigung des Christentums änderten sich [...] die Verhältnisse grundlegend. Die Christen erhielten jetzt heilige Stätten, die nicht im Himmel lagen, und Pilgerströme begannen, sich in rasch zunehmender Dichte nach Palästina zu ergießen." Trampedach 2001, S. 84
15 Heyden 2014, S. 18. Vgl. zum Folgenden auch ebd., S. 111 und 143–146
16 Im Zusammenhang mit der Entstehung der spätantiken Jerusalemtradition ist auch auf die alttestamentliche Zionstradition hinzuweisen. Vgl. Keel/Zenger 2002.
17 Eusebius von Caesarea, De vita Constantini III, 45.
18 Heyden 2014, S. 145. Die konkrete Verortung des menschlichen Lebens Jesu wandte sich kirchlicherseits auch gegen die Strömung der Monophysiten, die davon ausging, dass Christus nur eine einzige, göttliche Natur habe. Die Zweinaturenlehre, die im Konzil von Chalcedon 451 als offizielle Lehrmeinung anerkannt wurde, betonte dagegen die göttliche und die menschliche als zwei voneinander getrennt existierende Naturen Christi. Dies wurde unterstrichen, indem man die irdischen Spuren Jesu und damit seine Historizität herausstellte. Vgl. Hoping, 2014; speziell zum Konzil von Chalcedon Gracianskij 2021.
19 Heyden 2014, S. 146.
20 So der Untertitel von Bieberstein 2000.
21 Kahrstedt 1958, S. 248 f.
22 Vgl. Gielen 2010, dort auch zahlreiche weiterführende Literatur; Bieberstein 2003; Stegemann 1997; Eisen 1996; Klauck 1989.
Gegen das Konzept der (auch von Frauen geleiteten) Hausgemeinden argumentiert S. Heid, der vom „Phantom der Hauskirchen" (Heid 2019, S. 69ff.) spricht. J. Lauster kommt mit Blick auf die bisherige Forschung zum Thema zu dem Schluss: „In der frühen Phase konnten auch Frauen in Ämter oder amtsähnliche Strukturen gelangen." (Lauster 2021, S. 71).
23 Vgl. Schmeller 2010; Küchler 2008; Klauck 1989.
24 Die Konkurrenz zwischen Hieronymus und Paulinus bzw. Rufinus behandelt ausführlich Heyden 2014, S. 162–165 und 203–224.
25 Es gibt eine schier unübersehbare Fülle an Forschungsliteratur über Origenes. Einen guten Einstieg bietet Campenhausen 1993, S. 43–60.
26 Leppin 2003, S, 35.
27 Vgl. Heyden 2014, S. 155 sowie ebd. Anm. 188.
28 Vgl. Heyden 2014, S. 165.
29 Hieronymus war, wie A. Fürst gleich zu Beginn seiner Biografie des Kirchenvaters betont, ein Exzentriker: „Mit nur wenigen der Menschen, die näher mit ihm zu tun bekamen, hat er sich nicht gestritten oder gar

verfeindet. Und Hieronymus war ein Feind, wie man ihn niemandem wünscht: cholerisch, reizbar, schonungslos, polemisch, unversöhnlich." Zugleich aber war er ein brillanter Gelehrter, der „als einziger Kirchenvater imstande war, der christlichen Exegese und Theologie jüdisches Bibelwissen zu erschließen. Fürst 2016, S. 5.

30 Ausführlich zur weiblichen Askese in der römischen Spätantike: Petersen-Szemerédy 1993; vgl. auch Laurence 2010.
31 Palladius, Historia Lausiaca, 54,5.
32 Vgl. Heine 2008, S. 152 f.; G. Petersen-Szemerédy weist darauf hin, dass Melania die Jüngere insgesamt zwischen 50.000 und 100.000 Sklaven besaß. 8000 von ihnen ließ sie frei, „die anderen wollten nicht freigelassen werden. Vermutlich zogen sie ihr bisheriges immerhin gesichertes Dasein dem Leben als Freigelassene vor." Petersen-Szemerédy 1993, S. 61.
33 Hieronymus, ep. 22, 18. In ep. 22, 21 verweist Hieronymus außerdem wie Ambrosius auf die rettende Rolle Marias: „Das Gut der Enthaltsamkeit fand sich [...] im Alten Testament nur bei Männern, während Eva ständig in Schmerzen Kinder gebar. Als aber die Jungfrau empfing [...], da war der Bannfluch gelöst. Eva brachte den Tod, Maria das Leben. Deshalb floss auch die Gabe der Jungfräulichkeit reichlicher auf die Frauen über, weil sie von einer Frau ihren Ausgang genommen hatte."
34 Hieronymus, ep. 108, 10.
35 Hieronymus, ep. 108, 10.
36 Andrew Cain nennt den Brief des Hieronymus daher „a textual basis for a Bethlehem-centered cult of Paula the ascetic martyr-saint". Cain 2010, S. 108. Ebenso argumentiert Bastiaensen 1994, S. 101.
37 Hieronymus, ep. 58, 4.
38 Hieronymus, ep. 58, 3.
39 Hieronymus, ep. 108, 18f.
40 Palladius, Historia Lausiaca 41, 2. Hier zit. nach Heyden, S. 217.
41 Egeria, Itinerarium – Reisebericht, lateinisch-deutsch, eingeleitet und hg. von Georg Röwenkamp, Freiburg i. Br. 2017 (3. Aufl.).
42 Itinerarium Burdigalense – Reise von Bordeaux, lateinisch-deutsch, in: Aetheria/Egeria, Reise ins Heilige Land, lateinisch-deutsch. Hg. und übersetzt von Kai Brodersen; Berlin 2016, S. 26–73.
43 Bereits 1911 diente Egerias Itinerarium dem Altphilologen E. Löfstedt als Textgrundlage seiner wegweisenden Untersuchung zum Wortschatz und zur Syntax des Spätlateinischen: Löfstedt 1911; vgl. auch Väänänen 1987.
44 Egeria, Itinerarium 18,2.
45 Egeria, Itinerarium 19,5; 20,2.

46 Egeria, Itinerarium 8,4.
47 Egeria, Itinerarium 7,2.4; 9,3.
48 Vgl. Hunt 1982, der Egerias Bericht als „authentic witness of ‚Theodosian' Christianity" bezeichnet (S. 165). Ebenso Heyden 2014, S. 157.
49 Vgl. zum Folgenden Röwenkamp 2017, S. 29–36; Heyden 2014, S. 156 f. und 185–203.
50 Egeria, Itinerarium 24,1.
51 Vgl. Heyden 2014, S. 186 f.
52 Egeria, Itinerarium 47,5.
53 Donner 2002, S. 77. Ebenso Sághy 2006, S. 440.
54 Mulzer 1996, S. 161.
55 Egeria, Itinerarium 1,1.
56 Egeria, Itinerarium 16,3.
57 Egeria, Itinerarium 20,2.
58 Egeria, Itinerarium 20,4; vgl. Gen 28,2–5 und 29,1–30.
59 Egeria, Itinerarium 20,12; vgl. Gen 11,28.
60 Egeria, Itinerarium 20,13.
61 Egeria, Itinerarium 2,7.
62 Egeria, Itinerarium 17,1.
63 So schildert sie z.b. in religiöser Übertreibung eine viel größere Aussicht vom Sinai, als real selbst bei guten Sichtverhältnissen möglich ist: Egeria, Itinerarium 3,8. Auch lassen sich einige der biblischen Sehenswürdigkeiten, die ihre Reiseführer ihr im Heiligen Land zeigen, heute als nichtbiblische Trümmer belegen. Vgl. Röwenkamp 2017, S. 17 f.
64 Der Begriff wurde von K. Heyden geprägt: „Die Fähigkeit der Zusammenschau von irdischer und himmlischer Wirklichkeit möchte ich als ‚synoptisches Vermögen' bezeichnen. Dieses Vermögen, so meine These, hat die Idee vom christlichen Heiligen Land in Palästina ermöglicht und ihre Popularität befördert." Heyden 2014, S. 354.
65 Heyden 2014, S. 355.
66 Gamurrini, G. F., S. Hilarii tractatus de mysteriis et hymni et S. Silviae Aquitanae peregrinatio ad loca sancta. Quae inedita ex codice arretino; Rom 1887. Der Entdecker der Handschrift, G. F. Gamurrini, ging noch davon aus, dass es sich bei der spätantiken Pilgerin um Silvia von Aquitanien gehandelt habe. 1903 konnte der Franzose Marius Férotin nachweisen, dass Egeria die Verfasserin war (Férotin 1903). Im Jahr 2005 entdeckte und veröffentlichte J. Alturo zwei weitere Kapitel des Itinerariums, die sich in spanischem Privatbesitz befunden hatten (Alturo 2005).
67 Die schottischen Zwillingsschwestern Agnes und Margaret, die wegen ihrer großzügigen Schenkungen an das Westminster College in Cam-

bridge auch „Westminster Sisters" genannt werden, reisten im 19. Jahrhundert zum Katharinenkloster auf dem Berg Sinai und konnten in der dortigen Bibliothek das *Itinerarium* Egerias einsehen: Smith Lewis, A., Dunlop Gibson, M., In the Shadow of Sinai. Stories of Travel and Biblical Research; Brighton/Portland 1999 (Originalausgaben: 1893/1898, vgl. unten Anm. 358), S. 52–59.

68 Bekannt wurde vor allem die in der Legenda aurea enthaltene Fassung: Jacopo da Varazze, Legenda aurea, S. 2041–2049. Zur Entwicklung der Legende bis zur Legenda Aurea vgl. Zehnder 1985, S. 18–41 sowie Levison 1927.

69 Zehnder 1985, S. 21–23.

70 Palmer 2009; Padberg 1995.

71 Angenendt 2001, S. 29; Raisch 2013, S. 7.

72 Rudolf von Fulda, Vita Liobae, Kap. 11. Vgl. ausführlich zu den *artes liberles*: Glei 2006; zu Bildung im Mittelalter allgemein Nonn 2012, darin zu den *artes liberales* v.a. S. 27–56; Bruzzone 2015 enthält zwei einführende Aufsätze und zahlreiche Quellentexte zu den *artes liberales*.

73 Rudolf von Fulda, Vita Liobae, Kap. 9–10.

74 Eremus „signified detachment from the world and thus a space in which the spiritual life could be pursued and the body and soul purified." Palmer 2009, S. 145.

75 Bonifatius, Briefe, Nr. 86.

76 Liudger lebte von 742 bis 809 und war Gründer der Klöster in Werden und Helmstedt sowie erster Bischof von Münster.

77 „Sturmi vero venerabilis abbas, unus ex numero illo electorum Dei, quantum profecerit in eremo sua post martyrium sancti magistri, Bocanna silva in testimonio est, quae prius omnimodis inculta erat ac deserta, nunc autem ab oriente usque ad occidente, a septentrione usque ad meridiem ecclesiis Dei et electis palmitibus monachorum repleta est." Zit. nach Palmer 2009, S. 149 (deutsche Übersetzung von der Autorin).

78 Das lateinische Wort *peregrinus* bedeutete zunächst einfach „Fremder". Das davon abgeleitete Wort *Pilger* bezog sich in der Folge auf Gläubige, die in die Fremde reisen, entweder als lebenslang Wandernde oder als zeitlich begrenzt Reisende mit einem konkreten Pilgerziel.

79 „Women were to play little role in the transformation of the wilderness, but they were to be key to the subsequent work." Palmer 2009, S. 152.

80 Bonifatius, Briefe, Nr. 78.

81 Bonifatius, Briefe, Nr. 14.

82 Bonifatius, Briefe, Nr. 14.

83 Bonifatius, Briefe, Nr. 27.
84 Bonifatius, Briefe, Nr. 27.
85 Hodoepericon, S. 7.
86 Rottloff 2007, S. 106.
87 Vgl. Hodoepericon, Einführung, S. VI.
88 Von einem Reisetagebuch Willibalds geht z.B. W. Berschin aus: „Vielleicht hatte Willibald vor, daraus ein Werk wie die Reise der Paula, das Itinerarium der Egeria oder Adamnans De locis sanctis zu machen. Dann hat er die Ausarbeitung der gelehrten Nonne Hugeburc überlassen, die den Wortlaut Willibalds im Wesentlichen unverändert ließ." Berschin 1991, S. 21 f.
89 Hodoepericon, S. 21.
90 Hodoepericon, S. 53.
91 Hodoepericon, S. 53.
92 Hodoepericon, S. 53.
93 Hodoepericon, S. 53.
94 Rottloff 2007, S. 106.
95 Vgl. hierzu v.a. Palmer 2009, S. 249–280.
96 W. Palmer nennt das Hodoepericon ein „exegetical tool", also ein exegetisches Werkzeug, dessen Hauptziel ein besseres Verständnis der Bibel gewesen sei. Palmer 2009, S. 261.
97 „suisque occulis [...] suisque plantis", Hodoepericon, S. 4.
98 Hodoepericon, S. 32–49.
99 Hodoepericon, S. 42 (lateinisches Original) und 43 (deutsche Übersetzung). Die Darstellung der biblischen Orte, die Willibald besucht hat, folgt durchgehend demselben Muster: Zunächst werden die besuchte Stätte und ihr biblischer Bezugsrahmen genannt, im darauffolgenden Satz wird dann deren Wahrheit und tatsächliche Heiligkeit durch die Bestätigung einer Kirche oder eines Klosters an dieser Stelle bezeugt.
100 Noch Jakob Brückl, der 1880/81 das Hodoepericon herausgab, nannte sie so.
101 Bischoff 1931.
102 Vgl. Rottloff 2007, S. 107.
103 Vgl. Zum Folgenden vor allem Liebers 1989. Dort sind die Quellen, in denen Hildegunds Leben erzählt wird, im lateinischen Original abgedruckt. Die Fassung Engelhards von Langheim wurde von Liebers übersetzt.
104 So erzählen es übereinstimmend Engelhard von Langheim sowie die metrische Fassung der Hildegund-Vita aus dem Kloster Windheim. Vgl. die bei Liebers 1989, S. 174–190 abgedruckten Originalquellen.

105 Liebers 1989, S. 33.
106 Vgl. Angenendt 2003, S. 91–93 (hier auch Hinweise auf weiterführende Literatur) sowie Angenendt 2001, S. 212 f.; Ohler 2000, S. 74; Mc Neill/Garner 1979, S. 34.
107 Rodulfus Glaber wurde um 985 geboren und lebte in Burgund als Mönch in verschiedenen Benediktinerklöstern. Zwischen 1028 und seinem Tod um das Jahr 1047 verfasste er sein fünf Bücher umfassendes Geschichtswerk *Historiarum Libri Quinque*, das die Zeit von 900 bis etwa 1040 behandelt. Besonders Augenmerk legte er dabei auf das Jahr 1000, in dem er Anzeichen des nahenden Weltuntergangs zu erkennen meinte, und das Jahr 1033 (wohl nicht zufällig dieselbe Anzahl an Jahren nach dem Millenniumswechsel wie die in der Bibel angegebenen Lebensjahre Jesu auf Erden). Seine Beschreibung eines Pilgerstroms in nie zuvor dagewesener Größe genau im Jahr 1033 mag daher etwas übertrieben sein. Grundsätzlich deckt sich die Angabe, dass alle Teile der Gesellschaft auf den Beinen waren, aber mit anderen Quellen. Vgl. Ohler 2000, S. 48 ff. Zum Anteil der Frauen an den Reisenden: Nolte 2011, S. 92 f.
108 Rodulfus Glaber, Historiarum Libri Quinque 4, 18. Glabers Werk liegt in seiner Gesamtheit im lateinischen Original sowie in englischer und französischer Übersetzung vor. Ich folge bei der hier abgedruckten Stelle der deutschen Übersetzung von Liebers 1989, S. 37. Lateinische Originalausgabe mit englischer Übersetzung: France/Reynolds 1989, darin die oben zitierte Stelle: S. 198/99 ff.
109 Nolte 2011, S. 91.
110 Engelhard von Langheim, De virgine inventa in ordine nostro et defuncta, in: Liebers 1989, S. 19 (Übersetzung) und S. 174 (lateinisches Original).
111 Ohler 2000, S. 49–51.
112 Kohlhoffsche Chronik zum Jahr 1455, zit. nach Ohler 2000, S. 50; dazu auch Ohler 2000, S. 254, Anm. 75.
113 Foster 2008, S. 19.
114 Venedig war im Mittelalter das Drehkreuz für Schiffsreisende ins Heilige Land. Wer es sich leisten konnte, reiste zunächst über die Alpen und buchte dann von Venedig eine Passage z.B. bis Tyrus. Ärmere Pilgerinnen und Pilger nahmen dagegen den Landweg über den Balkan und Konstantinopel durch das Gebiet der heutigen Türkei. Vgl. allgemein zu den Pilgerrouten des Mittelalters: Herbers 2005.
115 Engelhard von Langheim, De virgine inventa in ordine nostro et defuncta, in: Liebers 1989, S. 20 (Übersetzung) und S. 175 (lateinisches Original).

116 Zu den Bildungsmöglichkeiten für Mädchen im Mittelalter vgl. z.B. Nolte 2011, S. 69–74; Kintzinger 2003; Opitz/Kleinau 1996.

117 Engelhard von Langheim, De virgine inventa in ordine nostro et defuncta, in: Liebers 1989, S. 21 (Übersetzung) und S. 176 (lateinisches Original).

118 Engelhard von Langheim, De virgine inventa in ordine nostro et defuncta, in: Liebers 1989, S. 27 (Übersetzung) und S. 178 (lateinisches Original).

119 Engelhard von Langheim, De virgine inventa in ordine nostro et defuncta, in: Liebers 1989, S. 27 (Übersetzung) und S. 178 (lateinisches Original).

120 Engelhard von Langheim, De virgine inventa in ordine nostro et defuncta, in: Liebers 1989, S. 28 (Übersetzung) und S. 179 (lateinisches Original).

121 „Ich wollte diese Geschichte als Wunder für die Frauen und als Beispiel für die Männer erzählen, damit jene sich rühmen und diese sich schämen sollen. Ich wollte zeigen, dass es heute nicht an Frauen fehlt, die für Christus Tapferes wagen, wo doch der größte Teil der Männer sich weiblicher Schwäche überlässt." Engelhard von Langheim, De virgine inventa in ordine nostro et defuncta, in: Liebers 1989, S. 28 (Übersetzung) und S. 179 (lateinisches Original).

122 Engelhard von Langheim, De virgine inventa in ordine nostro et defuncta, in: Liebers 1989, S. 29 (Übersetzung) und S. 179 (lateinisches Original).

123 Vgl. Liebers 1989, S. 12; zur Namensbedeutung vgl. Wimmer/Melzer 1982, S. 373.

124 Anna Komnene, Alexias. S. 335.

125 Geldsetzer 2003, S. 178.

126 Niketas Choniates, Die Krone der Komnenen I, S. 95.

127 Geldsetzer 2003, S. 124 f. Vgl. zu den muslimischen Quellen auch Christie 2019.

128 Der – allerdings nicht sicher bezeugte – Originaltitel lautet „Hodoepericon et pericula Margarite Iherosolimitane". Schmidt 1986, S. 463. Bei Schmidt (1986) findet sich die erste vollständige lateinische Textedition der Schrift von Thomas von Froidmont. Das vorliegende Kapitel bezieht sich auf diese Fassung (deutsche Übersetzung von der Autorin). Zum Folgenden vgl. auch die Einführung zum Text von Schmidt (1986), S. 461–469, sowie Rottloff 2007, S. 118–120.

129 Große Teile ihrer Kindheit und Jugend soll Margareta in Beverly verbracht haben, daher erhielt sie den Zusatz „von Beverly". Wegen ihrer

Geburt in Jerusalem wird sie, Thomas' Benennung folgend, auch Margareta von Jerusalem genannt.

130 Schmidt (1986) betont, Margareta müsse „ein ungewöhnlicher Mensch gewesen sein, von Frömmigkeit und Reiselust zugleich erfüllt." S. 463.
131 Schmidt 1986, S. 478 (deutsche Übersetzung von der Autorin).
132 Rottloff 2007, S. 119.
133 Schmidt 1986, S. 482 (deutsche Übersetzung von der Autorin).
134 William of Newburgh, The History of English Affairs 1 (lateinisch-englisch).
135 Pernoud 1984; Martindale 1992; Pernoud 1995, S. 77–92; Rottloff 2007, S. 115–117; Turner 2012.
136 Turner 2012, S. 44, verweist darauf, dass in der Forschung inzwischen 1124 als das wahrscheinlichere Geburtsjahr angenommen wird.
137 Weir 2000, S. 11.
138 Vgl. dazu Turner 2000, S. 34 f. sowie S. 448, Anm. 30.
139 William of Newburgh, The History of English Affairs 1 (lateinisch-englisch), S. 128/29 (deutsche Übersetzung von der Autorin).
140 R. Pernoud, geht davon aus, dass Eleonore im Vorfeld des Kreuzzugs „sehr aktiv an den Vorbereitungen mitgewirkt" und in diesem Zusammenhang auch „eine Propagandafahrt durch ihre Länder gemacht hat. Ihr Beispiel hat sicher überzeugend gewirkt. Sie sammelte Geldmittel und begeisterte die Leute." Pernoud 1984, S. 46.
141 Bis heute findet sich diese Einschätzung in der Forschung, so z.B. bei Kelly 1953, S. 75, Meade 1991, S. 99 f., und Weir 2000, S. 61.
142 Turner 2000, S. 115. Der Chronist Wilhelm von Tyrus verweist darauf, einheimische Führer hätten der Vorhut versichert, dass ein bequemer Lagerplatz ganz in der Nähe liege: Wilhelm von Tyrus, Geschichte der Kreuzzüge und des Königreichs Jerusalem, hg. und übersetzt von E. von Kausler und R. Kausler; Stuttgart 1844, S. 427.
143 Pernoud 1984, S. 67.
144 Johann von Salisbury (Ioannis Sareberiensis), Historia Pontificalis. John of Salisbury's Memoirs of the Papal Court (lat.-engl.), hg. von M. Chibnall; London 1956, S. 53.
145 Wilhelm von Tyrus, Geschichte der Kreuzzüge und des Königreichs Jerusalem, S. 430.
146 Johann von Salisbury, Historia Pontificalis, S. 53.
147 Johann von Salisbury, Historia Pontificalis, S. 52 f. Wilhelm von Tyrus mutmaßte, Raymond habe, nachdem der König seinem Plan eines Angriffs auf Aleppo nicht zustimmte, aus Rache den Vorsatz gefasst, „entweder mit Gewalt oder mit List dem König seine Frau wegzuneh-

men, welche ein leichtsinniges Weib war und in den Plan des Fürsten selbst einstimmte." Wilhelm von Tyrus, Geschichte der Kreuzzüge und des Königreichs Jerusalem, S. 430.

148 „Can there be no political explanations of a woman's actions?" fragte beispielsweise bereits 1992 J. Martindale mit Blick auf Eleonores Aktivitäten in Antiochia. Martindale 1992, S. 40.

149 Vgl. Martindale 1992, S. 50; Turner 2012, S. 427.

150 Zit. nach Pernoud 1995, S. 182.

151 Pernoud 1995, S. 183.

152 Interessant ist, dass Ludwig und Marguerite sich auf ihrer Reise, auf der man mit Schwangerschaften durchaus rechnete, von einer Ärztin begleiten ließen. Noch hatte sich das Berufsverbot für Frauen in diesem Bereich nicht durchgesetzt. Erst im 14. Jahrhundert wurde ein Diplom der Universität von Paris zur Voraussetzung für die Ausübung des Arztberufs. Frauen waren jedoch vom Studium ausgeschlossen. Vgl. Pernoud 1995, S. 184 f. sowie Green 1989.

153 Der Name war vom französischen Wort „triste" (traurig) abgeleitet, da das Kind in einem für Marguerite so traurigen Augenblick zur Welt kam. Aus Dankbarkeit für die glücklich verlaufene Geburt des Sohnes und weitere ärztliche Dienste während des gesamten Kreuzzugs gewährte Ludwig IX. der Ärztin des Königspaars, Hersenda, 1250 eine großzügige Rente. Der Text der 1250 in Akkon ausgestellten königlichen Urkunde ist abgedruckt in: Daumet 1918, S. 69 ff. Vgl. Pernoud 1995, S. 184 f.; Geldsetzer 2003, S. 97 f. und S. 248, Anm. 101.

154 Zit. nach Pernoud 1995, S. 189.

155 Geldsetzer 2003, S. 95–103.

156 Auch für manch ungeplante Schwangerschaft war daher eine Pilgerfahrt gewissermaßen eine unauffällige praktische Lösung. Vgl. Ohler 2000, S. 78.

157 Vgl. Geldsetzer 2003, S. 97, sowie Shahar 1993, S. 64 f.

158 Zit. nach Pernoud 1995, S. 189.

159 Der Umgang mit Regenten und anderen hochgestellten Persönlichkeiten war selbstverständlich für sie und prägte die visionäre Schwedin ein Leben lang. Nicht selten wird Birgitta in Quellen auch als Prinzessin bezeichnet. Vgl. Morris 1999, S. 32. Zum Leben Birgittas ausführlich Schiwy 2003.

160 Da Blanca aus Frankreich stammte, musste sie zunächst Schwedisch lernen. Außerdem unterwies Birgitta sie bezüglich der Gebräuche und Abläufe am schwedischen Hof. B. Morris betont: „Although little is known of her role at Court, she presumably had a position of great influence." Morris 1999, S. 58.

161 Schiwy 2003, S. 99 f.
162 Flemming 2011, S. 83.
163 Dennoch blieben die Beziehungen zum Königshaus eng. Birgittas spätere Klostergründung wurde, zumindest zu Beginn, von König Magnus unterstützt. P. Rychterovà betont außerdem die Rolle des schwedischen Königshauses im Hinblick auf eine rasche Heiligsprechung Birgittas nach deren Tod. Rychterovà 2004, S. 11.
Dagegen verweist S. Flemming darauf, dass König Magnus Birgitta später seine Unterstützung entzog, da ihm ihre Ermahnungen zu viel wurden und Birgitta außerdem seinen geplanten Kreuzzug kritisierte. Flemming 2011, S. 95.
164 Vgl. zum Jakobsweg Herbers 2007; Ohler 2000.
165 Ohler 2000, S. 61 f.
166 Hierzu Schiwy 2003, S. 110 f. Vgl. auch Gurjewitsch 1986, S. 125–166.
167 Foster, 2008, S. 153–161.
168 Vgl. zum Folgenden Angenendt 1997, S. 269–290; Nolte 2011, S. 56–65.
169 So war z.B. die Kreuzzugsteilnahme eines Mannes an die Einwilligung seiner Ehefrau gebunden. Auch für Pilgerfahrten wurde diskutiert, ob ein Mann gegen den Wunsch seiner Frau aufbrechen durfte. Vgl. Nolte 2011, S. 61.
170 Bei der im 12. Jahrhundert erfolgten theologischen Klärung des Sakramentsbegriffs wurde die Ehe eindeutig zu den sieben Sakramenten gezählt und damit definitorisch von den sogenannten Sakramentalien getrennt. Während die Sakramente durch ihren Vollzug wirken (ex opere operato), erwächst der Segen der Sakramentalien aus dem Weihegebet der Kirche sowie dem Glauben und Vertrauen des einzelnen Christen (ex opere operantis). Vgl. zur Entwicklung des mittelalterlichen Eheverständnisses auch G. Duby (1988), der darauf hinweist, dass man „ab dem 13. Jahrhundert nichts mehr findet, was dem Ehestand eine mindere Würde zuschriebe." (S. 214) Nach kirchlicher Lehre, so Duby, sei die Ehe im Mittelalter „nicht verboten, sondern geradezu vorgeschrieben" (S. 239) und in ihr habe auch „die Sexualität ihre Bedeutung, ihren wesentlichen Platz" (S. 130).
171 In diesem Liber Sancti Jacobi ist die Jakobspilgerschaft so dargestellt, wie man sie sich vorstellte bzw. wünschte. Real gab es z.B. deutlich mehr Wege nach Santiago de Compostela als die vier im Führer beschriebenen. Auch wurden alternative Routen zum Teil häufiger genutzt als die vier als „Hauptwege" angegebenen. Liber Sancti Jacobi. Codex Calixtinus, hg. von K. Herbers; Santiago de Compostela 1998. Vgl. dazu auch Herbers 1984 und Herbers 2007, S. 41–46.

172 Herbers 2007, S. 44.
173 In Citeaux erwarb Birgitta eine Schrift, die angeblich von Bernhard stammte, in Wahrheit jedoch von dem Zisterzienserbruder Thomas von Froidmont verfasst worden war, dem Bruder Margaretas von Beverly: *Liber de Modo bene vivendi* („Über die Art und Weise, gut zu leben"). Unter dem Titel *Lehre Bernhards an die Schwester* soll Birgitta dieses Büchlein für den Rest ihres Leben bei sich getragen haben. Vgl. Schiwy 2003, S. 119 f.
174 Die Zisterzienser gründeten Klöster im gesamten schwedischen Reich und wurden dabei vom Königshaus unterstützt. Zahlreiche Frauen aus einflussreichen Dynastien lebten in Zisterzienserinnenklöstern. Wie S. Flemming betont, „stützten sich das frühe Königtum und die christliche Kirche gegenseitig, was in der Verehrung von Königen als Heilige deutlich wird." Flemming 2011, S. 64.
175 Zit. nach Schiwy 2003, S. 135.
176 Zit. nach Schiwy 2003, S. 135.
177 Morris 1999, S. 67. Vgl. Zu Birgittas Status auch die Quellenangabe bei Flemming 2011, S. 84, Anm. 128.
178 Flemming 2011, S. 84; Morris 1999, S. 64–67; Rychterovà 2004, S. 16, dort auch Weiterführendes zur Frage, ob Birgitta als Visionärin, Prophetin oder Mystikerin einzustufen ist; ausführlich zu Birgittas Berufung außerdem Sahlin 2001, S. 34–77, wo Birgitta als „visionary prophet" (S. 34) bezeichnet wird. Zur weiblichen Mystik des Mittelalters außerdem: Dor u.a. 1999.
179 „Wisse, dass ich nicht deinetwegen allein rede, sondern auch zum Heile aller Christen. Vernimm also, was ich dir sage: Du wirst meine Braut und mein Kanal sein, du wirst Geistliches und geheimes Himmlisches hören und sehen und mein Geist wird bei dir bleiben bis zu deinem Tode." Zit. nach Schiwy 2003, S. 152. Lateinisches Original bei Flemming 2011, S. 84, Anm. 127. Die nahe am Lateinischen bleibende Übersetzung von „canale" mit „Kanal" bringt zum Ausdruck, dass Birgitta mehr ist als nur das Sprachrohr Christi oder eine Überbringerin seiner Botschaften. Sie ist der „Kanal", durch den Gottes Wort direkt zu den Menschen gelangt. Wie Hildegard von Bingen, die sich selbst als Gefäß für Gottes Wort beschrieb, empfand auch Birgitta sich als Mittel oder Werkzeug Gottes. Vgl. dazu auch Morris 1999, S. 66; Sahlin 2001, S. 45.
180 S. Flemming verweist auf den dominikanischen Prior Kettilmund von Skänninge, der in einer Predigt betonte, Birgittas Offenbarungen beruhten „auf Träumerei, Täuschung und Einbildung [...] Birgitta wurde geraten, ordentlich zu trinken und zu schlafen, statt töricht zu träumen." Flemming 2011, S. 86 f

181 Flemming 2011, S. 93–95; Schiwy 2003, S. 159–172.
182 Vgl. zu den Geißlern: Lieven 2004;
183 Zit. nach Schiwy 2003, S. 329.
184 Auch ihr Sohn Karl war Teil der Pilgergesellschaft gewesen, er war jedoch bereits unterwegs in Neapel verstorben.
185 Zit. nach Schiwy 2003, S. 355.
186 Ihr Fokus blieb dabei immer auf Maria gerichtet. Mit den Augen der Mutter blickte Birgitta auf das Geschehen, empfand Marias Freude bei der Geburt des Sohnes und ebenso ihr abgrundtiefes Leid im Anblick seines Todes. Die Gleichzeitigkeit von göttlicher Reinheit und irdisch-menschlichem Schmerz verband Maria unmittelbar mit Christus, der in einer von Birgittas Visionen seine Mutter mit folgenden Worten erhöhte: „Ich, Gott, bin von Ewigkeit her der Sohn Gottes, Mensch in der Jungfrau geworden, deren Herz gleichsam mein Herz war, und deshalb kann ich wohl sagen, dass meine Mutter und ich den Menschen gleichsam mit einem Herzen erlöst haben." (Zit. nach Beyer, 1996, S. 301.) Christus und Maria wurden damit nicht nur auf eine Stufe gehoben. Sie verschmolzen nahezu.
187 Birgitta beschreibt in ihrer Vision den genauen Ablauf der Geburt Christi: von Josefs höflichem Verlassen des Stalls damit kein Mann beim Geburtsvorgang anwesend ist, über die letzten Vorbereitungen Marias (sie legt wollene und leinene Tücher bereit) bis zum Schreien und Zittern des Neugeborenen, das nach Milch verlangt. Der Geburtsvorgang selbst bleibt dabei bezeichnenderweise ausgespart: „Es erfolgte [...] die Art des Gebärens so jäh und so plötzlich, dass ich weder bemerken noch unterscheiden konnte, wie es zuging oder mit welchem Körperteil sie gebar." Zit. nach Schiwy 2003, S. 361.
188 Schiwy 2003, S. 361.
189 So z.B. in Niccolò de Tommasos Darstellung der Geburt Christi. Zur bildlichen Darstellung Birgittas vgl. ausführlich Creutzburg 2011 (ebd., S. 281, auch eine Abbildung der Geburtsszene von Tommaso). Zur Entwicklung der deutschen Marienmystik des Mittelalters: Górecka 1999.
190 Das einzige erhaltene Manuskript von Margery Kempes Lebenserzählung wurde erst 1934 wiederentdeckt und wurde sofort kontrovers diskutiert. Wie A. Rottloff betont, reichten „die Einschätzungen der Person Margerys von ‚unkonventionell' über ‚sensationell' bis hin zu ‚trivial' und ‚hysterisch' oder ‚wahnsinnig' [...] Man versuchte – mit 500 Jahren Abstand! – sogar, genaue medizinische Diagnosen zu stellen." Rottloff 2007, S. 138.
191 Ausführliche Diskussion bei Wöhrer 1990, der die Visionärin Kempe in Beziehung zu ihrer berühmten Zeitgenossin Juliana von Norwich

und im weiteren Kontext der englischen Frauenmystik des Spätmittelalters betrachtet.

192 So bezeichnete sie R. W. Chambers in seiner Einführung zu der 1954 herausgegebenen, ins moderne Englisch übersetzten Ausgabe: Kempe, M. The Book of Margery Kempe. A Modern Version by W. Butler-Bowdon with an introduction by R. W. Chambers; London 1954, S. XV/XVI.

L. Staley betont in der Einführung zu ihrer Neuübersetzung die literarische Qualität des Werks, das ihrer Ansicht nach nicht als eine Art Tagebuch missverstanden werden sollte. The Book of Margery Kempe, Übersetzung und Einleitung: L. Staley; New York/London 2001.

Alle folgenden Textzitate aus Margery Kempes Book sind der Originalausgabe entnommen und wurden von der Autorin ins Deutsche übertragen: Kempe, Margery, The Book of Margery Kempe. The Text from the Unique Ms. Owned by Colonel W. Butler-Bowdon, hg. von S. Brown Meech und H. E. Allen; Oxford 1961 (Nachdruck der Erstausgabe von 1940).

193 Eine ausführliche, erzählende Biografie Margery Kempes liefert Collis 1986.

194 Collis 1986, S. 12.

195 The Book of Margery Kempe (Originalausgabe, hg. von Meech/Allen), S. 8.

196 D. Wallace weist darauf hin, dass Margery ihren Ehemann in ihrem Buch zwar als bewundernswerten Mann beschrieb, der zu ihr hielt, auch wenn alle anderen sich abwandten, bemerkt dann jedoch mit typisch britischem Humor, dass John Kempe für Margerys Wunsch, eine Heilige zu werden, eindeutig zu lang lebte und zu sehr auf der Zeugung von Nachmkommen bestand. Wallace 2011, S. 81.

197 The Book of Margery Kempe (Originalausgabe, hg. von Meech/Allen), S. 11 (deutsche Übersetzung von der Autorin).

198 The Book of Margery Kempe (Originalausgabe, hg. von Meech/Allen), S. 11 (deutsche Übersetzung von der Autorin).

199 Collis 1986, S. 79. Allgemein zur Pilgerfahrt nach Jerusalem und Santiago de Compostela im Spätmittelaler Ganz-Blättler 2000.

200 D. Wallace betont, dass Margerys Bewunderung für Birgitta bisweilen sogar Züge von Konkurrenz annahm: „Margery's desire to emulate Bridget sometimes blossoms into outright competition." Wallace 2011, S. 86, Anm. 70. Aus Sicht von L. Collis hatte Margery zwar anders als Birgitta „keinerlei Neigung zur Ordensgründung, in jeder anderen Hinsicht fühlte sie sich der heiligen Birgitta ebenbürtig oder gar überlegen." Gott soll sogar bei dem einen oder anderen Wunder Margery

gegenüber bemerkt haben, die heilige Birgitta habe ein solches Wunder nicht erlebt. Collis 1986, S. 28.
201 Vgl. Zu Venedig als wichtiger Station spätmittelalterlicher Pilgerinnen und Pilger: Denke 2001.
202 Zuvor hatte man ihr ein Narrengewand angezogen, um sie eindeutig als verrückt zu kennzeichnen. The Book of Margery Kempe (Originalausgabe, hg. von Meech/Allen), S. 62. Vgl. auch Beyer 1996, S. 291.
203 The Book of Margery Kempe (Originalausgabe, hg. von Meech/Allen), S. 64 f.
204 The Book of Margery Kempe (Originalausgabe, hg. von Meech/Allen), S. 67.
205 The Book of Margery Kempe (Originalausgabe, hg. von Meech/Allen), S. 18 f.
206 In Jerusalem und Rom, so Margery, waren die Anfälle häufig. Nach ihrer Rückkehr nach England wurden sie zunächst seltener, doch dann steigerte sich ihre Frequenz von einmal im Monat über einmal die Woche bis hin zu täglichen Wein- und Schreiepisoden. Der Höhepunkt waren 14 Anfälle an einem einzigen Tag. The Book of Margery Kempe (Originalausgabe, hg. von Meech/Allen), S. 68 f.
207 The Book of Margery Kempe (Originalausgabe, hg. von Meech/Allen), S. 75 (deutsche Übersetzung von der Autorin).
208 The Book of Margery Kempe (Originalausgabe, hg. von Meech/Allen), S. 86 (deutsche Übersetzung von der Autorin).
209 Nach Einschätzung U. Ganz-Blättlers hat Margery Kempe quasi ihr ganzes Leben zu einer Pilgerfahrt umfunktioniert. Ganz-Blättler 2000, S. 335.
210 Zur Bewegung der Lollarden: Somerset 2009; Lutton 2006.
211 Obwohl sie nicht schreiben und lesen konnte, kannte Margery zahlreiche Erzählungen der Bibel, die ihr vorgelesen worden waren, auswendig. Bei Vorwürfen gegen sie fing sie gern an, aus der Bibel zu zitieren. Das allerdings machte sie, ohne dass sie selbst sich dessen bewusst war, noch verdächtiger. Die Lollarden bezogen sich ja gerade auf die Schrift und führten diese gegen die Verfehlungen kirchlicher Autoritäten ins Feld. Vgl. Collis 1986, S. 37.
212 Vgl. dazu ausführlich: Benke 2002.
213 Sheldrake 2019; Herbert McAvoy 2015; Mulder-Bakker/Heerspink-Scholz 2005.
214 Gertsman 2012; Schulze-Wessel 2008.
215 Wenn Margery von sich selbst spricht, verwendet sie durchgängig den Ausdruck „dieses Geschöpf" (deutsche Übersetzung von der Autorin).

216 In ihrer Bewertung von Margerys Book als Quellentext für die Geschichte des weiblichen Pilgerns kommt L. Craigh zu dem Schluss: „Although one woman (and in paticular a woman as unique as Margery) can hardly made to speak for all women, comparisons to other sources demonstrate that many of Margerys experiences mirrored those of other female pilgrims." Craig 2009, S. 137.
217 Vgl. Rychterovà 2004, S. 61, Anm. 234.
218 L. Staley, plädiert dafür, Margery Kempes Book vor allem als literarisches Werk zu würdigen. Indem Margery in ihrer autofiktionalen Prosa die Figur der Heiligen als Rolle verwendet habe, so Staley, sei es ihr gelungen, einen Platz für sich zu finden, der zugleich innerhalb der bestehenden Gesellschaft lag und exzentrisch sein konnte. Staley 1996, S. 10.
Vgl. dazu auch Chance 1999, die Margery Kempes Buch in Bezug zu den Schriften anderer spätmittelalterlicher Mystikerinnen, v.a. Christine de Pizan und Marguerit de Porète, setzt.
219 Herbers 2007, S. 85.
220 „Durch die fortschreitende Ansammlung von Gewinn und Reichtum in den Händen der oberen und der mittleren sozialen Schichten wurden die Lebensbedingungen der unteren sozialen Schichten immer schwieriger. Dazu zählten die Knechte und Mägde, die Lohnarbeiter, die Hauslosen und Besitzlosen, die Bettler und Außenseiter." Grabner-Haider 2012, S. 48.
221 Herbers 1991, S. 29.
222 Zu Fabris Leben und Werk vgl. Reichert/Rosenstock 2018; Beebe 2014; Klußmann 2012; speziell zu den weiblichen Mitreisenden auf Fabris Pilgerfahrten: Schulz 2007.
223 Fabri, F., Galeere und Karawane, S. 16.
224 Fabri, F., Galeere und Karawane, S. 16.
225 Fabri, F., Galeere und Karawane, S. 16.
226 Fabri, F., Galeere und Karawane, S. 16.
227 Fabri, F., Galeere und Karawane, S. 29.
228 Fabri, F., Galeere und Karawane, S. 29.
229 Fabri, F., Galeere und Karawane, S. 29.
230 Fabri, F., Galeere und Karawane, S. 76.
231 Fabri, F., Galeere und Karawane, S. 76. L. Craig weist darauf hin, dass von Frauen auf Pilgereisen erwartet wurde, „still und unsichtbar" zu sein: „If women must be present on pilgrimage, it was expected that they should remain silent and invisible." Craig 2009, S. 157. Die Weigerung der Frau, sich dieser Anforderung zu beugen, war es, die die Männer gegen sie aufbrachte.

232 Fabri, F., Galeere und Karawane, S. 81.
233 Fabri, F., Galeere und Karawane, S. 88.
234 Fabri teilte, wie K. Herbers betont, „die Abschnitte seiner fiktiven Tagesreisen mit den entsprechenden Gebeten so ein, dass offensichtlich Raum und Zeit verbunden werden sollten. [...] Damit bot Felix Fabri in seinem Buch eine Hagiotopographie und zugleich eine Hagiochronologie." Herbers 2007, S. 83. Vgl. Fabri, F., Die Sionpilger, hg. von Wieland Carls; Berlin 1999.
235 Fabri, F., Die Sionpilger, S. 14.
236 Bieberstein 2000.
237 Vgl. Denke 2001.
238 Zum Leben und den Wallfahrten Maria Annas von Innerösterreich: Keller 2012.
239 Allerdings waren auch protestantische Gläubige z.T. weiterhin von einem direkten Eingreifen Gottes in den Lauf der Welt überzeugt, und selbst ausgemachte Skeptiker zeigten sich vom Zauber so manchen Wallfahrtsortes beeindruckt. So seufzte der Vater Johann Wolfgang Goethes, Johann Caspar Goethe, nach einem Besuch in Loreto: „Oh welch ein Aberglaube! Und dennoch ist es eine Augenweide, wenn über fünfzig goldene und silberne Lampen einen Ort erleuchten, der an Heiligkeit unter dem ganzen Himmelszelt nicht seinesgleichen hat!" Zit. nach Ohler 2000, S. 56.
Die Muttergottes von Loreto blieb auch in späteren Jahrhunderten bei Katholiken wie Protestanten beliebt. 1920 wurde sie auf Bitten italienischer Flugpioniere vom Papst offiziell zur Patronin der Flieger ernannt. Ihr wundersam durch die Lüfte gereistes Haus wurde zum besonderen Wallfahrtsziel für Luftschiffer, Flieger und Astronauten. 1969 nahm der amerikanische Astronaut James Mc Divitt eine Medaille der Muttergottes von Loreto auf dem Apollo-9-Flug mit zum Mond. Vgl. Grimaldi 1984.
240 Zu Wallfahrt und Wunderglauben am Beginn der Neuzeit: Habermas 1991; zur ambivalenten Wahrnehmung der Wallfahrt am Übergang vom Mittelalter zur Neuzeit: Schreiner 1992.
241 In Bezug auf den heiligen Jakob und sein wundersames Auftauchen in Compostela befand der Reformator: „Wie er in Hispaniam kommen ist gen Compostel, da die groß walfahrt hin ist, da haben wir nichts gewiß von dem [...] Darumb laß man sy ligen und lauff nit dahin, dann man waißt nit ob Sant Jakob oder ain todter hund oder ein todts roß da ligt, [...] laß reisen wer da wil, bleib du daheim". Zit. nach Rottloff 2007, S. 29.
242 Vgl. z.B. zum Stiftungswesen der Habsburgerinnen Hodapp 2018.

243 H. Andics verweist auf die Ungeduld sowohl der Habsburger wie der bayerischen Wittelsbacher, was die Haltung Karls zu den Protestanten anging. Die Familien, die zunächst von Karls Liebe zu seiner bayerischen Nichte Maria Anna nicht begeistert gewesen seien, hätten schließlich einer Heirat doch zugestimmt, denn aus ihrer Sicht „war die glaubensstreng katholische Maria sicherlich eine geeignete Landesmutter für Innerösterreich, wo der eher gutmütige Karl den protestantischen Standesherren ohnehin viel zu wenig Widerstand entgegensetzte – aus Wiener und Münchner Sicht zumindest!" Andics 1986, S. 118

244 Grundlegend zur Pietas Austriaca: Coreth 1982.

245 Vocelka/Heller 1997, S. 22. Vgl. parallel dazu die Pietas Bavarica der Bayerischen katholischen Fürsten. Zur Pietas Bavarica: Woeckel 1992.

246 Vocelka/Heller 1997, S. 22. Ein kurzes Porträt Annas von Tirol findet sich in: Größing 2018, S. 39–44.

247 Zur Biografie Eleonoras vgl. Größing 2018, S. 45–50.

248 Vocelka/Heller 1997, S. 23.

249 Zur Verbindung der Habsburger mit Mariazell bis in die heutige Zeit: Wiesflecker 2003.

250 Schödl 2007, S. 11 ff.

251 Vocelka/Heller 1997, S. 24.

252 Etzlstorfer 2013, S. 171.

253 Vgl. Keller 2012, S. 210 f. und 215.

254 Indem man die Protestanten als „neue Türken" bezeichnete, konnte das alte Bild von Maria auf der Mondsichel, das im Kampf gegen das Osmanische Reich anti-islamisch aufgeladen worden war (Maria, so die Vorstellung, zertrat den islamischen Halbmond unter ihren Füßen), nun auch anti-protestantisch gelesen werden. Vocelka/Heller 1997, S. 21.

255 Bereits der Sieg in der Seeschlacht bei Lepanto gegen die Osmanen im Jahr 1571 war dem direkten Eingreifen Mariens zugeschrieben worden. In der Schlacht am Weißen Berg 1620, in der Ferdinand II. die protestantischen böhmischen Stände besiegte und damit seine Herrschaft über Böhmen sicherte, nannte er Maria „seine Generalissima" und „das oberste Kriegshaupt". Vocelka/Heller 1997, S. 24.

256 In der Sicht Leopolds war es ganz konkret die Mariazeller Gottesmutter, die ihm bei der Abwehr der Türken, zuerst 1664 in der Schlacht bei Sankt Gotthard, dann 1683 bei der Befreiung Wiens von der türkischen Belagerung, ihre Gnade und Kraft gewährt hatte.

257 „Per Mariam Austrici regnant, imperant, vincunt, pacem stabiliunt." Zit. nach Stollberg-Rillinger 2017, S. 579. Vgl. dazu auch Schmal 2001, S. 199–202; Coreth 1982.

258 Mariazell wurde auf diese Weise „durch Jahrhunderte das unumstrittene ‚Reichsheiligtum' der Habsburger". Schödl 2007, S. 40. Nicht nur die Habsburger, auch die bayerischen Wittelsbacher hatten ihre Herschaft unter den Schutz Mariens gestellt. Für sie war sie die *Patrona Bavariae*. Den Ungarn galt sie als *Magna Domina Hungarorum*. Vgl. Barna 2003; allgemein zu Maria als Schutzherrin Schreiner 2007; Höllhuber/Kaul 1987, S. 69–71 sowie S. 234–240.

259 Eine ausführliche Biografie Maria Theresias bietet Stollberg-Rillinger 2017, vgl. dort speziell zur Bedeutung der Religion: S. 575–627. Zur Frömmigkeit Maria Theresias vgl. auch Schmal 2001.

260 K. Vocelka und L. Heller weisen z.b. auf die politische Implikation der habsburgischen Prozessionspraxis hin: „Die Monstranz, in der die Hostie umhergetragen wurde, war häufig als Sonne, der Beherrscherin des Weltsystems, gestaltet, über der Hostie schwebte oft eine Königskrone. Die politische Umdeutung sagte: ‚Quod in coelis Sol, hoc in terra Caesar est' (Was im Himmel die Sonne, ist auf Erden der Kaiser)." Vocelka/Heller 1997, S. 18.

261 So empfing sie dort ihre erste heilige Kommunion. Vgl. Schödl 2007, S. 40.

262 Außerdem stifteten Maria Theresia und Franz I. zwei goldene, von Lorbeer umschlungene Herzen als Zeichen ihrer Liebe: Schödl 2007, S. 40. Zum innigen Verhältnis zwischen Maria Theresia und Franz I. vgl. auch Reifenscheid 1982, S. 238.

263 Einige Jahre später stiftete das Kaiserpaar die „Hängenden Herzen", eine Hängelampe, die aus zwei größeren Herzen als Symbol für sie als Eltern und sechs kleineren für die bereits geborenen Kinder bestand: Schödl 2007, S. 40.

264 Etzlstorfer 2013, S. 173.

265 V.a. über die Beziehung der Ungarn zu Mariazell gibt es zahlreiche Forschungsliteratur. Vgl. z.B. Farbaky/Serfőző 2004; Brunner 2003.

266 Stollberg-Rillinger 2017, S. 583.
In der Herrschaftsrepräsentation Maria Theresias spielte das Bild der „doppelten Maria" (Linsboth 2018, S. 49) eine wichtige Rolle: Die himmlische Maria als Patronin des Habsburgerreiches wurde mit der auf Erden herrschenden Maria Theresia verbunden. Auch Theresa von Avila wurde als Heilige und Namenspatronin Maria Theresias, ebenso wie der heilige Franziskus als Namenspatron ihres Gatten, aufgewertet. Heiligenverehrung und Wallfahrt wurden damit wie zuvor katholisch aufgeladen und explizit reformatorischen Ansprüchen entgegengesetzt. Vgl. Linsboth 2020, S. 287.

267 Stollberg-Rillinger 2017, S. 583.

268 Stollberg-Rillinger 2017, S. 583.
269 Stollberg-Rillinger 2017, S. 585.
270 Stollberg-Rillinger 2017, S. 589.
271 Dazu Schmal 2001, S. 155–159.
272 Hersche 2006.
273 Hersche 2006, S. 1008; Stollberg-Rillinger 2017, S. 592.
In der persönlichen Frömmigkeit Maria Theresias behielt die Gottesmutter jedoch einen wichtigen Stellenwert. So war das Rosenkranzgebet fester Bestandteil ihres Tagesablaufs. Ihren Kindern empfahl Maria Theresia, ihre jeweiligen Namensheiligen besonders zu verehren, und fügte hinzu: „Ich habe mich bei jeder Gelegenheit wohl dabei befunden." Schmal 2001, S. 159–182, Zitat S. 166.
274 Hersche 2006, S. 1011. Vgl. zu den wirtschaftlichen Grundlagen des Josephinismus vgl. Santoli 1962.
275 Unter dem Einfluss der Romantik kam es im 19. Jahrhundert sogar zu einem erneuten Aufschwung des Wallfahrtswesens im Zusammenhang mit Marienerscheinungen, v.a. im französischen Lourdes, aber z.B. auch im saarländischen Marpingen, das als „deutsches Lourdes" galt. Diese Marienwallfahrtsorte waren nicht nur bei einfachen Bevölkerungsschichten beliebt, sondern, wie D. Blackbourne gezeigt hat, auch bei Adeligen, wie Prinzessin Helene von Thurn und Taxis, die 1877 nach Marpingen pilgerte. Vgl. Blackbourne 1997, S. 157 ff.
276 Hersche 2006, S. 1020. P. Hersche weist darauf hin, dass an Heiligtümern, die an der Stelle vorchristlicher Kultorte errichtet wurden, nicht selten die alten Riten einfach beibehalten oder mit christlichen Ritualen gemischt wurden. So kam es an bestimmten Quellen zu Fruchtbarkeitsriten, „Tempelschlaf" in einem Heiligtum galt als heilsam und ein Pfarrer berichtete, seine Gemeindeglieder glaubten, dass ein am Wallfahrtsort Walldürn vollzogener Zeugungsakt unfruchtbaren Paaren garantiert zu einem Kind verhelfen würde. Hersche 2006, S. 828 f.
Zur Langlebigkeit von Wunderglauben und magischen Praktiken vgl. auch Habermas 1991, zu Frauen, die sich hilfesuchend v.a. an Maria wandten, bes. S. 54–61. Zur bis heute erhaltenen Verbindung von Marienverehrung mit Heilwasser und -öl sowie Baumkulten: Höllhuber/Kaul 1987, S. 208–216 sowie S. 240–245.
277 Lichter 1978. Die Enkelin einer in dem Tagebuch erwähnten Freundin Maria Fröhlichs hatte das Manuskripts im Jahr 1959 an die damalige Trierer Wallfahrtsleitung geschickt. Später wurde es im Bistumsarchiv Trier deponiert. E. Lichter gab Maria Fröhlichs Tagebuch schließlich 1978, mit Anmerkungen und einem Kommentar versehen, heraus. Vgl. zur Geschichte des Manuskripts Lichter 1978, S. 90, Anm. 17.

Alle Zitate aus dem Tagebuchs entstammen der Lichter-Ausgabe, die Rechtschreibung wurde dabei, wo nötig, zur besseren Lesbarkeit an die heutigen Regeln angepasst.

278 Lichter 1978, S. 90 f.

279 Der Andrang an Gläubigen, gerade von außerhalb Triers, war so groß, dass man die für sechs Wochen geplante Rockausstellung um eine Woche verlängerte. Vgl. Schneider 1995, S. 266.
Direkt nach der Wallfahrt wurde von 1 Million Teilnehmer ausgegangen, W. Schieder reduzierte die Zahl in seiner Studie zur Trierer Rockwallfahrt um die Hälfte. B. Schneider kommt auf einen Wert über 500.000, aber unter 1 Million Teilnehmer. Vgl. Schieder 1974, S. 421; Schneider 1995, S. 269.

280 Zur Verbindung des Trierer Rocks mit der Helena-Tradition vgl. Pohlsander 1995.

281 Vgl. zum Folgenden v.a. Hersche 2006, S. 794–845. Hersches zweibändiges Werk, das die europäische Gesellschaft und Kultur im Barockzeitalter beleuchtet, veranschaulicht auf zahlreichen Gebieten den sinnlichen, lebenszugewandten Charakter der katholisch geprägten Kultur. Die Wallfahrt ist für Hersche „einer der bedeutendsten Faktoren der Sozial-, Wirtschafts- und Kulturgeschichte des Katholizismus gerade im Barockzeitalter". Hersche 2006, S. 794.

282 „Bayrische Dienstboten sollen sich in ihren Verträgen jeweils 2–3 Tage außerhalb der Sonn- und Feiertage für Wallfahrten ausbedungen haben." Hersche 2006, S. 803.

283 Der aus Hamburg stammende Johann Arnold Günther, der 1806 Eindrücke seiner Reise in die Schweiz dokumentierte, erzählt, er habe in der Nähe von Frankenthal „eine Schar friedlicher, unter lautem Gesang und Gebet mehr als halbtrunken hintaumelnder Wallfahrer beiderlei Geschlechts" gesehen. Dies sei „überall im katholischen Süden eine Alltagserscheinung; aus jedem Dorf stürzten Mädchen und Jünglinge dem Zuge nach, um lüstern nach andächtigem Lebensgenuss sich noch mit anzuschließen." Günther, J. A., Erinnerungen aus den deutschen Kriegs-Gegenden, aus der Schweiz und den angrenzenden Ländern; Hamburg 1806, S. 152 f.

284 Abends kamen in der Regel nur die Begüterten in ordentlichen Herbergen oder Wirtshäusern unter. Die meisten Mitreisenden nächtigten in Scheunen, Ställen, Heuschobern oder einfach im Freien. Auch gab es auf den Märschen häufig Gebüsch oder Wäldchen am Wegesrand, die zu allerhand sündigen Aktivitäten geradezu einluden. So bemerkte der Schriftsteller J. Pezzl 1784 anlässlich seiner Reise durch Bayern, die Freisinger Wies-Wallfahrt sei gerade bei jungen Leuten so

beliebt, weil „der Weg dahin durch ein angenehm dickes Wäldchen führt." Pezzl, J., Reise durch den Baierischen Kreis 1784, neu. hg. von Josef Pfennigmann; München 1973, S. 65.
285 Hersche 2006, S. 825.
286 Zit. nach Herrsche 2006, S. 817.
287 Vgl. dazu auch die Kritik R. Lills an W. Schieders Versuch, die Trierer Wallfahrt sozialhistorisch zu deuten. Schieders Artikel stieß auf breites Interesse, löste aber auch scharfe Kritik aus, da Schieder in aufklärerischer Tradition mentalitäts-, kultur- und religionshistorische Aspekte zu wenig berücksichtigt habe. Schieder 1974; Lill 1978; Anderson 1997, S. 198, Anm. 12.
288 Die französische Zeitung „Indépendant" äußerte sich 1844 zunächst skeptisch, dann jedoch beeindruckt: „Die Begeisterung, von welcher die ersten Nachrichten [über die Ausstellung des Heiligen Rockes] erfüllt waren, hat uns nicht überzeugt; denn der Aberglaube und die Leichtgläubigkeit haben auch ihre Begeisterung [...] Nunmehr aber ist kein Zweifel mehr statthaft: Diese Christen, welche zu der altehrwürdigen Metropole von Trier zusammenströmen, sind von dem reinsten Glauben beseelt". Zit. nach Marx, J., Ausstellung des h. Rockes in der Domkirche zu Trier im Herbst des Jahres 1844; Trier 1845, S. 113.
Zu den Strapazen für Wallfahrer auf ihrem Weg schrieb ein Pfarrer 1874 vor der Wallfahrt aus dem Böhmischen Brünn nach Mariazell: „Wir werden jeden Tag – bei nur kurzer Rast – einen Weg von 12–15 Stunden zurückzulegen haben. Müdigkeit, Hunger und Durst, Hitze und Kälte, Regen und Sonnenschein, Wind, Staub und Kot, alles vereinigt sich, um die Geduld des Wallfahrers auf die härteste Probe zu stellen." Lukan 2012, S. 21.
289 Lichter 1978, S. 91.
290 Lichter 1978, S. 91.
291 Lichter 1978, S. 92.
292 Maria Fröhlich notiert, dass ihr bei der Ankunft am Zielort des zweiten Tages einer der Männer begegnet sei, der am Abend zuvor im selben Haus wie sie übernachtet habe. „Er sagte, er wisse mir ein Haus, in welchem ich mit dem guten Mädchen, welches ich von der vorigen Nacht kannte, in einem Bette schlafen könne, und führte mich dahin. [...] Ich habe hier gut geschlafen. Lichter 1978, S. 93.
293 Lichter 1978, S. 92.
294 Lichter 1978, S. 94.
295 Hersche 2006, S. 944.
Vgl. zur Bedeutung der Trierer Wallfahrt von 1844 als „demonstratio

catholica" gegenüber dem preußischen Staat einerseits und den katholischen Aufklärern andererseits Hersche 2006, S. 1058 f.; Schneider 1995, S. 278–280; K. Fitschen spricht von einer „Demonstration der Selbstvergewisserung des neu erwachten katholischen Identitätsbewusstseins" und verweist auf den katholischen Publizisten Josef Görres (1776–1848; ab 1839: von Görres), der den Heiligen Rock als Bild der Einheit der Kirche verstand und im wallfahrenden Kirchenvolk weitergewoben sah. Fitschen 1997, S. 162; vgl. Görres, J. v., Die Wallfahrt Nach Trier; Regensburg 1845.

296 Höllhuber/Kaul 1987; Anschaulich auch das Büchlein über Votivbilder von J. Roh (1982).

297 Lichter 1978, S. 95.

298 Lichter 1978, S. 87.

299 Schieder 1974, S. 452. Zur Kritik an Schieder: Lill 1978, S. 574; Lichter 1978, S. 86 f.

300 Lichter 1978, S. 95.

301 Lichter 1978, S. 95.

302 Lichter 1978, S. 95.

303 Zu Organisation und Ablauf: Schneider 1995.

304 Lichter 1978, S. 95.

305 Lichter 1978, S. 95.

306 Lichter 1978, S. 91.

307 Die Devotionalienhändler kamen mit der Lieferung kaum hinterher, so groß war die Nachfrage. Nicht nur die Händler in Trier, sondern auch die im französischen Metz machten während der Wallfahrt großartige Geschäfte, wie Jakob Marx, Professor am Trierer Priesterseminar, in seinem Buch über die Trierer Rockwallfahrt bemerkte. Marx, J., Ausstellung des h. Rockes in der Domkirche zu Trier im Herbst des Jahres 1844; Trier 1845, S. 78 f.

308 Maria Fröhlich dokumentiert außerdem die Aussage eines Geistlichen, der sie voll und ganz zustimmt: „Ich muss gewiss mit dem Herrn Vikarius Kornely sagen: ,Den Eindruck, den dieses heilige Gewand auf uns macht, und die Gefühle, die der Anblick desselben in uns erweckt, die lassen sich weder beschreiben noch besingen, nur ausweinen kann man.'" Lichter 1978, S. 98.

309 Lichter 1978, S. 98.

310 Marx, J., Ausstellung des h. Rockes in der Domkirche zu Trier im Herbst des Jahres 1844; Trier 1845, S. 78 f. Jakob Marx stammte ursprünglich aus Landscheid und ist nicht mit Karl Marx verwandt.

311 W. Schieder dagegen vertritt die Auffassung, es habe „so gut wie ganz das Bürgertum von Bildung und Besitz" gefehlt. Aus seiner Sicht stellt sich die Trierer Wallfahrt „als eine Massenbewegung der unteren Gesellschaftsschichten dar, die vom katholischen Klerus begleitet und vom katholischen Adel unterstützt wurde." Schieder 1999, S. 91. Zur Kritik an Schieder vgl. oben Anm. 287 und 299.

312 Zur Kavalierstour ausführlich Leibetseder 2004, dort auch weiterführende Literatur.

313 Bildungsreise und Wallfahrt schlossen sich allerdings nicht aus. Die französichen Aufklärer Montaigne und Descartes beispielsweise hatten beide kein Problem mit Wallfahrten nach Loreto. Vgl. Ohler 2000, S. 56.

314 Selbst Theologen wie der 1808 geborene Alban Stolz aus Freiburg argumentierten nun mit der Natur: „Das weibliche Geschlecht ist nicht nur dem Körper nach, sondern geistig schwächer als das männliche Geschlecht im allgemeinen; daher ist es nicht nur eine Ausnahme, sondern gewissermaßen Unnatur, wenn ein Weib in Kunst oder Wissenschaft etwas Bedeutendes leistet." Ohler 2015, S. 210 f.
Der umfangreiche Quellenband von N. Ohler (2015) zeigt außerdem die Langlebigkeit solcher Vorstellungen. Noch 1960 war im Lexikon für Theologie und Kirche zu lesen, der Hauptwesenszug der Frau sei ihre Mütterlichkeit: „Das Muttertum wurzelt im Empfangen und Tragen […] Die bessere Anpassungsfähigkeit und die größere Variationsbreite fraulicher Möglichkeiten wird erkauft durch eine entsprechende Labilität und Wandlungsfähigkeit des Wollens […] Das Emotionale geht ihr über das Rationale, das Herz über den Verstand […]" Ohler 2015, S. 240.

315 Selbst bei der von all ihren Mitreisenden einhellig als unerträglich empfundenen Margery Kempe konnten sich die Zeitgenossen nie ganz sicher sein, ob ihre Form der Frömmigkeit wirklich des Guten zu viel oder nicht doch genau das war, was Gott wollte. Würde das Schiff zur Strafe sinken, wenn man sie von Bord warf? Auch in Felix Fabris erster Reisegesellschaft gab es die Hoffnung, dass gerade die Frömmigkeit der Frauen Gott wohlgefällig sein und damit die Reise sicherer machen könnte.

316 Der Jurist Dietrich Hermann Kemmerich äußerte sich 1711 zur Frage „Soll nicht auch das Frauenzimmer reisen?": „Das Reisen gehöret eigentlich nur vor die manns-personen: Ein Frauenzimer aber kan heutigen tages durch gute aufferziehung und conversation […] in ihrem vaterland alles dasjenige erlernen, was zu einem galanten und qualifizierten Frauenzimmer erfordert wird. Zugeschweigen die

gefahr, welcher dieses zarte [...] geschlecht auf reisen unterworffen ist; und das sprüchwort ist bekant: Von gereisten Frauenzimmer hält man nicht viel." Zit. nach Griep/Pelz 1995, S. 152. Zum Frauenzimmer als Ort und Konzept vgl. Kern 2007; Hirschbiegel/Paravicini 2000.

317 Bereits 1795 hielt es F. Posselt in seinem Buch *Apodemik oder die Kunst des Reisens* für nötig, ein Kapitel über das Reisen von Frauen aufzunehmen, da man sein Werk sonst womöglich „der Unvollständigkeit beschuldigen" könnte. (Posselt, Apodemik, S. 733.) Posselt versuchte zwar, Frauen an ihre „besondere Bestimmung" als Ehefrauen und Mütter (Posselt, Apodemik, S. 735) zu binden und sie damit auch auf Reisen „auf die häusliche Binnensphäre" zu verpflichten (Griep/Pelz 1995, S. 10). W. Griep und A. Pelz kommen jedoch in ihrer umfangreichen Bibliografie allein der deutschsprachigen Frauenreisen zwischen 1700 und 1810 zu dem Schluss: „Die Praxis weiblichen Handelns hatte [...] die Theorie des Gegensatzes von ‚weiblicher Statik' und ‚männlicher Dynamik' längst ad absurdum geführt." Griep/Pelz 1995, S. 10.

318 Vgl. zu Pfeiffers Leben und Reisen Paul 2013 mit ausführlichem Literaturverzeichnis zum Thema orientreisender Frauen; Habinger 2008 mit weiterführender Literatur speziell zu Ida Pfeiffer, Habinger 2004 und 1997; Donner 1997; Jehle 2003 und 1989.

319 Jehle 2003, S. 41 f.

320 Paul 2013, S. 139.

321 In Lemberg hatte sie, da ihr Mann kein Einkommen mehr hatte, die Familie praktisch allein versorgen müssen. Sie gab heimlich Unterricht und wusste dennoch oft nicht, wie sie ihren Kindern eine warme Mahlzeit auf den Tisch stellen sollte. Nach dem Tod ihrer Mutter und dem damit verbundenen Erbe gelangte Ida schließlich wieder zu bescheidenem Wohlstand, was ihr den Umzug nach Wien, die Ausbildung ihrer Söhne und später den Aufbruch ins Heilige Land ermöglichte.

322 Pfeiffer, I., Reise einer Wienerin in das Heilige Land; Stuttgart 1969 (Originalausgabe: Wien 1844), S. 9.

323 Ihr zweiter Favorit war eine Reise zum Nordpol, doch das schien zunächst so unrealistisch, dass die Wahl auf Palästina fiel. Knapp zweieinhalb Jahre nach ihrer Rückkehr aus Palästina reiste Ida Pfeiffer aber doch nordwärts, zwar nicht bis zum Nordpol, dafür aber durch Island und ganz Skandinavien. Vgl. Pfeiffer, I., Nordlandfahrt. Eine Reise nach Skandinavien und Island, hg. von G. Habinger; Wien 1991.

324 Pfeiffer, I., Reise einer Wienerin in das Heilige Land, S. 9.

325 Pfeiffer, I., Reise einer Wienerin in das Heilige Land, S. 83.

326 Pfeiffer, I., Reise einer Wienerin in das Heilige Land, S. 83.
327 Pfeiffer, I., Reise einer Wienerin in das Heilige Land, S. 74.
328 Pfeiffer, I., Reise einer Wienerin in das Heilige Land, S. 81.
329 Pfeiffer, I., Reise einer Wienerin in das Heilige Land, S. 124.
330 Paul 2013, S. 151. Vor allem von ihren weiteren Reisen brachte Ida Pfeiffer allerhand Naturalien – Fossilien, Steine, Pflanzen, Tiere – mit, die sie an naturkundliche Museen verkaufte. Ihr Sammel- und Forschungsdrang stand dem Alexander von Humboldts in nichts nach. Der bekannte Gelehrte kannte und schätzte Ida Pfeiffer. Er schrieb sogar ein Vorwort für spätere Ausgaben ihres Palästina-Reiseberichts (vgl. unten Anm. 334).
331 Vgl. zum Leben von Maria Schuber: Sohn-Kronthaler 2017 und 2005.
332 Schuber, M., Meine Pilgerreise über Rom, Griechenland und Egypten durch die Wüste nach Jerusalem und zurück. Vom 4. Oktober 1847 bis 25. September 1848; Graz 1850, S. 72. Alle Zitate entstammen der Originalausgabe, die Rechtschreibung wurde, wo nötig, zur besseren Lesbarkeit an die heutigen Regeln angepasst.
333 Schuber, M., Meine Pilgerreise, S. 5.
334 Ida Pfeiffers Reisebericht wurde mehrfach wieder aufgelegt, in späteren Auflagen unter dem Namen der Verfasserin und mit einem Vorwort ihres gelehrten Freundes Alexander von Humboldt. Humboldts Vorwort zeigt anschaulich, wie sich die Haltung zum weiblichen Reisen zwar langsam veränderte, aber dennoch über lange Zeit zwiespältig blieb. So lobte Humboldt Ida Pfeiffers Ausdauer, verwies aber zugleich auf die für eine Frau wichtigen Eigenschaften „Einfachheit" und „Bescheidenheit". Der „Wahrheit und Reinheit ihres Urteils" und ihrer Unabhängigkeit stellte er die ebenso wichtige „Zartheit der Gefühle" gegenüber. Alles in allem, so Humboldt, „tadele ich, bewundere jedoch dabei nicht weniger diese unbezähmbare Energie des Charakters". Alexander von Humboldt, Vorwort, in: Ida Pfeiffer, I., Reise einer Wienerin in das Heilige Land, S. 7.
335 Schuber, M., Meine Pilgerreise, S. 4.
336 An ihren Bruder Zeno schreibt Maria: „In Loretto muss man sich doch auch aufhalten, wer wird denn diesen Ort nur im Fluge passieren." Schuber, M., Meine Pilgerreise, S. 141.
Einem Bekannten erzählt sie in einem weiteren Brief ihr Erlebnis bei der *Casa Santa*: „Ein für die Weiber ganz eigens ergreifender Andachtsort ist der Kamin, wo die h. Jungfrau ihre Mahlzeit kochte. Es ist eine Opferkiste für die Armen dort angebracht. Zwei Frauen können dabei knien. Im ersten Eindrucke von hoher Ehrfurcht ergriffen, getraute ich mich nicht zu nahen. Nach einer Weile jedoch, als ich sah, wie die

frommen Seelen, ganz in Tränen gebadet, eifrig sich ablösten, um dort zu beten, kniete auch ich mich hin, unter einem Strom von Tränen, aus gerührtem Herzen, mich kaum fassen könnend." Schuber, M., Meine Pilgerreise, S. 145.

337 Der Philosoph Jean-Jacques Rousseau hatte 1762 in seinem Werk *Emile oder Über die Erziehung* das Reisen zu Fuß als wichtigen Teil der Bildung junger Männer empfohlen; J.-J. Rousseau, Emile oder Über die Erziehung; Paderborn 1963 (3. Aufl., Originalausgabe: Paris 1762). Zur Entwicklung des weiblichen Reisens vgl. Paul 2013; Griep/Pelz 1995; Pelz 1993 (1) und 1993 (2).

338 Schuber, M., Meine Pilgerreise, S. 31.

339 Schuber, M., Meine Pilgerreise, S. 147. Zur Kutsche als „rollendem Haus" und damit angeblich geeignetem Fortbewegungsmittel für Frauen: Pelz 1993 (2), S. 68–87.

340 Schuber, M., Meine Pilgerreise, S. 217.

341 Schuber, M., Meine Pilgerreise, S. 278.

342 Schuber, M., Meine Pilgerreise, S. 276 f.

343 Schuber, M., Meine Pilgerreise, S. 279.

344 Schuber, M., Meine Pilgerreise, S. 355. Zum Schisma von 1054 vgl. Bayer 2002.

345 Schuber, M., Meine Pilgerreise, S. 286.

346 Pfeiffer, I., Reise einer Wienerin in das Heilige Land, S.129 f.

347 Schon als sie auf ihrer Pilgerreise einige Zeit in Rom verbrachte, hatte sie geschworen, zurückzukommen. Eigentlich war dies für das Heilige Jahr 1850 geplant. Nun kam sie etwas später an, blieb dafür aber für immer. Sohn-Kronthaler 2017, S. 145, Anm. 22.

348 Heyden 2014, S. 354.

349 Hersche 2006, S. 1011.

350 Zu Leben und Forschungen von Agnes Smith Lewis und Margaret Dunlop Gibson, geb. Smith: Brock 2014; ausführlich und sehr anschaulich vor allem Soskice 2009; Jefferson 2009 legt den Schwerpunkt auf die Forschungsleistung der gebildeten Schottinnen; eine ältere Würdigung der beiden Schwestern liefert Whigham Price 1985.

351 Der Vater hatte das Sprachentalent seiner beiden Töchter früh erkannt und bot ihnen an, für jede Sprache, die sie lernten, eine Reise in das jeweilige Land mit ihnen zu unternehmen. Soskice 2009, S. 9.

352 Der französische Palästinareisende Constantin Volney zeigte sich 1784 fassungslos angesichts des Verfalls der Stadt Jerusalem: „[W]ir sehen, dass ihre Mauern geschleift, die Gräben aufgefüllt und alle Gebäude von Ruinen umgeben sind, so dass wir kaum glauben können, die berühmte Metropole vor uns zu haben, die einst den Angrif-

fen der mächtigsten Reiche widerstanden hat [...] Mit einem Wort, nur mit Mühe erkennen wir Jerusalem." Zit. nach Armstrong 1996, S. 498. Vgl. zur Geschichte Jerusalems im 18. und 19. Jahrhundert: Armstrong 1996, S. 466–536.

353 Gilbert 1985, S. 65.
354 Smith Lewis, A., Eastern Pilgrims. The Travels of Three Ladies; Cambridge 1870.
355 Smith Lewis, A., Eastern Pilgrims, S. 228 (deutsche Übersetzung von der Autorin).
356 Smith Lewis, A., Eastern Pilgrims, S. 228 (deutsche Übersetzung von der Autorin).
357 Die Schwestern lebten inzwischen in Cambridge und hatten dort zahlreiche Kontakte, auch wenn sie als Frauen nicht an der Universität studieren konnten (die Universität Cambridge ließ erst ab 1948 weibliche Studierende zu). Sie erwarben ein Haus, außerdem ein Grundstück, das sie dem Westminster College der *Presbyterian Church* bei dessen Umzug von London nach Cambridge zur Verfügung stellten. Gemeinsam legten die beiden Schwestern 1897 den Grundstein für den Neubau des College.
358 Ihre Forschungsreisen zum Katharinenkloster am Berg Sinai dokumentierten die Schwestern in den Büchern *How the Codex was found* (1893) und *In the Shadow of Sinai. A Story of Travel and Research* (1898), die, textlich unverändert, in neuer Ausgabe als Sammelband vorliegen: Smith Lewis, A., Dunlop Gibson, M., In the Shadow of Sinai. Stories of Travel and Biblical Research; Brighton/Portland 1999.
359 Rückblickend schrieb Agnes Smith Lewis: „Ich war so sehr an dem Werk interessiert, dass ich anfing, die Syrische Grammatik zu lernen, was dadurch, dass ich bereits Hebräisch und Arabisch konnte, relativ einfach war." Smith Lewis, A., Dunlop Gibson, M., In the Shadow of Sinai, S. 72 (deutsche Übersetzung von der Autorin).
360 Sie erhielten Doktorwürden von den Universitäten Halle (1899), St. Andrews (1901), Heidelberg (1904) und Trinity College Dublin (1911). Dazu kamen die *Triennial gold medal der Royal Asiatic Society* sowie das *Blue riband of oriental research* (1915). Einzig die Universität von Cambridge verweigerte ihnen die wissenschaftliche Anerkennung und verlieh ihnen lediglich *honorary degrees* (Abschlüsse ehrenhalber). Vgl. Soskice 2009, S. 271, 280.
361 Smith Lewis, A., Dunlop Gibson, M., In the Shadow of Sinai, S. 5 (deutsche Übersetzung von der Autorin).
362 Egeria, Itinerarium 2,7.

363 Vgl. oben Anm. 66.
364 Smith Lewis, A., Dunlop Gibson, M., In the Shadow of Sinai, S. 52–58.
365 Smith Lewis, A., Dunlop Gibson, M., In the Shadow of Sinai, S. 52.
366 Der von den Schwestern entdeckte und später von Agnes herausgegebene Codex Syrus Sinaiticus ist eine von nur zwei existierenden altsyrischen Übersetzungen des Neuen Testaments.
367 In ihrem Reisebericht betonen die Schwestern, mit ihren Sprachkenntnissen und ihrer Offenheit dazu beigetragen zu haben, dass die griechisch-orthodoxen Mönche des Klosters am Berg Sion dem Britischen Königreich positiv gegenüberstanden, während sie anderen Nationen gegenüber deutlich reservierter eingestellt seien. Als negatives Beispiel wird der deutsche Forscher Konstantin von Tischendorf erwähnt, der veranlasst hatte, dass der einzige weitere syrische Codex der Evangelien, zuerst als Leihgabe, dann als Schenkung der russischen Zarenfamilie überlassen wurde, die Tischendorfs Forschungen finanzierte. Smith Lewis, A., Dunlop Gibson, M., In the Shadow of Sinai, S. 110 f. Vgl. zu Tischendorf: Böttrich 2014.
368 So beanspruchten sowohl Frankreich als auch Österreich für sich, die Schutzmacht der Katholiken im Heiligen Land zu sein. Russland präsentierte sich als Schutzmacht aller orthodoxen Christen, Großbritannien förderte die Ansiedlung von Juden in Palästina und erklärte sich für deren Schutz zuständig. Gleichzeitig gründeten die Engländer gemeinsam mit Preußen das anglikanische Bistum Jerusalem, von dem die Evangelische Gemeinde Deutscher Sprache zu Jerusalem ein Teil war. Vgl. Trimbur 2015; zum anglikanischen Bistum: Lückhoff 1998.
369 Vgl. Benner 2014.
370 Vosberg 2019, S. 88. Vgl. zur Geschichte der deutschen Katholiken im Heiligen Land außerdem Goren 2009.
371 B. Vosberg weist darauf hin, dass sich „die Stilisierung Gottfrieds von Bouillon oder seines Bruders Balduin I. zu Gründer- oder Stiftergestalten [...] weder auf urkundliche Belege noch auf diesbezügliche Egodokumente stützen [kann]." Vosberg 2019, S. 52. Neben Vosbergs detailreicher Studie vgl. zur Geschichte des Ordens: Feldkamp 2017; Dickmann/Oldenkott 2009; Cramer 1983.
372 Chateaubriands Reisebericht Itinéraire de Paris à Jérusalem aus dem Jahr 1811 gilt „als Quelle der Inspiration für die Renaissance von Kreuzzugsvorstellungen" in der westlichen Welt. Vosberg 2019, S. 69; Chateaubriand, F.-R., Itinéraire de Paris à Jérusalem; Paris 1812. Deutsche Übersetzung von Johann Eichholz: Tagebuch einer Reise von Paris nach Jerusalem und von Jerusalem zurück nach Paris; Leipzig 1812. Vgl. Fitschen 1997, S. 159

373 Zum Konzept des „friedlichen Kreuzzugs" vgl. Schölch 1986, S. 64–68; Löffler 2008, S. 57 f.; zur Verwurzelung in der Romantik: Vosberg 2019; S. 66–72

374 Cramer 1983, S. 29. Zu den Aufgaben des Ritterordens im Heiligen Land vgl. auch Dickmann/Oldenkott 2009, S. 217–21.

375 Vosberg 2019, S. 89.

376 Stolz 1975, S. 142 f.

377 Vosberg 2019, S. 56 f., Anm. 124.

378 Stolz 1975, S. 143. Allerdings sollte es noch über 100 Jahre dauern, bis erstmals eine Frau das Amt einer nationalen Statthalterin bekleidete: 1997 wurde Tereza A. M. Veiga Frering Statthalterin von Brasilien. Vgl. Dickmann/Oldenkott 2009, S. 18, Anm. 10.
B. Vosberg zitiert eine hochdekorierte Dame, die nach 40jähriger Ordenszugehörigkeit zu dem ernüchternden Schluss kommt: „Die weibliche Konstituente des Ritterordens blieb konturlos, verschwommen und von sich aus stumm." Vosberg 2019, S. 57, Anm. 126.

379 Löffler 2008, S. 58 f.

380 Thomas Mann, Buddenbrooks. Verfall einer Familie, Teil V, Kapitel 5.

381 Vgl. zur katholischen Mission in Palästina: Vosberg 2019, S. 172 f.; Goren 2010; Trimbur 2010; Haider-Wilson 2010; Goren 2009. Zum Deutschen Verein vom Heiligen Lande: Mock/Schäbitz 2005, speziell zum 1897 eingeweihten und von Schwestern des Bormäerordens geführten Jerusalemer Pilgerhospiz: S. 46–51.
Zur protestantischen Mission: Löffler 2008; Eisler 2001; Hanselmann 1971.

382 Pesendorfer, F., Vom Donaustrand ins Heilige Land. Gedenkbuch an den II. oberösterr. Pilgerzug nach Jerusalem vom 17. April bis 8. Mai 1904; Linz 1905, S. 3. In der Formulierung des Bischofs zeigt sich einmal mehr die Sicht auf die heiligen Stätten als konkrete geografische und historisch bedeutsame Orte, die uns bereits bei Agnes und Margaret Smith begegnet ist.

383 Den Beginn machten die französischen Assumptionisten, ein Mitte des 19. Jahrhunderts gegründeter Männerorden, der große Wallfahrten organisierte, z.B. auch in das erst 1858 zum Marienwallfahrtsort gewordene Lourdes. Vgl. zu Lourdes: Jehle 2002; Schneider 2008.

384 Pesendorfer, F., Vom Donaustrand ins Heilige Land, S. 12.

385 Pesendorfer, F., Vom Donaustrand ins Heilige Land, S. 12 f.

386 Pesendorfer, F., Vom Donaustrand ins Heilige Land, S. 14.

387 Pesendorfer, F., Vom Donaustrand ins Heilige Land, S. 14.

388 Pesendorfer, F., Vom Donaustrand ins Heilige Land, S. 40.

389 Pesendorfer, F., Vom Donaustrand ins Heilige Land, S. 87.

390 Pesendorfer, F., Vom Donaustrand ins Heilige Land, S. 87. Bei der ebenfalls 1904 veranstalteten Württemberger Heilig-Land-Fahrt sah die Praxis auf dem Schiff ähnlich aus: „Von vier Uhr morgens an (und nicht wenige haben diese festgesetzte Stunde nicht einmal abgewartet) begannen auf den zehn Altären die hl. Messen, in der Weise, dass der nachfolgende Geistliche dem vorausgehenden bei der Zelebration diente." Schmitz, E., Württemberger Heiliglandfahrt 1904. Ein Gedenkbuch der Ersten Württemberger Wallfahrt ins Heilige Land; Stuttgart 1904, S. 67.

391 Schmitz, E., Württemberger Heiliglandfahrt 1904, S. 8.

392 Schmitz, E., Württemberger Heiliglandfahrt 1904, S. 31.

393 Der englische Reiseveranstalter Thomas Cook, der zum Vater touristisch organisierter Ferienreisen werden sollte, hatte 1869 die erste Pauschalreise nach Palästina angeboten: Organisation, Fahrt, Unterkunft, Verpflegung und Reiseprogramm waren im Preis inbegriffen. Vgl. Mundt 2014, S. 113–116.

394 H. Stinshoff verweist auf ein Plakat, auf dem ein Ritter auf einem weißen Pferd zu sehen ist, offensichtlich eine Analogie zum Heiligen Michael. Er ersticht einen Juden, einen Mann, der ein Pfundzeichen auf dem Rücken trägt, sowie einen schwarzen Ritter mit roten Handschuhen, der einen Kommunisten darstellen soll. Der Plakattext dazu lautete: „Sieg, der große europäische Kreuzzug". Stinshoff 1999, S. 204. Auch die politische Gegenseite bediente sich der Kreuzzugsrhetorik, wie der Titel eines Buches des amerikanischen Generals und späteren Präsidenten Eisenhower aus dem Jahr 1948 zeigt: „Kreuzzug in Europa". Vgl. ausführlich zur Verwendung des Kreuzzugsbegriffs: Hockerts 2008.

395 Vgl. Stinshoff 1999, S. 198.

396 Oboth 2017, S. 79 sowie ebd. Anm. 161.

397 Zit. nach Oboth 2017, S. 79 f.

398 Vgl. zum Folgenden Mabille 2004; Oboth 2017. F. Mabilles 2004 erschienene Studie beleuchtet umfassend die Geschichte Marie-Marthe Dortel-Claudots und die Anfänge der Pax-Christi-Bewegung in Frankreich; J. Oboth untersucht v.a. Gründung und Selbstverständnis der Pax-Christi-Bewegung in Deutschland während des Kalten Krieges, geht aber auch auf deren Vorgeschichte ein.

399 Oboth 2017, S. 68; Mabille 2004, S. 23.

400 Théas erhielt deswegen von der Jerusalemer Gedenkstätte den Ehrentitel „Gerechter unter den Völkern". Vgl. Oboth 2017, S. 69, Anm. 97.

401 In der in der Kathedrale ausgestellten Bild- und Text-Dokumentation des Ereignisses ist zu lesen, dass die Kriegsgefangenen selbst darum

gebeten hätten, ebenfalls an der Wallfahrt teilnehmen zu dürfen. Dagegen schreibt J. Oboth: „[I]nwieweit dies spontan geschah, ist nicht ganz zu klären." Oboth 2017, S. 87.
402 Oboth 2017, S. 87.
403 Oboth 2017, S. 87.
404 Vgl. Schneider 2008; Kotulla 2006, hier auch zahlreiche weiterführende Literatur; Jehle 2002. Vgl. auch D. Blackbourns Untersuchung über das saarländische Dorf Marpingen, das als „deutsche Lourdes" ab dem 19. Jahrhundert immer wieder größere Wallfahrtsbewegungen erlebte. Blackbourne 1997.
405 Oboth 2017, S. 105.
406 In ihrem Roman „Der feurige Wagen" sind die Tage der Protagonistin nach der Nachricht vom Tod des Geliebten, der, wie Perls Verlobter, im Ersten Weltkrieg gefallen ist, „schwer von der Starrheit des Schmerzes und erfüllt von tiefem Trotz gegen Gott. Noch immer stockte sie beim Vaterunser und überging hastig die Bitte: ‚Dein Wille geschehe'." Änne Perl, Der feurige Wagen. Geschichte einer Kindheit; Freiburg i. Br. 1938, S. 174. Vgl. auch Perl, Ä, Die eherne Treue. Brief an einen Gefallenen; Freiburg i. Br. 1943.
407 Änne Perl, Der feurige Wagen, S. 116.
408 Der Begriff entstand in Anlehnung an das 1946 erschienene Buch *L'An Zéro de l'Allemagne* von E. Morin (die deutsche Ausgabe erschien 1948 unter dem Titel *Das Jahr Null*). Zur wissenschaftlichen Diskussion um die „Stunde Null" vgl. z.B. Winkler 2014, S. 121 f., Braun 2007; Weizsäcker 2001; Schieder 2000; Görtemaker 1999, S. 31.; Assmann/Frevert 1999, S. 97–104. Die vorgenannten Studien setzen sich mit dem Themenkomplex von Übergang und Neubeginn nach 1945 auseinander und erörtern die Frage, inwieweit bzw. in welchen Kontexten der Begriff „Stunde Null" anwendbar sein kann. S. Hobuß bezeichnet die „Stunde Null" dagegen als Mythos, der nach 1945 lediglich der Verschleierung von Kontinuität zur NS-Zeit gedient habe (Hobuß 2015).
409 Winkler 2014, S. 121.
410 Ausgangspunkt einer neu geführten Debatte waren die Thesen des Psychoanalytikerehepaars Margarete und Alexander Mitscherlich, die den Deutschen eine „Unfähigkeit zu trauern" bescheinigten (Mitscherlich 1967).
411 Perl, Ä., Das Lourdes-Erlebnis; Meitingen bei Augsburg 1949, S. 7.
412 Lübbe 2007, S. 9. Lübbe trug seine These erstmals 1983 auf einer internationalen historischen Konferenz zur nationalsozialistischen Machtübernahme in seinem Schlussvortrag „Der Nationalsozialismus im politischen Bewusstsein der Gegenwart" vor. In seinem Buch

Vom Parteigenossen zum Bundesbürger aus dem Jahr 2007 erläutert er sie erneut und stellt zudem ihre Rezeption und Wirkungsgeschichte dar.

413 Lübbe 2007, S. 9.
414 Lübbe 2007, S. 32.
415 Lübbe 2007, S. 22 f.
416 Während der Zeit des Nationalsozialismus hatten sich zwar Vorstellungen von Pflicht und Gehorsam, die mit dem Glauben verbunden waren, mitunter als durchaus anschlussfähig an politisch-militärische Narrative erwiesen, wie Änne Perls 1940 erschienener „Brief an einen Offizier" zeigt. Perl, Ä., Der singende Pfeil. Ein Buch in Briefen; Freiburg i. Br. 1940; S. 63–67. In der Neuausgabe des Buches von 1948 ist der „Brief an einen Offizier" nicht mehr enthalten.
Auf der anderen Seite hatte gerade der Katholizismus auch widerständiges Potenzial. Das wird besonders im Wallfahrtswesen sichtbar: Als die Muttergottes 1937 bei Heede im Emsland vier Mädchen erschien, setzten die nationalsozialistischen Verantwortlichen alles daran, die Mädchen für verrückt erklären zu lassen und das Aufkommen einer unkontrollierten Wallfahrtsbewegung nach Heede zu unterbinden, allerdings ohne Erfolg. Heede wurde trotz aller Hindernisse schnell zu einem inoffiziellen Wallfahrtsort. Vor allem Frauen und Mädchen begaben sich entgegen allen Verboten auch durch die gesamte Kriegszeit hindurch nach Heede, um Maria um Hilfe zu bitten. Vgl. Zumholz 2004; Zumholz 2008. Zur Schulddiskussion im deutschen Katholizismus nach 1945 vgl. Bücker 1989.
417 Änne Perls Heimatort Trier war nach dem Zweiten Weltkrieg neben Aachen eines der Zentren der nun auch in Deutschland entstehenden Pax-Christi-Bewegung. Von hier aus hatte man kräftig Werbung gemacht für die Wallfahrt. Bereits im März lagen für die 1600 Plätze 6350 Anmeldungen vor. Oboth 2017, S. 237.
418 Oboth 2017, S. 237.
419 Perl, Ä., Das Lourdes-Erlebnis, S. 15.
420 In Lourdes waren die Pilgernden in verschiedenen Hotels untergebracht. Vom Balkon ihres Zimmers aus konnte Änne Perl die Pyrenäen sehen, außerdem gab es im Zimmer „eine große Kostbarkeit [...]: fließendes Wasser. Nach 34 Stunden Bahnfahrt weiß man das zu schätzen." Perl, Ä., Das Lourdes-Erlebnis, S. 18.
421 Perl, Ä., Das Lourdes-Erlebnis, S. 18.
422 Perl, Ä., Das Lourdes-Erlebnis, S. 26.
423 Perl, Ä., Das Lourdes-Erlebnis, S. 26.
424 Perl, Ä., Das Lourdes-Erlebnis, S. 22–24.

425 Perl, Ä., Das Lourdes-Erlebnis, S. 28.
426 Perl, Ä., Das Lourdes-Erlebnis, S. 25. Auch Pater Hörhammer betonte: „Es war eine Pax-Christi-Wallfahrt: Deutsche gehen für ihr Volk betend und büßend durch fremdes Land und erbitten mit all den anderen Völkern gemeinsam den Frieden als das tägliche Brot." (Perl, Ä., Das Lourdes-Erlebnis, S. 8.)
427 Perl, Ä., Das Lourdes-Erlebnis, S. 24.
428 Zit. nach Baethge 1972, S. 110.
429 Sowohl der Ritterorden vom Heiligen Grabe zu Jerusalem als auch der Deutsche Verein vom Heiligen Lande existierten weiterhin und sind auch heute noch aktiv. In ihren Konzepten eines friedlichen Kreuzzugs bzw. eines Kreuzzugs für eine bessere Welt beriefen sie sich in den 1950er Jahren ebenso wie die katholische Friedensbewegung auf die universalistische Tradition des Katholizismus. B. Vosberg weist darauf hin, dass darin die Gefahr enthalten sein konnte, dass deutsche katholische Organisationen sich eine „Statistenrolle" im Drama der Geschichte zuwiesen, um auf diese Weise „die Mitverantwortung von Katholiken für das Kriegsgeschehen, die Shoah und deren Folgen auszuschließen." Vosberg 2019, S. 250. Vgl. zu Kreuzzugskonzeptionen und -diskursen nach 1945: Vosberg 2019, S. 247–331.
430 In dem 1952 geschlossenen und 1953 mit knapper Mehrheit im deutschen Bundestag ratifizierten Abkommen verpflichtete sich die Bundesrepublik zur Zahlung von insgesamt 3,5 Milliarden D-Mark für die Eingliederung mittelloser jüdischer Flüchtlinge in den jungen Staat Israel sowie zur Rückgabe von Vermögenswerten.
Vgl. zum Luxemburger Abkommen und den deutsch-israelischen Beziehungen: Diner 2015; Goschler 2012; Jelinek 2004; Brodesser 2000.
431 Zur Geschichte des Bayerischen Pilgerbüros vgl. Black 1984.
432 Zum Folgenden vgl. Baethge 1972; die Studie des Deutschen Jugendinstituts untersuchte die Wirksamkeit von Begegnungsprogrammen und wertete dafür statistische Angaben zu den Teilnehmern sowie Fragebögen aus.
433 Zit. nach Baethge 1972, S. 111.
434 Zit. nach Baethge 1972, S. 111.
435 „Ich stellte mir ein Leben als Forscherin vor. Von Afrika, dem Amazonas und dem Himalaya träumte ich zwar, doch als Realistin meinte ich, dass nur Sibirien für mich erreichbar sein könnte." Rohrbach, C., Solange ich atme. Meine dramatische Flucht aus der DDR und wie sie mein Leben prägte; München 2013 (2. Aufl.), S. 14.

436 Rohrbach, C., Jakobsweg. Wandern auf dem Himmelspfad; München 1991. Rohrbach schildert in diesem Buch ihre erste Wanderung auf dem spanischen Teil des Jakobsweg. Jahre später wanderte sie mit einem Esel auf der 700 km langen *Via Podiensis*, dem bekanntesten französischen Abschnitt, von Le Puy bis Saint-Jean-Pied-de-Port und beschrieb auch diese Reise in einem Buch: Rohrbach, C., Muscheln am Weg; München 2002.

437 Rohrbach, C., Jakobsweg, S. 11.

438 Rohrbach, C., Jakobsweg, S. 11.

439 So suchte sie zu Beginn ihrer Wanderung einen Schlafplatz und fand ihn in einer Kirche: „Ein warmer stiller Raum. Ich fühlte mich sofort geborgen und aufgenommen, als wäre ich hier zu Hause, und lief die Treppen zur Orgel empor. Schöne glatte Holzdielen, Platz genug für meine Matte und den Schlafsack." Rohrbach, C., Jakobsweg, S. 17 f.

440 Rohrbach, C., Jakobsweg, S. 101.

441 Erst 1987 hatte der Europarat den Jakobsweg zum ersten Europäischen Kulturweg erklärt und mit einer Werbekampagne begonnen, die Santiago-Pilgerschaft wiederzubeleben.

442 Rohrbach, C., Jakobsweg, S. 132.

443 Rohrbach, C., Jakobsweg, S. 132 f.

444 Rohrbach, C., Jakobsweg, S. 95.

445 Rohrbach, C., Jakobsweg, S. 95.

446 Rohrbach, C., Jakobsweg, S. 95.

447 Rohrbach, C., Jakobsweg, S. 97.

448 Rohrbach, C., Jakobsweg, S. 97.

449 Rohrbach, C., Jakobsweg, S. 270 ff.

450 Rohrbach, C., Jakobsweg, S. 272 f.

451 Rohrbach, C., Jakobsweg, S. 278.

452 Rohrbach, C., Jakobsweg, S. 278.

453 Rohrbach, C., Jakobsweg, S. 282.

454 Der niederländische Theologe P. Post hat dafür den Begriff der *vessel-rituality* geprägt. Der englische Begriff *vessel* bedeutet in diesem Kontext „Gefäß". Gemeint ist, dass ein ritueller Rahmen, wie z.B. eine Pilgerfahrt, in seinem Inhalt und seiner Bedeutung entsprechend den Vorstellungen und Bedürfnissen der Teilnehmenden gefüllt werden kann. Post 1994, S. 85. Vgl. auch Ponisch 2003, S. 197.

455 Kerkeling, H., Ich bin dann mal weg; München 2006, S. 20.

456 Vgl. Ueberschär 2005.

457 Treutlein 2017; Stiftung Literaturforschung in Ostwürttemberg 2013; Ponisch 2003; vgl. auch Daxelmüller 2003, der der Frage nach „Volks-

frömmigkeit" und moderner säkularer Frömmigkeit nachgeht.
458 Ponisch 2003, S. 203.
459 Auch auf protestantischer Seite wird heute gern und häufig gepilgert. Vgl. dazu Zimmerling 2005. Ausführlich zur evangelischen Spiritualität Zimmerling 2003.
460 Beispiele sind der Hildegard-von-Bingen-Pilgerwanderweg, der von Idar-Oberstein nach Bingen führt, oder auch der Thüringer Pilgerweg „Auf den Spuren starker Frauen" von Erfurt nach Paulinzella.
461 So z.B. der Pilgerweg „Pilger.Schön" der Evangelischen Frauen in Baden. Vgl. auch das Egeria-Projekt des Ökumenischen Forums Christlicher Frauen in Europa (ÖFCFE e.V.), bei dem zwischen 2005 und 2015 Frauen aus ganz Europa auf Egerias Spuren von Finisterre bis Jerusalem pilgerten.
462 Zu den publizierten Werken kommen etliche Online-Blogs und andere Formate sozialer Medien, bei denen eine Interaktion der Pilgernden untereinander möglich ist. Vgl. für Beispieltexte und weiterführende Literatur: Eckart 2017; Vorpahl 2012.
463 Eckart 2017, S. 130.
464 Eckart 2017, S. 130.
465 Eckart 2017, S. 132.

Quellen- und Literaturverzeichnis

Quellen

Ambrosius von Mailand (Ambrosius Mediolanensis), Orationes funebres I, hg. von Victoria Zimmerl-Panagl; Berlin 2021.

Anna Komnene, Alexias, übersetzt, eingeleitet und mit Anmerkungen versehen von D. R. Reinsch; Köln 1996.

Bonifatius, Briefe des Bonifatius, Willibalds Leben des Bonifatius, unter Benützung der Übersetzungen von M. Tangl und Ph. H. Külb neu bearbeitet von Reinhold Rau; Darmstadt 1988 (2. unveränderte Auflage).

Choniates, N., Die Krone der Komnenen. Übersetzt, eingeleitet und erläutert von Franz Grabler; Graz u. a. 1958.

Egeria, Itinerarium – Reisebericht, lateinisch-deutsch, eingeleitet und hg. von Georg Röwenkamp; Freiburg i. Br. 2017 (3. Aufl.).

Eisenhower, D. D., Kreuzzug in Europa. Amsterdam 1948.

Eusebius von Caesarea, De vita Constantini. Über das Leben Konstantins, übersetzt und kommentiert von Horst Schneider, eingeleitet von Bruno Bleckmann. Brepols/Turnhout 2007.

Fabri, F., Galeere und Karawane. Pilgerreise ins Heilige Land, zum Sinai und nach Ägypten, 1483, bearbeitet und mit einem Nachwort versehen von Herbert Wiegandt; Stuttgart u. a. 1996.

Fabri, F., Die Sionpilger, hg. von Wieland Carls; Berlin 1999.

Gamurrini, G. F., S. Hilarii tractatus de mysteriis et hymni et S. Silviae Aquitanae peregrinatio ad loca sancta. Quae inedita ex codice arretino; Rom 1887.

Glaber, R., Historiarum Libri Quinque, lateinisch-englische Ausgabe, hg. und übersetzt von John France und Paul Reynolds; Oxford 1989.

Görres, J. v., Die Wallfahrt Nach Trier; Regensburg 1845.

Günther, J. A., Erinnerungen aus den deutschen Kriegs-Gegenden, aus der Schweiz und aus den angrenzenden Ländern; Hamburg 1806.

Hieronymus, Sophronius Eusebius, Sancti Eusebii Hieronymi Epistolae, hg. von I. Hilberg; Wien 1910–1918. Deutsche Übersetzung: Schade, L., Des heiligen Kirchenvaters Eusebius Hieronymus ausgewählte Briefe; München 1936 (Bd. I), 1937 (Bd. II).

Hodoepericon S. Willibaldi oder S. Willibalds Pilgerreise, geschrieben von der Heidenheimer Nonne, übersetzt und erläutert von Jakob Brückl; Eichstätt 1880/81.

Itinerarium Burdigalense – Reise von Bordeaux, lateinisch-deutsch, in: Aetheria/Egeria, Reise ins Heilige Land, lateinisch-deutsch. Hg. und übersetzt von Kai Brodersen; Berlin 2016, S. 26–73.

Jacopo da Varazze, Legenda aurea. Goldene Legende, 2 Bde., hg., übersetzt und kommentiert von Bruno Häuptli; Freiburg i. Br. 2014.

Johann von Salisbury (Ioannis Sareberiensis), Historia Pontificalis. John of Salisbury's Memoirs of the Papal Court (lat.-engl.), hg. von M. Chibnall; London u. a. 1956.

Joinville, J., Das Leben des heiligen Ludwig, übersetzt von E. Mayser, hg. und eingeleitet von E. Kock; Düsseldorf 1969.

Liber Sancti Jacobi. Codex Calixtinus, hg. von K. Herbers; Santiago de Compostela 1998.

Liebers, A., „Eine Frau war dieser Mann". Die Geschichte der Hildegund von Schönau; Zürich 1989, S. 174–190: Originaltexte der Überlieferungen der Lebensgeschichte Hildegunds von Schönau.

Kempe, M., The Book of Margery Kempe. The Text from the Unique Ms. Owned by Colonel W. Butler-Bowdon, hg. von S. Brown Meech und H. E. Allen; Oxford 1961 (Nachdruck der Erstausgabe von 1940).

Kempe, M., The Book of Margery Kempe 1436: A Modern Version, ins moderne Englisch übersetzt von W. Butler-Bowdon, mit einer Einleitung von R. W. Chambers; London 1954.

Kempe, M., The Book of Margery Kempe, hg. und mit Anmerkungen versehen von Lynn Staley; Kalamazoo 1996.

Kempe, M., The Book of Margery Kempe, hg. und übersetzt von Lynn Staley; New York/London 2001.

Kerkeling, H., Ich bin dann mal weg; München 2006.

Marx, J., Ausstellung des h. Rockes in der Domkirche zu Trier im Herbst des Jahres 1844; Trier 1845.

Palladius, Historia Lausiaca. Geschichten aus dem frühen Mönchtum, griechisch-deutsch, übersetzt und kommentiert von Adelheid Hübner; Freiburg i. Br. 2016.

Papenbroch, D., De s. Hildegunde Virgine, Ordinis Cisterciensis Schonaugiae in Germaniae, Acta SS April Bd. 2; Antwerpen 1675, S. 780–790.

Pesendorfer, F., Vom Donaustrand ins heilige Land. Gedenkbuch an den II. oberösterr. Pilgerzug nach Jerusalem vom 17. April bis 8. Mai 1904; Linz 1905.

Perl, Ä., Der feurige Wagen. Geschichte einer Kindheit; Freiburg i. Br. 1938.

Perl, Ä., Der singende Pfeil. Ein Buch in Briefen; Freiburg i. Br. 1940.

Perl, Ä, Die eherne Treue. Brief an einen Gefallenen; Freiburg i. Br. 1943.

Perl, Ä., Der singende Pfeil. Ein Buch in Briefen; Freiburg i. Br. 1948 (5., neu bearbeitete Aufl.).

Perl, Ä., Das Lourdes-Erlebnis; Meitingen bei Augsburg 1949.

Pezzl, J., Reise durch den Baierischen Kreis 1784, neu hg. von Josef Pfennigmann; München 1973.

Pfeiffer, I., Reise einer Wienerin in das Heilige Land; Stuttgart 1969 (Originalausgabe: Wien 1844).

Pfeiffer, I., Nordlandfahrt. Eine Reise nach Skandinavien und Island, hg. Von G. Habinger; Wien 1991.

Posselt, F., Apodemik oder die Kunst zu reisen. Ein systematischer Versuch zum Gebrauch junger Reisenden aus den gebildeten Ständen überhaupt und angehenden Gelehrten und Künstlern insbesondere; Leipzig 1795.

Rohrbach, C., Jakobsweg. Wandern auf dem Himmelspfad; München 1991.

Rohrbach, C., Muscheln am Weg; München 2002.

Rohrbach, C., Solange ich atme. Meine dramatische Flucht aus der DDR und wie sie mein Leben prägte; München 2013 (2. Aufl.).

Rousseau, J.-J., Emile oder Über die Erziehung; Paderborn 1963 (3. Aufl., Originalausgabe: Paris 1762).

Rudolf von Fulda, Vita Leobae abbatissae Biscofesheimensis, in: Monumenta Germaniae Historica, Scriptorum 15,1; Hannover 1887, S. 118–131.

Schmitz, E., Württemberger Heiliglandfahrt 1904. Ein Gedenkbuch der Ersten Württemberger Wallfahrt ins Heilige Land; Stuttgart 1904.

Schuber, M., Meine Pilgerreise über Rom, Griechenland und Egypten durch die Wüste nach Jerusalem und zurück. Vom 4. Oktober 1847 bis 25. September 1848; Graz 1850.

Smith Lewis, A., Dunlop Gibson, M., In the Shadow of Sinai. Stories of Travel and Biblical Research; Brighton/Portland 1999 (Sammelband der beiden Originalausgaben von 1893 und 1898).

Smith Lewis, A., Eastern Pilgrims. The Travels of Three Ladies; Cambridge 1870.

Wilhelm von Tyrus, Geschichte der Kreuzzüge und des Königreichs Jerusalem, hg. und übersetzt von E. von Kausler und R. Kausler; Stuttgart 1844.

William of Newburgh, The History of English Affairs, Bd. 1, hg. und ins Englische übersetzt von P. G. Walsh und M. J. Kennedy; Warminster 1988.

Sekundärliteratur

Alturo 2005: Alturo, J., Deux nouveaux fragments de l'*Itinerarium Egeriae* du IXe–Xe siècle, in: Revue Bénédictine, Bd. 115, S. 241–250.

Anderson 1997: Anderson, M. L., Die Grenzen der Säkularisierung. Zur Frage des katholischen Aufschwungs im Deutschland des 19. Jahrhunderts, in: Lehmann, H. (Hg.), Säkularisierung, Dechristianisierung, Rechristianisierung im neuzeitlichen Europa; Göttingen, S. 194–222.

Andics 1986: Andics, H., Die Frauen der Habsburger; Wien (2. Aufl.).

Angenendt 2001: Angenendt, A., Das Frühmittelalter. Die abendländische Christenheit von 400 bis 900; Stuttgart.

Angenendt 2003: Angenendt, A., Grundformen der Frömmigkeit im Mittelalter; München.

Armstrong 1996: Armstrong, K., Jerusalem. Die Heilige Stadt; München.

Assmann/Frevert 1999: Assmann, A., Frevert, U., Geschichtsvergessenheit. Geschichtsversessenheit. Vom Umgang mit deutschen Vergangenheiten nach 1945; Stuttgart.

Bausinger 1991: Bausinger, H., u. a. (Hg.), Reisekultur. Von der Pilgerfahrt zum modernen Tourismus; München.

Baethge 1972: Baethge, M., u. a., Jugendreisen nach Israel; München.

Barna 2003: Barna, G., Mariazell und die ungarischen Wallfahrten, in: Brunner, W., u. a. (Hg.), Mariazell und Ungarn. 650 Jahre Gemeinsamkeit; Graz/Esztergom, S. 71-81.

Bayer 2002: Bayer, A., Spaltung der Christenheit. Das so genannte Morgenländische Schisma von 1054; Köln.

Beebe 2014: Beebe, K., Pilgrim and preacher: The audiences and observant spirituality of Friar Felix Fabri (1437/8–1502); Oxford.

Benke 2002: Benke, C., Die Gabe der Tränen. Zur Tradition und Theologie eines vergessenen Kapitels der Glaubensgeschichte; Würzburg.

Benner 2014: Benner, T., Die Orientreise Kaiser Wilhelms II. 1898. Bemerkungen zur religionspolitischen und mentalitätsgeschichtlichen Bedeutung des Kaisertums, in: Röper, U., Treml, M. (Hg.), Heiliges Grab – Heilige Gräber. Aktualität und Nachleben von Pilgerorten; Berlin, S. 33–40.

Berschin 1991: Berschin, W., Biographie und Epochenstil im lateinischen Mittelalter, vol. III: Karolingische Biographie 750–920 n. Chr.; Stuttgart.

Beyer 1996: Beyer, R., Die andere Offenbarung. Mystikerinnen des Mittelalters; Wiesbaden.

Bieberstein 2000: Bieberstein, K., Ein Netz der Erinnerungen. Das Evangelium wird begehbar, in: Welt und Umwelt der Bibel 16, S. 33–37.

Bieberstein 2003: Bieberstein, S., u. a., Prophetinnen, Apostelinnen, Diakoninnen. Frauen in den paulinischen Gemeinden; Stuttgart.

Bischoff 1931: Bischoff, B., Wer ist die Nonne von Heidenheim?, in: Studien und Mitteilungen zur Geschichte des Benediktinerordens und seiner Zweige, Neue Folge, Bd. 18, S. 387–388.

Black 1984: Black, G., Das Bayerische Pilgerbüro und sein Dienst am Menschen unterwegs, in: Kriss-Rettenbeck, L., Möhler, G. (Hg.), Wallfahrt kennt keine Grenzen; München/Zürich, S. 168–173.

Blackbourne 1997: Blackbourne, D., Wenn ihr sie wieder seht, fragt wer sie sei. Marienerscheinungen in Marpingen – Aufstieg und Niedergang des deutschen Lourdes; Hamburg 1997.

Bohr 1995: Bohr, K., Kirchenpolitische Aspekte der Heilig-Rock-Walfahrt von 1933, in: Aretz, E., u. a. (Hg.), Der Heilige Rock zu Trier. Studien zur Geschichte und Verehrung der Tunika Christi; Trier, S. 347–368.

Bosl 1993: Bosl, K. (Hg.), Andechs. Der Heilige Berg; München.

Böttrich 2014: Böttrich, C., Constantin von Tischendorf, in: Predrag Bukovec, P. (Hg.), Christlicher Orient im Porträt, Bd. 2.; Hamburg, S. 93–108.

Braun, 2007: Braun, H., u. a., Die lange Stunde Null. Gelenkter sozialer Wandel in Westdeutschland nach 1945; Baden-Baden.

Brock 2014: Brock, S., Agnes Lewis (1843–1926) and Margaret Gibson (1843–1920), in: Predrag Bukovec, P. (Hg.), Christlicher Orient im Porträt, Bd. 2.; Hamburg, S. 267–280.

Brodesser 2000: Brodesser, H.-J.: Wiedergutmachung und Kriegsfolgenliquidation; München.

Brunner 2003: Brunner, W., u. a. (Hg.), Mariazell und Ungarn. 650 Jahre Gemeinsamkeit; Graz/Esztergom.

Bruzzone 2015: Bruzzone, R., The roots of the liberal arts in antiquity. A handbook; Freiburg i. Br.

Bücker 1989: Bücker, V., Die Schulddiskussion im deutschen Katholizismus nach 1945; Bochum.

Cain 2010: Cain, A., Jerome's Epitaphium Paulae. Hagiography, Pilgrimage, and the Cult of Saint Paula, in: Journal of Early Christian Studies 18, S. 105–139.

Campenhausen 1993: Campenhausen, H. von, Griechische Kirchenväter; Stuttgart (8. Aufl.).

Chance 1999: Speaking in Propria Persona. Authorizing the Subject as Political Act in Late Medieval Feminine Soirituality, in: Dor, J., u. a. (Hg.), New Trends in Feminine Spirituality. The Holy Women of Liège and their Impact; Brepols, S. 271–294.

Collis 1986: Collis, L., Leben und Pilgerfahrten der Margery Kempe. Erinnerungen einer exzentrischen Lady; Berlin.

Coreth 1982: Coreth, A., Pietas Austriaca; Österreichische Frömmigkeit im Barock; Wien (2. Aufl.).

Christie 2019: Christie, N., Fighting women in the crusading period through Muslim eyes, in: Hodgson, N., u. a. (Hg.), Crusading and Masculinity; New York, S. 183–195.

Craig 2009: Craig, L. A., Wandering Women and Holy Matrons. Women as Pilgrims in the later Middle Ages; Leiden/Boston.

Cramer 1983: Cramer, V., Der Ritterorden vom Heiligen Grab von den Kreuzzügen bis zur Gegenwart; Köln (2. Aufl.).

Creutzburg 2011: Creutzburg, A., Die heilige Birgitta von Schweden. Bildliche Darstellungen und theologische Kontroversen im Vorfeld ihrer Kanonisation (1373–1391); Kiel.

Daumet 1918: Daumet, G., Une femme médecin au XIIIe siècle, in: Revue des études historiques (1918), S. 69–71.

Daxelmüller 2003: Daxelmüller, C., Maria und Lady Di. Tradition und säkulare Religiosität, in: Brunner, W., u. a. (Hg.), Mariazell und Ungarn. 650 Jahre Gemeinsamkeit; Graz/Esztergom, S. 205–214.

Demandt 2007: Demandt, A., Die Spätantike; München (2. Auflage).

Denke 2001: Denke, A., Venedig als Station und Erlebnis auf den Reisen der Jerusalempilger im späten Mittelalter; Remshalden.

Dickmann/Oldenkott 2009: Dickmann, H., Oldenkott. P. (Hg.), Erbe und Aufgabe. Der Ritterorden vom Heiligen Grab zu Jerusalem; Paderborn.

Diner 2015: Diner, D., Rituelle Distanz. Israels deutsche Frage; München.

Dinzelbacher/Bauer 1990: Dinzelbacher, P., Bauer, D. (Hg.), Frauenmystik im Mittelalter; Ostfildern (2. Aufl.).

Dixon 2015: Dixon, T., Weeping Britannia; Oxford.

Donner 1997: Donner, E., Und nirgends eine Karawane. Die Weltreisen der Ida Pfeiffer; Düsseldorf.

Donner 2002: Donner, H., Pilgerfahrt ins Heilige Land. Die ältesten Berichte christlicher Palästinapilger (4.–7. Jh.); Stuttgart.

Dor 1999: Dor, J., u. a. (Hg.), New Trends in Feminine Spirituality. The Holy Women of Liège and their Impact; Brepols.

Duby 1988: Duby, G., Ritter, Frau, Priester. Die Ehe im feudalen Frankreich; Frankfurt a. M.

Eckart 2017: Eckart, M., Wegerfahrungen. Weibliche Pilgerberichte über den Jakobsweg, in: Holdenried, M., u. a. (Hg.), Reiseliteratur der Moderne und Postmoderne; Berlin, S. 117–132.

Eisen 1996: Eisen, U. E., Amtsträgerinnen im frühen Christentum. Epigraphische und literarische Studien; Göttingen.

Eisler 2001: Eisler, J., Charlotte Pilz und die Anfänge der Kaiserswerther Orientarbeit, in: Nothnagle, H.-J., u. a. (Hg.), Seht, wir gehen hinauf nach Jerusalem; Leipzig, S. 78–95.

Ennen 1994: Ennen, E., Frauen im Mittelalter; München (5. Aufl.).

Etzlstorfer 2013: Etzlstorfer, H., Die Reisen der Habsburger; Wien.

Farbaky/Serfőző 2004: Farbaky, P., Serfőző, S., Ungarn in Mariazell – Mariazell in Ungarn: Geschichte und Erinnerung; Budapest.

Férotin 1903: Férotin, M., Le véritable auteur de la Peregrinatio Silviae la vierge espagnole Ethéria, in: Revue des questions historiques 74, S. 367–397.

Feldkamp 2017: Feldkamp, M., Vom Jerusalempilger zum Grabesritter. Geschichte des Ritterordens vom Heiligen Grab; Mainz.

Fitschen 1997: Fitschen, K., Der Katholizismus von 1658 bis 1870; Leipzig.

Flemming 2011: Flemming, S., Hagiographie und Kulturtransfer. Birgitta von Schweden und Hedwig von Polen; Berlin.

Foster 2008: Foster, N., Die Pilger. Reiselust in Gottes Namen; Erftstadt.

Friedrich 2000: Friedrich, M., Tradition – Imagination – Legitimation. Untersuchungen zur Visualisierung lokaler Sonderformen der Heiligentradition am Beispiel der Hl. Helena, Diss.; Trier.

Friedrich 2010: Friedrich, N. (Hg.), The social dimension of Christian missions in the Middle East. Historical studies of the 19th and 20th centuries; Stuttgart.

Fürst 2016: Fürst, A., Hieronymus. Askese und Wissenschaft in der Spätantike; Freiburg i. Br.

Ganz-Blättler 2000: Ganz-Blättler, U., Andacht und Abenteuer. Berichte europäischer Jerusalem- und Santiago-Pilger (1320–1520); Tübingen.

Gardner 1995: Gardner, J. F., Frauen im antiken Rom. Familie, Alltag, Recht; München.

Gehler 2010: Gehler, M., Deutschland. Von der Teilung bis zur Einigung. 1945 bis heute; Wien u. a.

Geldsetzer 2003: Geldsetzer, S., Frauen auf Kreuzzügen, 1096–1291; Darmstadt.

Gertsman 2012: Gertsman, E., Crying in the Middle Ages. Tears of history; New York.

Gielen 2010: Gielen, M., Die Wahrnehmung gemeindlicher Leitungsfunktionen durch Frauen im Spiegel der Paulusbriefe, in: Schmeller, T., u. a. (Hg.), Neutestamentliche Ämtermodelle im Kontext; Freiburg i. Br. u. a.

Gilbert 1985: Gilbert, M., Jerusalem. Rebirth of a City; London.

Girardet 2010: Girardet, K. M., Der Kaiser und sein Gott; Berlin/New York.

Glei 2006: Glei, R., Die Sieben Freien Künste in Antike und Gegenwart; Trier.

Görtemaker 1999: Görtemaker, M., Geschichte der Bundesrepublik Deutschland. Von der Gründung bis zur Gegenwart; München.

Goren 2009: Goren, H., „Echt katholisch und echt deutsch". Die deutschen Katholiken und Palästina 1838-1910; Göttingen.

Goren 2010: Goren, H., School- and mission-conceptions of the German Catholics in Palestine until the First World War, in: Friedrich, N. (Hg.), The social dimension of Christian missions in the Middle East. Historical studies of the 19th and 20th centuries; Stuttgart, S. 87-100.

Górecka 1999: Górecka, M., Das Bild Mariens in der Deutschen Mystik des Mittelalters; Bern u. a.

Goschler 2012: Goschler, C.: Luxemburger Abkommen. In: Dan Diner (Hrsg.): Enzyklopädie jüdischer Geschichte und Kultur (EJGK), Band 3; Stuttgart/Weimar, S. 576-583.

Grabner-Haider 2012: Grabner-Haider, A., u. a., Kulturgeschichte des späten Mittelalters; Göttingen.

Gracianskij 2021: Gracianskij, M. V., Kaiser Justinian und das Erbe des Konzils von Chalkedon; Stuttgart.

Green 1989: Green, M., Women's medical practice and health care in medieval Europe, in: Signs, Journal of women in culture and society, 14 (Bd. 2), S. 434-474.

Griep/Pelz 1995: Griep, W., Pelz, A., Frauen reisen. Ein bibliografisches Verzeichnis deutschsprachiger Frauenreisen 1700-1810; Bremen.

Grimaldi 1984: Grimaldi, F., La madonna di Loreto patrona degli aeronauti, in: Kriss-Rettenbeck, L., Möhler, G. (Hg.), Wallfahrt kennt keine Grenzen; München/Zürich; S. 300-305.

Größing 2018: Größing, S., Habsburgs Kaiserinnen. Rätsel und Schicksale der geheimen Herrscherinnen; Wien.

Groß 1995: Groß, G., Die Ausstellung des Hl. Rockes im Jahre 1933 und die Pilger aus dem Ausland, in: Aretz, E., u. a. (Hg.), Der Heilige Rock zu Trier. Studien zur Geschichte und Verehrung der Tunika Christi; Trier, S. 369-407.

Gurjewitsch 1986: Gurjewitsch, A., Das Weltbild des mittelalterlichen Menschen; München.

Habermas 1991: Habermas, R., Wallfahrt und Aufruhr. zur Geschichte des Wunderglaubens in der frühen Neuzeit; Frankfurt a. M./New York.

Habinger 1997: Habinger, G., Eine Wiener Biedermeierdame erobert die Welt. Die Lebensgeschichte der Ida Pfeiffer; Wien.

Habinger 2004: Habinger, G., Ida Pfeiffer. Eine Forschungsreisende des Biedermeier; Wien.

Habinger 2006: Habinger, G., Frauen reisen in die Fremde. Diskurse und Repräsentationen von reisenden Europäerinnen im 19. und beginnenden 20. Jahrhundert; Wien.

Habinger 2008: Habinger, G., Wir leben nach Matrosenweise. Briefe einer Weltreisenden des 19. Jahrhunderts; Wien.

Hafner 2012: Hafner, J., u. a. (Hg.), Pilgern. Innere Disposition und praktischer Vollzug; Würzburg.

Haider-Wilson 2010: Haider-Wilson, B., The Catholic Jerusalem milieu of the Habsburg Monarchy and its contribution to the mission in the Holy Land, in: Friedrich, N. (Hg.), The social dimension of Christian missions in the Middle East. Historical studies of the 19th and 20th centuries; Stuttgart, S. 121–146.

Hanselmann 1971: Hanselmann, S., Deutsche Evangelische Palästinamission; Erlangen.

Heid 1989: Heid, S., Der Ursprung der Helena-Legende im Pilger-Betrieb Jerusalems, in: Jahrbuch für Antike und Christentum 32, S. 41–71.

Heid 2019: Heid, S., Altar und Kirche. Prinzipien christlicher Liturgie; Regensburg.

Heine 2008: Heine, M., Die Spiritualität von Asketinnen. Von den Wüstenmüttern zum städtischen Asketinnentum im östlichen Mittelmeerraum und in Rom vom 3. bis zum 5. Jahrhundert; Münster.

Herbers 1984: Herbers, K., Der Jakobuskult des 12. Jahrhunderts und der Liber Sancti Jacobi: Studien über das Verhältnis zwischen Religion und Gesellschaft im hohen Mittelalter; Wiesbaden.

Herbers 1991: Herbers K., Unterwegs zu heiligen Stätten: Pilgerfahrten, in: Bausinger, H., u. a. (Hg.), Reisekultur. Von der Pilgerfahrt zum modernen Tourismus; München, S. 23–31.

Herbers 2005: Herbers, K., u. a., Pilgerwege im Mittelalter; Darmstadt.

Herbers 2007: Herbers, K., Jakobsweg. Geschichte und Kultur einer Pilgerfahrt; München (2. Aufl.).

Herbert McAvoy 2015: Herbert McAvoy, L., A companion to Julian of Norwich; Cambridge.

Hersche 2006: Hersche, P., Muße und Verschwendung. Europäische Gesellschaft und Kultur im Barockzeitalter (2 Bde); Freiburg i. Br. u. a.

Heyden 2014: Heyden, K., Orientierung. Die westliche Christenheit und das Heilige Land in der Antike; Münster.

Hirschbiegel/Paravicini 2000: Hirschbiegel, J., Paravicini, W. (Hg.), Das Frauenzimmer. Die Frau bei Hofe in Spätmittelalter und früher Neuzeit; Stuttgart.

Hobuß 2015: Hobuß, S., Mythos „Stunde Null", in: Fischer, T., Lorenz, M. (Hg.): Lexikon der „Vergangenheitsbewältigung" in Deutschland. Debatten- und Diskursgeschichte des Nationalsozialismus nach 1945; Bielefeld 2015 (3., überarbeitete und erweiterte Auflage), S. 45.

Hockerts 2008: Hockerts, H. G., Kreuzzugsrhetorik, Vorsehungsglaube, Kriegstheologie. Spuren religiöser Deutung in Hitlers ‚Weltanschauungskrieg', in: Schreiner, K. (Hg.), Heilige Kriege; Münster, S. 229–250.

Hodapp 2018: Hodapp, J., Habsburgerinnen und Konfessionalisierung im späten 16. Jahrhundert; Münster.

Hodgson 2004: Hodgson, B., Die Krinoline bleibt in Kairo. Reisende Frauen 1650 bis 1900; Hildesheim.

Höllhuber/Kaul 1987: Höllhuber, D., Kaul, W., Wallfahrt und Volksfrömmigkeit in Bayern; Nürnberg.

Hoping, 2014: Einführung in die Christologie; Darmstadt.

Hubeñák 1999: Hubeñák, F., El hispano Teodosio a la cristianización del imperio, in: Hispania sacra 51, S. 5–42.

Hunt 1982: Hunt, E. D., Holy Land Pilgrimage in the Later Roman Empire AD 312–460; Oxford.

Jefferson 2009: Jefferson, R., Sisters of Semitics: A Fresh Appreciation of the Scholarship of Agnes Smith Lewis and Margaret Dunlop Gibson, in: Medieval Feminist Forum 45/1, S. 23–49.

Jehle 1989: Jehle H., Ida Pfeiffer: Weltreisende im 19. Jahrhundert; Münster.

Jehle 2002: Jehle, I., Der Mensch unterwegs zu Gott. Die Wallfahrt als religiöses Bedürfnis des Menschen, aufgezeigt an der Marienwallfahrt nach Lourdes; Würzburg.

Jehle 2003: Jehle H., „Ich reiste wie der Ärmste Araber". Ida Pfeiffer (1797–1858), in: Härtel, S., Köster, M. (Hg.), Die Reisen der Frauen. Lebensgeschichten von Frauen aus drei Jahrhunderten; Weinheim u. a. (2. Aufl.), S. 41–77.

Jehle 2005: Jehle, I., Wallfahrt und Pilgerschaft im Katholizismus, in: Ueberschär, E., Pilgerschritte. Neue Spiritualität auf uralten Wegen; Rehburg-Loccum, S. 23–49.

Jelinek 2004: Jelinek, Y. A., Deutschland und Israel 1945–1965. Ein neurotisches Verhältnis; München.

Kahrstedt 1958: Kahrstedt, U., Kulturgeschichte der römischen Kaiserzeit; Bern (2. Aufl.).

Keel/Zenger 2002: Keel, O., Zenger, E. (Hg.), Gottesstadt und Gottesgarten. Zu Geschichte und Theologie des Jerusalemer Tempels; Freiburg i. Br.

Keller 2012: Keller, K., Erzherzogin Maria von Innerösterreich; Wien u. a.

Kelly 1953: Kelly, A., Krone der Frauen. Eleonore von Aquitanien und die vier Könige; München.

Kern 2007: Kern, U., Blickwechsel. Frankfurter Frauenzimmer um 1800; Frankfurt am Main.

King 1993: King, M., Frauen in der Renaissance; München.

Kintzinger 2003: Kintzinger, M., Wissen wird Macht. Bildung im Mittelalter; Ostfildern.

Klauck 1989: Klauck, H.-J., Vom Reden und Schweigen der Frauen in der Urkirche, in: ders., Gemeinde – Amt – Sakrament. Neutestamentliche Perspektiven; Würzburg.

Klußmann 2012: Klußmann, A., In Gottes Namen fahren wir. Die spätmittelalterlichen Pilgerberichte von Felix Fabri, Bernhard von Breydenbach und Konrad Grünemberg im Vergleich; Saarbrücken.

Kotulla 2006: Kotulla, A., „Nach Lourdes!" Der französische Marienwallfahrtsort und die Katholiken im Deutschen Kaiserreich (1871–1914); München.

Kreinecker 2019: Kreinecker, C. M., Zum Alltagsleben von Frauen in neutestamentarischer Zeit anhand dokumentarischer Papyri, in: Frey, J., Rupschus, N. (Hg.), Frauen im antiken Judentum und frühen Christentum; Tübingen, S. 129–149.

Kriss-Rettenbeck/Möhler 1984: Kriss-Rettenbeck, L., Möhler, G. (Hg.), Wallfahrt kennt keine Grenzen; München/Zürich.

Küchler 2008: Küchler, M., Zur Verdrängung von Frauen aus der Leitung und Verantwortung in der frühen Kirche, in: Hecht, A. (Hg.), Paulus und die Frauen; Stuttgart.

Laurence 2010: Laurence, P., Le Monachisme Féminin Antique. Idéal hiéronymien et réalité historique; Leuven.

Lauster 2021: Lauster, J., Der heilige Geist. Eine Biographie; München.

Leibetseder 2004: Leibetseder, M., Die Kavalierstour. Adlige Erziehungsreisen im 17. und 18. Jahrhundert; Köln.

Leppin 2003: Leppin, H., Theodosius der Große. Gestalten der Antike; Darmstadt.

Levison 1927: Levison, W., Das Werden der Ursula-Legende, in: Bonner Jahrbücher, Heft 132, S. 1–164.

Lichter 1978: Lichter, E., Die Wallfahrt der Maria Fröhlich aus Neuwied zum Hl. Rock nach Trier im Jahre 1844. Nach ihrem Tagebuch, hg. und erläutert von E. Lichter, in: Kurtrierisches Jahrbuch 18/1978, S. 86–104.

Liebers 1989: Liebers, A., „Eine Frau war dieser Mann". Die Geschichte der Hildegund von Schönau; Zürich.

Lieven 2004: Lieven, J., Die Geißlerbewegung im Rhein-Maasraum. Beobachtungen zu ihrer sozialen Gruppenbildung und deren Wahrnehmung im späteren Mittelalter, in: Ludwig, U., Geuenich, D. (Hg.), Mittelalter an Rhein und Maas; Münster.

Lill 1978: Lill, R., Kirche und Revolution. Zu den Anfängen der katholischen Bewegung im Jahrzehnt vor 1848, in: Archiv für Sozialgeschichte 18, S. 565–575.

Limor 2001: Limor, O., Reading Sacred Space: Egeria, Paula and the Christian Holy Land, in: Hen, Y. (Hg.), De Sion exhibit lex et verbum domini de Hierusalem. Essays on Medieval Law, Liturgy and Literature in Honour of Amnon Lindor (Cultural Encounters in Late Antiquity and the Middle Ages 1); Turnhout, S. 1-19.

Linsboth 2018: Linsboth, S., Maria Theresia. Herrscherin von Gottes Gnaden, in: Haag, S. (Hg.), Zuhanden Ihrer Majestät. Medaillen Maria Theresias; Wien, S. 45-51.

Linsboth 2020: Linsboth, S., Herrscherin oder Heilige? Religiöse Visualisierung Maria Theresias im Spannungsfeld der Akteure, in: Telesko, W., u. a. (Hg.), Die Repräsentation Maria Theresias. Herrschaft und Bildpolitik im Zeitalter der Aufklärung; Köln/Weimar, S. 275-287.

Löffler 2008: Löffler, R., Protestanten in Palästina; Stuttgart.

Löfstedt 1911: Löfstedt, E., Philologischer Kommentar zur Peregrinatio Aetheriae. Untersuchungen zur Geschichte der lateinischen Sprache; Uppsala.

Lückhoff 1998: Lückhoff, M., Anglikaner und Protestanten im Heiligen Land. Das gemeinsame Bistum Jerusalem (1841-1886); Wiesbaden.

Lukan 2012: Lukan, K. und F., Via Sacra. Der alte Pilgerweg nach Mariazell, Mythos und Kult; Berndorf.

Lutton 2006: Lutton, R., Lollardy and Orthodox Religion in Pre-Reformation England; Woodbridge.

Mabille 2004: Mabille, F., Les catholiques et la paix au temps de la guerre froide. Le mouvement catholique international pour la paix Pax Christi; Paris.

MacLynn 1998: MacLynn, N., Theodosius, Spain and the Nicene Faith, in: Teja, R., Pérez (Hg.), Congreso internacional La Hispana de Teodosio; Segovia, S. 171-178.

Marquardt 1886: Marquardt, J., Das private Leben der Römer 1/2, Leipzig (2. Aufl., Nachdruck Darmstadt 1964).

Martindale 1992: Martindale, J., Eleanor of Aquitaine, in: Nelson, J. (Hg.), Richard Coeur de Lion in History and Myth; London, S. 17-50.

Mc Neill/Garner 1979: Mc Neill, J. T., Garner, H. M., Medieval Handbook of Penance. A translation of the principal libri poenitentiales and selections from related documents; New York.

Meade 1991: Meade, M., Eleanor of Aquitaine; New York.

Mitscherlich 1967: Mitscherlich, A. und M., Die Unfähigkeit zu trauern. Grundlagen kollektiven Verhaltens; München.

Mock/Schäbitz 2005: Mock, S., Schäbitz, M., Das Heilige Land als Auftrag 1855-2005. 150 Jahre Deutsche Verein vom Heiligen Lande; Köln.

Morin 1948: Morin, E., Das Jahr Null. Ein Franzose sieht Deutschland; Berlin.

Morris 1999: Morris, B., St. Birgitta of Sweden; Woodbridge.

Mulder-Bakker/Heerspink-Scholz 2005: Mulder-Bakker, A. B., Heerspink-Scholz, M. J., Lives of the anchoresses: The rise of the urban recluse in medieval Europe; Philadelphia.

Mulzer 1996: Mulzer, M., Mit der Bibel in der Hand? Egeria und ihr ‚Codex', in: Zeitschrift des Deutschen Palästina-Vereins 112, S. 156–165.

Mundt 2014: Mundt, J., Thomas Cook. Pionier des Tourismus; Konstanz/München.

Neuburger 1994: Neuburger, V., Margery Kempe. A Study in Early English Feminism; Frankfurt a. M. u. a.

Nolte 2011: Nolte, C., Frauen und Männer in der Gesellschaft des Mittelalters; Darmstadt.

Nonn 2012: Nonn, U., Mönche, Schreiber und Gelehrte. Bildung und Wissenschaft im Mittelalter; Darmstadt.

Oboth 2017: Oboth, J., Pax Christi Deutschland im Kalten Krieg 1945–1957. Gründung, Selbstverständnis und „Vergangenheitsbewältigung"; Paderborn.

Ohler 2000: Ohler, N., Pilgerstab und Jakobsmuschel. Wallfahrten in Mittelalter und Neuzeit; Düsseldorf/Zürich.

Opitz/Kleinau 1996: Opitz, C., Kleinau, E. (Hg.), Geschichte der Mädchen- und Frauenbildung, Bd. 1: Vom Mittelalter bis zur Aufklärung; Frankfurt a. M./New York.

Padberg 1995: Padberg, L. von, Mission und Christianisierung. Formen und Folgen bei den Angelsachsen und Franken im 7. und 8. Jahrhundert; Stuttgart.

Palmer 2009: Palmer, J. T., Anglo-Saxons in a Frankish World, 690–900; Turnhout.

Paul 2013: Paul, J. C., Reiseschriftstellerinnen zwischen Orient und Okzident; Würzburg.

Pelz 1993 (1): „Ob und wie Frauenzimmer reisen sollen?" Das reisende Frauenzimmer als Entdeckung des 18. Jahrhunderts; Oldenburg.

Pelz 1993 (2): Reisen durch die eigene Fremde. Reiseliteratur von Frauen als autogeografische Schriften; Köln u. a.

Pernoud 1984: Pernoud, R., Königin der Troubadoure. Eleonore von Aquitanien; München.

Pernoud 1995: Pernoud, R., Frauen zur Zeit der Kreuzzüge; Freiburg i. Br. u. a.

Persch 1994: Persch, M., Anna Josefine Perl, in: Biographisch-bibliographisches Kirchenlexikon Band VII, Spalten 196–198.

Petersen-Szemerédy 1993: Petersen-Szemerédy, G., Zwischen Weltstadt und Wüste: Römische Asketinnen in der Spätantike; Göttingen.

Pohlsander 1995: Pohlsander, H. A., Der Trierer Rock und die Helena-Tradition, in: Aretz, E. u. a. (Hg.), Der Heilige Rock zu Trier. Studien zur Geschichte und Verehrung der Tunika Christi; Trier, S. 119–130.

Ponisch 2003: „Vessel-Rituality". Handlungs- und Erlebnisspielräume gegenwärtiger Wallfahrten, in: Brunner, W., u. a. (Hg.), Mariazell und Ungarn. 650 Jahre Gemeinsamkeit; Graz/Esztergom, S. 197–204.

Post 1994: Post. P., The Modern Pilgrim. A Study of Contemporary Pilgrims' Accounts, in: Ethnologia Europaea 24, S. 85–100.

Raisch 2013: Raisch, M., Lioba, die Missionarin an Bonifatius' Seite; Nürnberg.

Reichert/Rosenstock 2018: Reichert, F., Rosenstock, A., Die Welt des Frater Felix Fabri; Weißenhorn.

Reifenscheid 1982: Reifenscheid, R., Die Habsburger in Lebensbildern. Von Rudolf I. bis Karl I.; Graz u. a.

Riffelmann/Ritter 2005: Riffelmann, D., Ritter, C., Pilgern und Spiritualität. Frauenerfahrungen, in: Ueberschär, E., Pilgerschritte. Neue Spiritualität auf uralten Wegen; Rehburg-Loccum, S. 95–108.

Röwenkamp 2017: Röwenkamp, G., Einleitung, in: Egeria, Itinerarium – Reisebericht, lateinisch-deutsch, eingeleitet und hg. von Georg Röwenkamp; Freiburg i. Br. (3. Aufl.).

Rottloff 2006: Rottloff, A., Lebensbilder römischer Frauen; Mainz.

Rottloff 2007: Rottloff, A., „Stärker als Männer und tapferer als Ritter. Pilgerinnen in Spätantike und Mittelalter; Mainz.

Rychterovà 2004: Rychterovà, P., Die Offenbarungen der heiligen Birgitta von Schweden; Köln.

Sághy 2006: Sághy, M., La notion de „lieu saint" dans les premières Vies de Saints, in: Caseau, B., u. a. (Hg.), Pèlerinages et lieux saints dans l'antiquité et le moyen âge. Mélanges offerts à Pierre Maraval; Paris, S. 429–442.

Sahlin 2001: Sahlin, C. L., Birgitta of Sweden and the Voice of Prophecy; Woodbridge.

Santoli 1962: Santoli, S., Wirtschaftliche Grundlagen des Josefinismus, in: Österreichisches Archiv für Kirchenrecht 13, S. 213–232.

Schieder 1974: Schieder, W., Kirche und Revolution. Sozialgeschichtliche Aspekte der Trierer Wallfahrt von 1844, in: Archiv für Sozialgeschichte 14, S. 419–454.

Schieder 1999: Schieder, W., Wallfahrten der katholischen Kirche im 19. Jahrhundert, in: Matheus, M. (Hg.), Pilger und Wallfahrtsstätten in Mittelalter und Neuzeit; Stuttgart, S. 77–91.

Schieder 2000: Schieder, W., Die Umbrüche von 1918, 1933, 1945 und 1989 als Wendepunkte deutscher Geschichte, in: Papenfuß, D., Schieder, W. (Hg.), Deutsche Umbrüche im 20. Jahrhundert; Weimar, S. 3–18.

Schiwy 2003: Schiwy, G., Birgitta von Schweden. Mystikerin und Visionärin des späten Mittelalters; München.

Schmal 2001: Schmal, K., Die Pietas Maria Theresias im Spannungsfeld von Barock und Aufklärung; Frankfurt a. M. u. a.

Schmeller 2010: Schmeller, T., u. a. (Hg.), Neutestamentliche Ämtermodelle im Kontext; Freiburg i. Br. u. a.

Schmidt 1986: Schmidt, P. G., ‚Peregrinatio Periculosa'. Thomas von Froidmont über die Jerusalemfahrten seiner Schwester Margareta, in: Stache, J., u. a. (Hg.), Kontinuität und Wandel. Lateinische Poesie von Naevius bis Baudelaire; Hildesheim, S. 461–485.

Schneider 1995: Schneider, B., Wallfahrt, Ultramontanismus und Politik. Studien zu Vorgeschichte und Verlauf der Hl.-Rock-Wallfahrt von 1844, in: Aretz, E., u. a. (Hg.), Der Heilige Rock zu Trier. Studien zur Geschichte und Verehrung der Tunika Christi; Trier, S. 237–280.

Schneider 2008: Schneider, B. (Hg.), Maria und Lourdes. Wunder und Marienerscheinungen in theologischer und kulturwissenschaftlicher Perspektive; Münster.

Schneller 1971: Schneller, H., Johann Ludwig Schneller. Der Gründer des syrischen Waisenhauses; Metzingen.

Schödl 2007: Schödl, I., Mythos Mariazell. Eine Spurensuche; Graz.

Schölch 1986: Schölch, A., Palästina im Umbruch 1856–1882; Stuttgart.

Schorn-Schütte 1997: Schorn-Schütte, L., Wirkungen der Reformation auf die Rechtsstellung der Frau im Protestantismus, in: Gerhard, U., Frauen in der Geschichte des Rechts; München, S. 94–104.

Schreiner 1992: Schreiner, K., ‚Peregrinatio laudabilis' und ‚peregrinatio vituperabilis'. Zur religiösen Ambivalenz des Wallens und Laufens in der Frömmigkeitstheologie des späten Mittelalters, in: Jaritz, G., Schuh, B., Wallfahrt und Alltag in Mittelalter und früher Neuzeit; Wien, S. 133–163.

Schreiner 2007: Schreiner, K., Schutzherrin und Schirmfrau Maria. Marienverehrung als Quelle politischer Identitätsbildung in Städten und Ländern des späten Mittelalters und der frühen Neuzeit, in: Bauer, D., u. a. (Hg.), Patriotische Heilige. Beiträge zur Konstruktion religiöser und politischer Identitäten in der Vormoderne; Stuttgart 2007, S. 253–307.

Schuller 1987: Schuller, W., Frauen in der römischen Geschichte; Konstanz.

Schulz 2007: Schulz, I., Frauen und Pilgerinnen im Werk von Felix Fabri 1441–1502; Ulm.

Schulze-Wessel 2008: Schulze-Wessel, M., Frömmigkeitsformen und religiöse Kommunikation im Mittelalter und in der frühen Neuzeit; München.

Shahar 1993: Shahar, S., Kindheit im Mittelalter; Reinbek bei Hamburg.

Sheldrake 2019: Sheldrake, P., Julian of Norwich. "In God's sight". Her theology in context; Chichester.

Sohn-Kronthaler 2005: Sohn-Kronthaler, M., Die Autorität einer Jerusalem-Pilgerin: Maria Schuber (1799–1881), in: Jensen, A., Sohn-Kronthaler, M. (Hg.), Formen weiblicher Autorität. Erträge historisch-theologischer Frauenforschung; Wien, S. 169–191.

Sohn-Kronthaler 2017: Sohn-Kronthaler, M., Maria Schuber (1799–1881). „[...] eine Steiermärkerin als Pilgerin nach Jerusalem", in: Historisches Jahrbuch der Stadt Graz 47, S. 135–146.

Somerset 2009: Somerset, F., u. a. (Hg.), Lollards and their influence in late medieval England; Woodbridge.

Soskice 2009: Soskice, J., Sisters of Sinai: How Two Lady Adventurers Found the Hidden Gospels; London.

Staley 1996: Staley, L., Introduction, in: Staley, L. (Hg.), The Book of Margery Kempe; Kalamazoo, S. 1–16.

Stegemann 1997: Stegemann, E. W., Stegemann, W., Urchristliche Sozialgeschichte. Die Anfänge im Judentum und die Christusgemeinden in der mediterranen Welt (2., durchgesehene und ergänzte Auflage); Stuttgart.

Steidle 1978: Steidle, W., Die Leichenrede des Ambrosius für Kaiser Theodosius und die Helena-Legende, in: Vigiliae Christiana 32, S. 94–12.

Stiftung Literaturforschung in Ostwürttemberg 2013: Wallfahrtsliteratur in Ostwürttemberg, hg. von der Stiftung Literaturforschung in Ostwürttemberg; Schwäbisch Gmünd.

Stinshoff 1999: Stinshoff, H., Welches Europa soll es sein? Europabilder und europäische Geschichtsbilder im okkupierten Frankreich (1940–1944), in: Bock. P., Wolfrum, E. (Hg.), Umkämpfte Vergangenheit. Geschichtsbilder, Erinnerungen und Vergangenheitspolitik im Vergleich; Göttingen, S. 190–209.

Stoll-Rillinger 2017: Stoll-Rillinger, B., Maria Theresia; München.

Stolz 1975: Stolz, B., Gottes Pionier im Heiligen Land; Aschaffenburg.

Trampedach 2001: Trampedach, K., Die Konstruktion des Heiligen Landes. Kaiser und Kirche in Palästina von Constantin bis Justinian, in: Sommer, M. (Hg.), Die Levante. Beiträge zur Historisierung des Nahostkonflikts; Freiburg i. Br., S. 83–110.

Treutlein 2017: Treutlein, J., Großes Werkbuch Wallfahrten und Prozessionen. Im Geiste von Papst Franziskus; Freiburg i. Br.

Trimbur 2010: Trimbur, D., The Catholic Church in the concepts of French and German foreign cultural policies in the Middle East. From the end of the 19th century up to 1945, in: Friedrich, N. (Hg.), The social dimension of Christian missions in the Middle East. Historical studies of the 19th and 20th centuries; Stuttgart, S. 55–66.

Trimbur 2015: Trimbur, D. (Hg.), Europäer in der Levante – Zwischen Politik, Wissenschaft und Religion (19.–20. Jahrhundert). Des Européens au Levant – Entre politique, science et religion (XIXe–XXe siècles); Berlin/Boston.

Turner 2012: Turner, R. V., Eleonore von Aquitanien. Königin des Mittelalters; München.

Ueberschär 2005: Ueberschär, E., Pilgerschritte. Neue Spiritualität auf uralten Wegen; Rehburg-Loccum.

Väänänen 1987: Väänänen, V., Le journal-épître d'Égérie (Itinerarium Egeriae). Étude linguistique; Helsinki.

Vocelka/Heller 1997: Vocelka, K., Heller, L., Die Lebenswelt der Habsburger. Kultur- und Mentalitätsgeschichte einer Familie; Graz.

Vorpahl 2012: Vorpahl, J., Pilgerberichte im Wandel der Zeit. Jakobspilger zwischen Neuzeit und Moderne, in: Hafner, J., u. a. (Hg.), Pilgern. Innere Disposition und praktischer Vollzug; Würzburg, S. 197–232.

Vosberg 2019: Vosberg, B., Deutsche Katholiken und das Heilige Land; Münster.

Wallace 2011: Wallace, D., Strong Women. Life, Text and Territory; Oxford.

Wallraff 2013: Wallraff, M., Sonnenkönig der Spätantike. Die Religionspolitik Konstantins des Großen; Freiburg i. Br. u. a.

Wallraff 2018: Wallraff, M., u. a. (Hg.), Gelasius of Caesarea: Ecclesiastical History. The extant fragments. With an appendix containing the fragments from dogmatic writings; Berlin.

Weir 2000: Weir, A., Eleanor of Aquitaine. By the Wrath of God, Queen of England; London.

Weizsäcker 2001: von Weizsäcker, R., Drei Mal Stunde Null? 1949, 1969, 1989. Deutschlands europäische Zukunft, Berlin 2001.

Wiesflecker 2003: Wiesflecker, P., Die Habsburger und Mariazell, in: Brunner, W., u. a. (Hg.), Mariazell und Ungarn. 650 Jahre Gemeinsamkeit; Graz/Esztergom, S. 41–53.

Whigham Price 1985: Whigham Price, A., The Ladies of Castlebrae; London.

Wimmer/Melzer 1982: Wimmer, O., Melzer, H., Lexikon der Namen und Heiligen; Innsbruck u. a. 1982 (4. Aufl.).

Winkler 2014: Winkler, H. A., Geschichte des Westens; München.

Woeckel 1992: Woeckel, G., Pietas Bavarica; Weißenhorn.

Wöhrer 1990: Wöhrer, F., Aspekte der englischen Frauenmystik im späten 14. und beginnenden 15. Jahrundert, in: Dinzelbacher, P., Bauer, D. (Hg.), Frauenmystik im Mittelalter; Ostfildern (2. Aufl.), S. 314–340.

Würth 2012: Würth, I., Geißler in Thüringen. Die Entstehung einer spätmittelalterlichen Häresie; Berlin.

Zehnder 1985: Zehnder, F. G., Sankt Ursula. Legende, Verehrung, Bilderwelt; Köln.

Zimmerling 2003: Zimmerling, P., Evangelische Spiritualität. Wurzeln und Zugänge; Göttingen.

Zimmerling 2005: Zimmerling, P., Hat das Pilgern Heimatrecht in der lutherischen Spiritualität? In: Ueberschär, E., Pilgerschritte. Neue Spiritualität auf uralten Wegen; Rehburg-Loccum, S. 51–63.

Zumholz 2004: Zumholz, M. A., Volksfrömmigkeit und Katholisches Milieu. Marienerscheinungen in Heede 1937–1940 im Spannungsfeld von Volksfrömmigkeit, nationalsozialistischem Regime und kirchlicher Hierarchie; Cloppenburg.

Zumholz 2008: Zumholz, M. A., Volksfrömmigkeit und totalitäres NS-Regime. Marienerscheinungen in Heede/Emsland 1937 bis 1940, in: Schneider, B., (Hg.): Maria und Lourdes. Wunder und Marienerscheinungen in theologischer und kulturwissenschaftlicher Perspektive; Münster, S. 198–223.